JN025936

Introduction to
digital technology
management

デジタル・テクノロジー経営入門

Matsuzaki Kazuhisa
松崎 和久 編著

同友館

はじめに

　企業やビジネスにとって，今日ほどデジタル・テクノロジーの導入と利用価値が高まっている時代はない。たとえば，人工知能（AI）ひとつ取り上げても，2000年代に機械学習やディープ・ラーニングという画期的な技術が登場したことで，これまで燻ぶっていたAIの可能性が一気に開花し，最近では，ChatGPTなどの「生成AI」という衝撃的なブレークスルーが突如として出現し，その結果，AIによる新たな事業機会の創造やAIを中心とする組織変革が次々に打ち出されるなど，AIブームにさらなる拍車をかけている。

　2020年代における企業の競争優位性とは，長年，組織が地道に蓄積してきた知識・ノウハウをベースに競争するだけでは，もはや勝利を手にすることはできない。肝心なのは，組織が蓄えた知識・ノウハウと最先端のデジタル・テクノロジーを組み合わせ，卓越した破壊的イノベーションやビジネスモデルを生み出せるかどうかが大きなカギを握る。そのためには，デジタル・テクノロジーに関する深い洞察力や基礎的理解はもとより，それを自由自在に使いこなせる優秀な人材育成，組織をあげてデジタル・テクノロジーを推進する経営陣の強いリーダーシップが，欠くことのできない必要条件だといえよう。

　本書は，2016年に出版した『テクノロジー経営入門』を大幅に加筆・修正を加えたものである。今回，国内外の情勢や企業の組織変革に不可欠な課題として，新たに研究テーマとして取り上げたのは，「デジタルとは何か」「半導体の進歩とそれを巡る国際競争」「デュアル・ユース技術」そして「データ・ドリブン経営」を書き加える一方で，旬を過ぎたケーススタディを最新のユニークなものに入れ替え，統計資料や調査資料についても，白書や研究機関の調査レポート等を通じて，最新のデータに更新した。また，筆者が力不足な「データ・ドリブン経営」のパートについては，経営工学がご専門である高千穂大学経営学部の降簱徹馬教授にご無理を言って執筆をお願いした。心より感謝申し上げる。本書が手に取ってくれた読者の方々の期待に応えられたら，著者とし

て非常に幸いである。

　最後に，株式会社同友館，出版部次長の佐藤文彦氏には，今回の出版に当たり大変お世話になりました。ここに記して感謝申し上げます。

2024年3月14日

松崎　和久

第1章
デジタルとは何か

1-1　国家のデジタル競争力

　近年，国内外のビジネスシーンや経済・社会では，テクノロジーの進歩が大きな話題を呼んでいる。私たちが世の中や身の回りの情報・知識を入手・獲得するための手段であるSNS，ネットニュース，テレビ，新聞・雑誌を見ると，ChatGPT，メタバース，Web3.0，DX，半導体，人工知能，量子コンピュータ，5G，IoT，データ・サイエンス等の記述が頻繁に話題として取り上げられているが，それでは，国際的に見て日本のデジタル競争力は高いのか，それとも低いのか。

　スイス，ローザンヌにある「国際経営開発研究所（International Institute for Management Development：IMD）は，各国の行政や企業のビジネスモデルにおいてデジタル技術がどの程度活用されているかを示すため，世界デジタル競争力ランキング（World Digital Competitiveness Ranking）を毎年発表している。これは，新技術を発見，理解，構築するために必要なノウハウを指す「知識（Knowledge）」，デジタル技術の開発を可能にする全体的なコンテキストを意味する「技術（Technology）」，DXを開発するための準備度の国レベルを指す「未来の準備（Future Readiness）」というデジタル競争力の3つの主要因と「人材（Talent）」「訓練と教育（Training and Education）」「科学的集中（Scientific Concentration）」「規制の枠組み（Regulatory Framework）」「資本（Capital）」「技術的な枠組み（Technological Framework）」「順応的な態度（Adaptive Attitude）」「ビジネスの俊敏性（Business Agility）」「IT統合（IT Integration）」という9つのサブ要因から総合順位を決定するものである[1]。

1　https://www.imd.org/centers/wcc/world-competitiveness-center/rankings/world-digital-competitiveness-ranking/

まず，直近の2023年，世界デジタル競争力ランキングのトップ10は，上から順に「米国」「オランダ」「シンガポール」「デンマーク」「スイス」「韓国」「スウェーデン」「フィンランド」「台湾」「香港」となり，中国は19位，日本は32位であった。

　この中で，デジタル技術の利活用に関する日本の地位は，年々低下の一途を辿っている。2018年当時，日本は63ヵ国中22位であったが，2019年は23位，2020年は27位，2021年は28位と毎年連続して下落し，2023年は32位と2017年の調査開始以来，過去最低を更新する事態に直面している。

　日本という国家は，GDPが世界第3位（2023年の名目GDPは，ドイツに抜かれ第4位に後退した）であるにもかかわらず，デジタル競争力の地位は，低迷の一途を辿っているのが現状だ。それでは，その主な原因とはいったい何だろうか。図表1-1は，2018年〜2023年までの日本の地位の個別変遷である。まず，3つの主要因の推移を見ると，どれも年々順位が低下傾向にある。2018年と2023年を比較すると，知識の順位は，18位から28位まで大幅に下落した。技術は，23位から32位まで下がった。そして，未来の準備は，25位から32位まで下がった。次に，より詳しい9つのサブ要因の推移について触れると，どの項目も一律低下している。まず，人材の順位は，36位から49位まで大幅に低下した。訓練と教育は，14位から21位まで下がった。科学的集中は，12位から15位までやや低下した。規制の枠組みは，40位から50位まで大幅に下がった。資本は，33位から36位へやや下がった。技術的な枠組みは，4位から7位までやや下がった。順応的な態度は，13位から22位まで大幅に下がった。ビジネスの俊敏性は，55位から56位へ1つ下がった。IT統合は，15位から16位へ1つ下がった。

　このように日本のデジタル競争力は，世界に比べ決して高くない。むしろ，様々な問題を抱えている。とりわけ，新技術を発見，理解，構築するために必要なノウハウを指す「知識」の順位が大幅に下落している事実と調査対象の63カ国中，極端に下位に位置づけられる「人材」「規制の枠組み」そして「ビジネスの俊敏性」は，早急に改善が求められる日本の課題である。

図表1-1　2018年～2022年までの日本の地位の個別変遷

	2018	2019	2020	2021	2022	2023
総合順位	22	23	27	28	29	32
（3つの主要因）						
知識	18	25	22	25	28	28
技術	23	24	26	30	30	32
未来の準備	25	24	26	27	28	32
（9つのサブ要因）						
人材	36	46	46	47	50	49
訓練と教育	14	19	18	21	21	21
科学的集中	12	11	11	13	14	15
規制の枠組み	40	42	44	48	47	50
資本	33	37	33	37	32	36
技術的な枠組み	4	2	5	8	8	7
順応的な態度	13	15	19	18	20	22
ビジネスの俊敏性	55	41	56	53	62	56
IT統合	15	18	23	23	18	16

出所）https://www.imd.org/centers/wcc/world-competitiveness-center/rankings/world-digital-competitiveness-ranking/

　日本の政府や企業は，デジタル技術とその応用について，日本が必ずしも先進国ではなく，むしろ，課題国であることを自覚する必要があると共に，デジタルに関する知識や理解をより一層広める努力をしなければならない。

1-2　アナログとデジタルの違い

　図表1-2は，アナログとデジタルの違いを整理したものである。アナログ（Analog）の主な特徴とは，第1に，データが連続的に流れている状態で表示される。第2に，アナログは連続的に変化する物理量で表現される。第3に，アナログ信号は波形の「正弦波（Sine Wave）」として表示される。

　次に，アナログの主なメリットは，第1に，細かなニュアンスを伝えられる。第2に，データを直感的に捉えやすい。第3に，デジタルに比べ情報量が多い。これに対し，アナログの主なデメリットは，第1に，データが劣化し消滅しや

図表1-2　アナログとデジタルの比較

	アナログ (Analog)	デジタル (Digital)
特　徴	・データが連続的に流れている状態で表示される ・アナログは連続的に変化する物理量で表現される ・アナログ信号は波形の「正弦波」として表示される	・データが段階的に区切られた状態で表示される ・デジタルは「0」と「1」の組み合わせである2進数によって表現されるため，数値で表示できる ・デジタル信号はステップ形の「矩形波」で表示される
メリット	・細かなニュアンスを伝えられる ・データを直感的に捉えやすい ・デジタルに比べ情報量が多い	・データは劣化に強く長期保存に向いている ・データの加工が容易で保存・複製ができる ・ノイズが混じっても修復できる
デメリット	・データが劣化し消滅しやすい ・データの保存・複製がしづらい ・ノイズ等の影響を受けやすい	・細かなニュアンスを再現するのが難しい ・数値で表されるため，感覚的に感知しづらい ・記録媒体の大容量化が必要である

資料）各種資料を参考に作成

すい。第2に，データの保存・複製がしづらい。第3に，ノイズ等の影響を受けやすい。

　一方，デジタル（Digital）の主な特徴には，第1に，データが段階的に区切られた状態で表示される。第2に，デジタルは「0」と「1」の組み合わせである2進数によって表現されるため，数値で表示できる。第3に，デジタル信号はステップ形の「矩形波（Square Wave）」で表示される。

　次に，デジタルの主なメリットは，第1に，データは劣化に強く長期保存に向いている。第2に，データの加工が容易で保存・複製ができる。第3に，ノイズが混じっても修復できる。これに対し，デジタルの主なデメリットは，第1に，細かなニュアンスを再現するのが難しい。第2に，数値で表されるため，感覚的に感知しづらい。第3に，記録媒体の大容量化が必要である。

　アナログとデジタルの違いは，時計をイメージすると理解しやすい。アナロ

グ時計は，長針・短針・秒針があり，それぞれの針が止まることなく時を刻んでいる。そして，1秒から2秒に切り替わるまでの間も秒針が動いてしまう。このため，その瞬間が何秒なのかは曖昧である。これに対し，デジタル時計は，「○○時○○分○○秒」と数字で時を刻む。このため，1秒から2秒に切り替わるときは一瞬なので，その瞬間が何秒であるかは明確である。

1-3　デジタル技術の進歩

　デジタル技術の進歩は，直線的な線形進歩と指数関数的な曲線進歩に分けられる。まず，直線的な進歩とは，たとえば，1年ごとに倍のペースで進むことを意味する。つまり，1年後は1倍，2年後は2倍，3年後は3倍と続くため，緩やかな右上がりの線形となる。これに対し，指数関数的な進歩とは，1年ごとに倍増して進む。つまり，1年後は2倍，2年後は4倍（22），3年後は8倍（23），4年後は16倍（24），5年後は32倍（25），6年後は64倍（26），7年後は128倍（27），8年後は256倍（28），9年後は512倍（28），10年後は1024倍（210）となるため，これらをグラフで示すと，線形ではなく曲線のように描き出せる（図表1-3）。しかも，その曲線の形は，当初，なだらかに推移するが，折れ曲り地点を通過した後，突然，爆発的に急上昇するような形をとる。

　それでは，コンピュータ（半導体）の性能は，直線的進歩あるいは指数関数的進歩のどちらだろうか。結論を先取りすると，指数関数的な進歩を辿ることがすでに分かっている。1965年，米インテルの共同創設者であるゴードン・ムーア（Gordon Moore）が提唱した経験則は，一般に「ムーアの法則（Moore's law）」と呼ばれている。これは，半導体の集積密度が18〜24カ月で倍増するという法則であり，具体的には，半導体のチップに描き込まれる回路の線幅を狭く（微細化）すると，チップ面積当たりの性能が向上することを意味する。

　周知のとおり，我々の身近にあるデジタル製品には，必ずと言ってよいほど

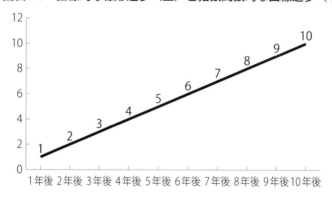

図表1-3　直線的な線形進歩（上）と指数関数的な曲線進歩（下）

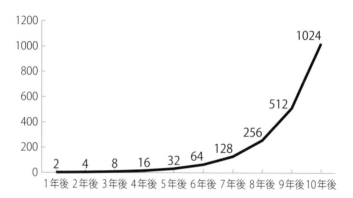

半導体から作られたCPU（中央演算処理装置）が搭載されている。図表1-4
は、CPUの処理速度の推移を示したものだが、これを見ても分かるとおり、
総じて指数関数的な進歩を歩むことが分かる。

　このようにデジタル技術の進歩が直線的ではなく、指数関数的に変化すると
したら、ある段階でデジタル技術のレベルがヒトの能力に追い付き、瞬く間に
追い越してしまうことが懸念されるが、この点について、2005年、世界的に
著名な未来学者のレイ・カーツワイル（Ray Kurzweil）は、デジタル技術が

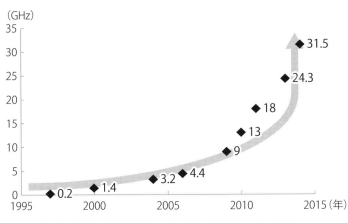

図表1-4　CPUの処理速度の推移

（GHz）

資料）総務省『情報通信白書』平成27年版をもとに作成

人類の知性に達する段階を技術的特異点（Singularity）と呼んでいる[2]。技術的特異点という言葉は，もともとデジタル技術が加速度的に進歩するので，人類が破滅する危険性を指す概念であった。ところが，カーツワイルは，人類に明るい未来を与え，希望や向上をもたらす逆の概念としてとらえている。たとえば，テクノロジーの進歩によって，地球温暖化問題が解決され，ヒトの寿命が伸ばせるようになると考えている[3]。つまり，カーツワイルは，技術的特異点を迎えると，機械と生物の区別がなくなり，人間の感性と人工知能が融合することで，積極的で幸福な時代がやってくるように解釈しているのである[4]。

　カーツワイルによると，デジタル技術は，最初はゆるやかに成長し，曲線の折れ曲がりである技術的特異点を過ぎた途端，爆発的な上昇を見せ，人類が有する思考や存在を超えてしまう。図表1-5は，コンピューティングの指数関数的成長を表した図である。縦軸に1,000ドルで購入できる1秒当たりの計算量，横軸に1900年（過去）から2100年（未来）までの時間軸をとると，コン

2　収穫加速の法則（Law of Accelerating Returns：LOAR）とも呼ばれている。
3　Kurzweilの予言を支持する信者たちは，"シンギュラリタリアン"とも呼ばれている。
4　Barrat（2013）。

図表1-5　コンピューティングの指数関数的な成長

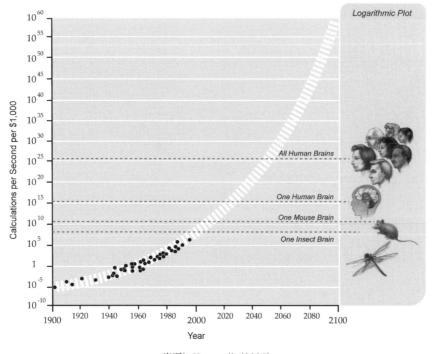

出所）Kurzweil（2005）

ピューティングは直線的（Linear）ではなく，指数関数的（Exponential）に
成長することがわかる。そして，成長曲線の変化を見ると，2029年頃，コン
ピュータが一人の人間の脳レベルに達し，2045年には，すべての人間の脳レ
ベルを上回る可能性が高いと予測している。もしもこのようなカーツワイルの
予言が正しければ，2024年を基準にした場合，コンピュータが1人の人間の
脳レベルに到達するまであと5年，人類の脳レベルに追いつくまで21年足ら
ずで，コンピュータと人間の立ち位置が逆転するという新しい世界が到来する
ことになる。

　カーツワイルは，人間の脳をスキャンする技術もまた加速度的に成長してい
るという。これは，脳のリバースエンジニアリング（Reverse Engineering the

Brain）と呼ばれている。脳の構造を詳しくスキャンして無数の神経回路を解明するブレイン・リバースエンジニアリングは，2020年代に脳全体をモデル化してシミュレートしたり，ナノボットと呼ばれる微細ロボットを脳の神経細胞に送り込み，データを収集できるようになり，さらに，近い将来，人間の脳をコンピュータへアップロードできるようになるとも予測している。また，2015年，インペリアル・カレッジ・ロンドン大学のマレー・シャナハン（Murray Shanahan）は，ブレイン・リバースエンジニアリングを全脳エミュレーション（Whole Brain Emulation）と呼びながら，その作業プロセスとして，「マッピング」，「シミュレーション」，「身体化」という3段階に分けている。まず，第1段階の「マッピング」は，脳の構造を精巧に描き出すことである。第2段階の「シミュレーション」は，マッピングの結果，浮き彫りにされた青写真を用いて，すべてのニューロンをモデル化して再現することである。そして，第3段階の「身体化」は，シミュレートされた脳をロボットへ橋渡しするインターフェイスを作成することである。

1-4　デジタル・トランスフォーメーション

デジタル・トランスフォーメーション（Digital Transformation：DX）は，インディアナ大学のエリック・ストルターマン（Erik Stolterman）によって提唱された概念である[5]。2004年に発表した「Information Technology and Good Life（情報技術と豊かな暮らし）」と題する論文の中でDXの概念を次のように定義した。

"DXとは，デジタル技術が人間生活のあらゆる側面に引き起こす，または影響を与える変化として理解することができる"（The Digital Transformation Can be Understood as The Changes that The Digital Technology Causes or In-

---

5　2004年当時，スウェーデンのウメオ大学に所属し，現在はインディアナ大学で情報学・コンピューティング学・工学系研究科情報学教授を務めている。

fluences in all Aspects of Human Life.）。

　また，日本でも総務省が令和3（2021）年の「情報通信白書」のなかで，「DXとは，企業が外部エコシステム（顧客，市場）の劇的な変化に対応しつつ，内部エコシステム（組織，文化，従業員）の変革を牽引しながら，第3のプラットフォーム（クラウド，モビリティ，ビッグデータ / アナリティクス，ソーシャル技術）を利用して，新しい製品やサービス，新しいビジネスモデルを通して，ネットとリアルの両面での顧客エクスペリエンスの変革を図ることで価値を創出し，競争上の優位性を確立すること」[6]と定義している。さらに，経済産業省が主催する「デジタル・トランスフォーメーションの加速に向けた研究会」が取りまとめたレポートによると，「DXとは，企業がビジネス環境の激しい変化に対応し，データとデジタル技術を活用して，顧客や社会のニーズを基に，製品やサービス，ビジネスモデルを変革するとともに，業務そのものや，組織，プロセス，企業文化・風土を変革し，競争上の優位性を確立すること」のように定義している[7]。

　次に，上記した「デジタル・トランスフォーメーションの加速に向けた研究会」によると，DXの構造は，主に3段階から構成されている（図表1-6）。

　デジタイゼーション（Digitization）は，「アナログ・物理データのデジタル・データ化」と定義される。つまり，デジタイゼーションとは，これまでアナログで行っていたものを「0」と「1」の数字で処理してデジタルに置き換えること，あるいは物理的な情報をデジタル形式に変換することである。たとえば，紙文書の電子書籍化がこれに該当する。

　デジタライゼーション（Digitalization）は，「個別の業務・製造プロセスのデジタル化」と定義される。すなわち，自社内だけでなく外部環境やビジネス戦略も含めたプロセス全体をデジタル化するのがデジタライゼーションである。たとえば，病院組織において，紙カルテを電子カルテへ変換するのがデジ

6　https://www.soumu.go.jp/johotsusintokei/whitepaper/ja/r03/html/nd112210.html

7　https://www.meti.go.jp/shingikai/mono_info_service/digital_transformation_kasoku/pdf/20201228_4.pdf

図表1-6　DXの構造

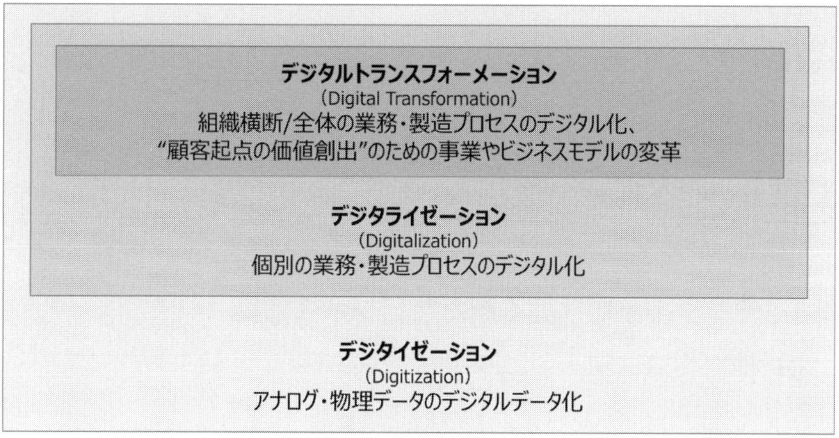

```
デジタルトランスフォーメーション
(Digital Transformation)
組織横断/全体の業務・製造プロセスのデジタル化、
"顧客起点の価値創出"のための事業やビジネスモデルの変革

デジタライゼーション
(Digitalization)
個別の業務・製造プロセスのデジタル化

デジタイゼーション
(Digitization)
アナログ・物理データのデジタルデータ化
```

出所）経済産業省（2020）

タイゼーションであるのに対し，従来の対面診療のやり方からデジタルを駆使したオンライン診療という新しい仕組みへ切り替えることがデジタライゼーションである。

　一方，DXとは，「組織横断/全体の業務・製造プロセスのデジタル化，顧客起点の価値創出のための事業やビジネスモデルの変革」と定義される。つまり，デジタル技術の活用による新たな商品・サービスの提供，新たなビジネスモデルの開発を通して，社会制度や組織文化なども変革していくような取り組みや概念がDXの正体だといえる[8]。分かりやすい事例をあげると，たとえば，銀行の窓口やATMに足を運ばなくても，自宅や外出先からパソコンや携帯電話等の端末を利用して残高照会や振込み等ができるインターネット・バンキングは，DXの典型的なケースである。

　それでは，国際的に見ると日本企業のDX化の現状はどうなのだろうか。独立行政法人情報処理推進機構（IPA）が刊行する『DX白書 2023』では，"進

8　https://www.soumu.go.jp/johotsusintokei/whitepaper/ja/r03/pdf/index.html

み始めた「デジタル」，進まない「トランスフォーメーション」"という副題
が掲げられている。つまり，デジタイゼーションやデジタライゼーションを意
味するデジタル化（D）の領域で成果があがっているものの，組織の文化を変
え，ビジネスの在り方そのものを転換するトランスフォーメーション（X）の
領域は，残念ながら，いまだその意味さえ理解されていないレベルであり，さ
らなる取り組みとPRが必要だとしている。

1-5　デジタルが切り開く新たなビジネス空間

1-5-1　メタバース

　メタバース（Meta-Verse）とは，「Meta（超越）」と「Universe（宇宙）」を
組み合わせた造語である。1992年，SF作家であるニール・スティーブンスン
のSF小説『スノウ・クラッシュ（Snow Crash）』で初めて使用された。2021
年，フェイスブックは，社名をメタ・プラットフォームズに変更し，SNSか
らメタバースへ事業の軸足を移すことを宣言した。2023年，マイクロソフト
はゲームソフト大手のアクティビジョン・ブリザード（Activision Blizzard）
を約10兆円で買収し，メタバース市場への展開の足掛かりを作った。これら
ビックテック企業の動きをキッカケに"メタバース"という言葉は，今日，世
界中に広まっている。

　一方，2019年，中国で初めて報告され，世界的な流行を見せた新型コロナ
ウイルス感染症（COVID-19）によって，我々の生活スタイルは一変した。特
に，感染拡大を防ぐため，「つながり」「移動」「会話」等においてオンライン
への移行が進み，これは，新しい生活様式（ニューノーマル）とも呼ばれた。
そして，こうした生活スタイルの変化が皮肉にもメタバースの追い風として作
用した。

　メタバースは，いまだ統一的な定義がなされていないのが現状だが，こうし
たなか，総務省「Web3時代に向けたメタバース等の利活用に関する研究会」
は，メタバースの特徴を次のように説明している。メタバースとは，ユーザー

間でコミュニケーションが可能なインターネット等のネットワークを通じて，アクセスできる「仮想的なデジタル空間」であり，①利用目的に応じた臨場感・再現性があること，②自己投射性・没入感があること，③（多くの場合リアルタイムに）インタラクティブであること，④誰でもが仮想世界に参加できること（オープン性）という4つの点を備えるものと指摘している[9]。この表現をもっと簡略化すると，インターネット上の仮想空間を意味するメタバースでは，複数のユーザー同士がアバター（Avatar）と呼ばれる自らの分身をヘッドマウント・ディスプレイなどの専用ゴーグルで操作し，コミュニケーションや交流を図ることである。そして，ゲームやイベント，娯楽などエンターテインメント分野，建設・住宅分野，教育・学習分野，福祉分野等の他，仮想店舗やバーチャル会議など，実に様々な領域において利活用が期待されている。

　メタバースは，次のような3つの技術によって支えられている。それは，「VR」「AR」そして「MR」であり，これら3つの技術は，総称してXR（Cross Reality）と呼ばれている。まず，VR（Virtual Reality）は「仮想現実」と訳され，メタバースの世界を作り出す技術である。ヘッドマウント・ディスプレイ（HMD）を装着し，3次元コンピュータ・グラフィックス（3 Dimensional Computer Grapics：3DCG）を使って生まれた現実とは異なる仮想空間で，現実のような体験ができる技術である。VRの応用範囲は，ゲームや音楽ライブなど多岐にわたる。

　AR（Augmented Reality）は，「拡張現実」と訳され，その名の通り，現実の世界を拡張させる技術である。スマートフォンやタブレットPCの画面上で，現実の風景に3DCGによる仮想の情報が重ね合わせて表示させる技術である。たとえば，現実の世界でポケモンを探し，捕まえる任天堂の「ポケモンGO」は，ARの代表的な製品である。

　最後に，MR（Mixed Reality）は，「複合現実」のことであり，拡張現実をさらに発展させた技術である。MR専用のスマートメガネを装着し，メガネ越

9　総務省「Web3時代に向けたメタバース等の利活用に関する研究会」中間とりまとめ。

しで現実の空間に仮想の情報を融合して表示する技術であり，たとえば，メタ・プラットフォームズが提供するVRゴーグル「Meta Quest」やアップルが発売したMRゴーグル「Vision Pro」などは，現実世界と仮想世界を融合する代表的なMR製品である。

　令和5（2023）年度「情報通信白書」によると，世界のメタバース市場は，2022年の8兆6,144億円から，2030年は123兆9,738億円まで拡大すると予想されている。とりわけ，ゲーム産業の中心は，Z世代と言われるなか，世界の15〜24歳に占める6割以上がアジア地域に居住していることから考えても，アジア市場におけるメタバースの経済効果は，極めて大きいことが確認されている。一方，日本のメタバース市場は，2022年度に1,825億円（見込み）から，2026年度には1兆42億円まで拡大すると予測されている（図表1-7）。この背景には，先述した「VR」「AR」そして「MR」を実現するHMDや専用ゴーグルが，既存のスマートフォン端末に取って代わる新たな革新的端末として有望視されていることがある。

　国内外のメタバース市場規模は，年々拡大の一途を辿ることが予測されているが，少なくとも2023年の段階においてメタバース事業の取り組みが上手くいってないとする証拠が多数確認されている。たとえば，メタバースの認知度について国際比較すると，その内容や意味について，「具体的に知っている」「なんとなく知っている」の合計の割合は，米国63％，ドイツ49.9％，中国57.5％に対し，日本は27.4％と最も低い一方で，「知らない・初めて聞いた」とする割合は，米国13.5％，ドイツ21.9％，中国11.8％に対し，日本は37.3％と最も高くなっている（図表1-8）。つまり，国際的に見て，日本のメタバースに関する興味・関心の度合いの低さが浮き彫りとなっている[10]。また，メタバースの火付け役につながったメタ・プラットフォームズのメタバース事業は，社名の変更以来，業績赤字が続いている。さらに，NTTグループのビジネスコンサルティングファームである㈱クニエ（QUNIE）が実施した「メ

10　総務省『情報通信白書』令和5年版。

図表1-7　日本のメタバース市場規模（売上高）の推移と予測

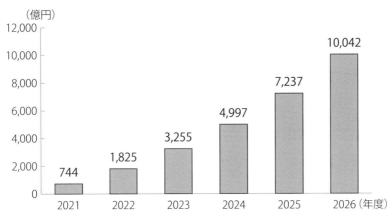

注：2022年度は見込値，2023年度以降は予測値
出所）総務省『情報通信白書』令和5年度

図表1-8　メタバースの認知度（日本，アメリカ，ドイツ，中国）

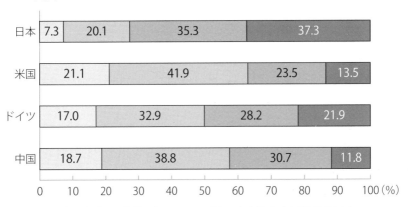

出所）総務省『情報通信白書』令和5年度

タバースビジネス調査レポート」によると，メタバースビジネスに取り組む企業のうち，メタバースの事業化に失敗した企業は，全体の約92％にも達したとする結果も提示されている[11]。

このようにメタバースビジネスの失敗が次第に浮き彫りとされるなか，どうすればメタバースを発展させることができるのか。國光（2022）は，メタバースを普及・発展させるうえで必要な3つのポイントをあげている。まず，メタバースはゲームビジネスと親和性が高いため，世界中のゲーマーを取り込むことである。また，タブレットPCやパソコン市場を取り込むことであり，この場合，職場や学校などの教育現場への普及と拡散が特に重要である。そして，現在のキーデバイスであるスマートフォンからARグラスへのシフトである。

最後に，メタバース空間には，技術的にも法律的にも克服しなければならない無数の課題が山積している。これらの諸課題の解消がメタバースの普及・発展にとって必要な条件ともなっている。

1-5-2　Web3

次に，Web3とは，Web1.0，Web2.0に続く進化形としてよく理解されている（図表1-9）。Webとは，"World Wide Web"の略称であり，文字や画像，動画，音楽などを利用できるシステムである[12]。

Web1.0は，1990年代から2000年代前半までの段階を指す。1995年，Windows95が販売され，インターネットが急速に普及した時代である。Web1.0の時代は，インターネット・サーバーが公開するWebページのコンテンツをWebブラウザで閲覧する一方通行のコミュニケーションに止まっていた。つまり，サービス運営者は，情報を提供し，そのユーザーは，ただ情報を受け取って読むだけ（Read Only）の世界に過ぎなかった。その当時，インターネットの速度が遅く，パソコンやサーバーの処理能力も限られていた。このた

11　クニエ「メタバースビジネス調査レポート」。
12　スイス欧州原子力機構（CERN）のティム・バーナーズ・リー（Tim Berners-Lee）がWorld Wide Web（WWW）を発明したとされる。

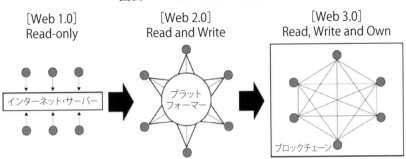

図表1-9　Web1.0からWeb3へ

出所）https://www.meti.go.jp/press/2022/07/20220715003/20220715003-a.pdf

め，表示コンテンツは，テキストが中心であり，画像や動画はほとんどなかった。Web1.0の時代は，単に受動的な情報収集に過ぎない時代であったものの，誰でもインターネットへアクセスし，情報を集めることができるようになり，情報の民主化という恩恵を受けられる時代でもあった。

　これに対し，Web2.0は，2000年代後半から2020年までの段階を指す[13]。Web2.0の時代は，ブログ，SNS（Twitter，Facebook，Instagram，YouTubeなど）が登場した結果，人々は自由に何かを作り出せるようになった（User Generated Contents：UGC）。また，誰でも情報を発信/受信（閲覧）が可能となり，双方向なコミュニケーションへと進化した。Web2.0では，情報を読み書き（Read and Write）できるように進化する一方で，GAFAM（Google・Amazon・Facebook（現Meta Platforms）・Apple・Microsoft）と呼ばれる巨大なプラットフォーマーに個人データが集中・支配される事態が生まれた。これにより，プラットフォーマーによる個人データの独占的濫用やプライバシーの侵害，サイバー攻撃により個人データが流出するセキュリティ問題などの課題が浮上した。このようなWeb2.0が抱える課題を解決する概念として構想されたのがWeb3である。

13　Web2.0は，ティム・オライリー（Tim O'Reilly）が提唱したとされている。

Web3は，2021年以降の段階を指す[14]。Web3は，巨大プラットフォーマーによる中央集権化を改め，個人データの所有・管理権限をユーザーへ帰属させることを強い動機としている（Read, Write and Own）。このため，Web2.0が「中央集権的Web[15]」と呼ばれるのに対し，Web3は，「非中央集権化Web」「自己主権型Web」とも呼ばれ，具体的には，暗号資産（仮想通貨）のしくみとなるブロックチェーン（Blockchain）の技術を基盤とした分散型インターネットであると定義できる。

Web3を活用する代表的なサービスには，下記のようなものがあげられる。第1は，インターネット上でやりとりできる財産的価値である，たとえば，ビットコイン（Bitcoin）やイーサリアム（Ethereum）のような仮想通貨を意味する「暗号資産」である。暗号資産は，代替可能なトークン（Fungible Token）であり，他の暗号資産や現金と交換できる特徴を持つ。なお，トークン（Token）は，「しるし」や「証拠」と訳され，仮想通貨や暗号資産と同義語である。

第2は，デジタル版の鑑定書や証明書のことであり，非代替性トークンとも訳される「NFT（Non-Fungible Token）」である。デジタルで作られた音楽や絵画などの作品は，そもそもデジタルなるが故，コピーが容易であり，このため，市場にて売買取引することが難しかった。ところが，これらデジタル作品をブロックチェーン上でNFTに変換すると，本人の作品であることの権利を証明でき，売買や転売が可能となる。

第3は，自律分散型組織と訳される「DAO（Decentralized Autonomous Organization）」である。伝統的なピラミッド組織は，株主や取締役等の経営陣がプロジェクト運営に関わる意思決定の担い手として機能し，生み出した利益も株主や経営陣に集まる中央集権的な構造であった。これに対し，DAOは，ブロックチェーン上で人々が協力して管理・運営される組織のことであり，中

14　Web3は，ブロックチェーンプラットフォーム「イーサリアム」の共同設立者のギャビン・ウッド（Gavin Wood）が提唱したとされている。
15　亀井・鈴木・赤澤（2022）。

央の管理者は存在せず，コミュニティの参加者同士で管理するため，透明性が高く誰もが参加できる特徴を持つ（國光2022）。コミュニティの参加者全員がプロジェクトを運営し，その運営に貢献した参加者であれば，誰でも利益を享受することができる。また，DAOの運営に当たっては，現金の代わりにトークンが利用され，参加者は，トークンを購入して意思決定に参加したり，プロジェクトの運営に参加したり，新たなトークンを受け取れる仕組みとなっている。

　第4は，分散型金融と訳される「DeFi（Decentralized Finance）」である。これは，銀行，証券，保険など，従来は中央管理者である金融機関が担ってきたサービスを中央管理者が存在しないブロックチェーン上で提供するものである。このため，金融機関を介さないことでコストを節約でき，参加者同士が直接取引するため透明性が高い特徴を持つ。

　このようなWeb3は，現在，まだ始まったばかりの黎明期の段階にある。今後，Web3がさらなる発展と拡大するためには，法律や規制など，様々な課題を克服する必要がある。

　本節の内容をまとめると，メタバースは，仮想的なデジタル空間のなかでユーザーの分身であるアバターを通じて参加し，経済活動や社会的交流を図ることだが，Web3は，メタバースという仮想空間を加速させるインターネットの進化形態として位置づけられる。図表1-10は，メタバースとWeb3の構成要素を示している。メタバースは，Web3と呼ばれる次世代インターネットを通じて可能となる仮想世界のように説明ができる一方で，メタバースは，「VR」「AR」「MR」から構成され，Web3は，「ブロックチェーン」「暗号資産」「DAO」「DeFi」「NFT」によって構成されている。そして，今後，メタバースは，Web3を活用したサービスのひとつに融合される可能性が高いと言われている。

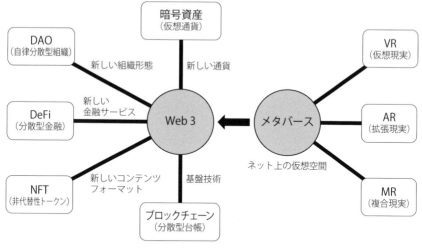

資料）各種資料をもとに作成

―――――――――――
コラム
デジタル・マインドセット

　デジタル技術を駆使して事業や企業を変革するDXの実現に取り組む企業は，今日拡大の一途を辿っている。すでに取り上げた独立行政法人情報処理推進機構（IPA）が刊行する『DX白書2023』によると，2022年度におけるDXに取り組んでいる日本企業の割合は69.3％となり，アメリカ企業の77.9％に迫る勢いである。しかしながら，DXを思い通り推進できない企業，その成果を実感できないと回答する企業の割合は非常に多い。また，2022年度のDXの取り組みで成果が出ていると回答した日本企業の割合は58.0％であり，アメリカ企業の89.0％と比較すると大きな開きが見られる。

　なぜ，海外に比べDXの推進に苦慮する日本企業は多いのか。ひとつ目の理由として，DXに関する経営陣の見識やスキル不足があげられる。たとえば，言葉だけDXを進める命令は下すものの，いったい何をどうやって変革したいのか実態を示さない。『DX白書2023』によると，IT分野に見識があ

る役員が3割以上いる企業の割合では，日本が27.8％に対し，アメリカは60.9％と2倍以上の大きな差が見られ，日本の経営陣のITに対する不十分な理解度がDXの推進を阻害している懸念が読み取れる。

　もうひとつの理由は，経営層，IT部門，業務部門が協働できる組織作りの問題である。たとえば，DXの旗振り役であるデジタル部門と未だに多くのアナログ的処理が展開されている業務部門との協力体制の構築には，意識の違いから相当の時間と手間がかかるだろう。『DX白書2023』によると，経営者，IT部門，業務部門の協調の有無について聞いたところ，できている（「十分にできている」「まあまあできている」）と回答した割合は，アメリカが8割にも達したのに対し，日本は4割弱にとどまり，全社横断的な協力体制の推進に課題があることが大きく浮き彫りにされている。

　このようにDXの実現には，経営トップだけでなく，組織を構成する従業員らの意識改革の有無が大きなカギを握る。DXの価値を認め，それを好意的に受け入れるには，一人ひとりの従業員がデジタル技術を学習し，活用する意欲が何よりも必要である。2022年，ハーバード大学ビジネス・スクールのツェダル・ニーリー（Tsedal Neeley）とカリフォルニア大学のポール・レオナルディ（Paul Leonardi）は，データやAIが意義のあるツールとして積極的に利活用したいと考える行動様式や能力をデジタル・マインドセット（Digital Mindset）と命名し，その受入れに対する従業員の反応を明らかにしている。そして，このようなデジタル・マインドセットについて，企業のマネジャーは，チームメンバーの一人ひとりがどの象限に入るかを評価しながら，必要に応じて個人を象限から別の象限に移動させるよう努力するべきである。縦軸は，従業員がDXの重要性を信じている程度の高・低，横軸には，従業員が学習するための自己能力を持っている自信のレベルの高・低を取ると，そのクロスからDXの受入れパターンは，大きく4つのタイプに分けられる（図表1-11）。

　右上の象限は，発奮（Inspired）である。これは，最良のシナリオであり，従業員が変化に触発され，自分にはデジタルコンテンツを学ぶ能力があると

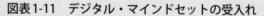

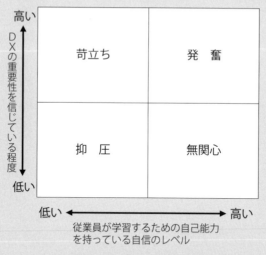

図表1-11　デジタル・マインドセットの受入れ

	高い	
DXの重要性を信じている程度	苛立ち	発奮
	抑圧	無関心
	低い	

低い　　従業員が学習するための自己能力　　高い
を持っている自信のレベル

出所）Neeley and Leonardi（2022）

信じている。そして，自分は，そうすることが自分や自分の会社のためになると信じている。

　左下の象限は，抑圧（Oppressed）である。これは，最悪のシナリオであり，自分にはデジタルコンテンツを学ぶ能力があると信じていない。また，それを学ぶことが自分や自分の会社にとって有益だと見ていない。

　左上の象限は，苛立ち（Frustrated）である。これは，もし自分がデジタルコンテンツを学べば，会社にも自分にもメリットがあるが，しかし，自分には無理だろうと考える。

　右下の象限は，無関心（Indifferent）である。これは，自分はデジタルコンテンツを学ぶことができる。しかし，自分にも会社にもそれが有益だと見ていない。

　デジタル・マインドセットが最も低い「抑圧」に該当する従業員に対し，マネジャーは，時間をかけてDXの重要性を論し続けると共に，彼らに自信とやる気を与える努力をする必要がある。

第2章
半導体

2-1 半導体とは何か

　半導体は，パソコンやOA機器，携帯情報端末，自動車，FAや自動化機器，家電製品，インフラ，ゲーム機，AV機器など，あらゆるデジタル製品に欠かせない重要な部品として「産業のコメ」といわれる一方で，現代では，国家の安全保障にも直結する最重要戦略物資，もはや石油を超える「戦略的資源」ともいわれている。

　半導体は，一定の電気的性質を備えた物質を意味する。物質には，電気の流れにくさを示す電気抵抗率が低いものと高いものがある。電気抵抗率が低く電気を通す（流れやすい）は「導体」と呼び，金，銀，銅，鉄，ニッケルなどの物質があげられ，電気抵抗率が高く電気を通さない（流れにくい）は「絶縁体」と呼んで，ゴム，ガラス，セラミックスなどの物質があげられる。そして，「半導体（Semi-Conductor）」は，その名の通り，これら「導体」と「絶縁体」の中間的な性質を備えた物質・材料と定義され，主にシリコン（Si），ゲルマニウム（Ge）などがこれに該当する（図表2-1）。したがって，中途半端な物質・材料である半導体は，環境や条件によって電気を流す・流さないをコントロールできるため，先述した様々な電化製品や産業機器等の制御に使用されている。

　次に，半導体の起源を紐解いてみよう。1947年，AT&Tベル研究所（Bell Telephone Laboratories）のジョン・バーディーン（John Bardeen）とウォルター・ブラッテン（Walter Brattain）が点接触型トランジスタを発明した。また，1948年，同研究所のウィリアム・ショックレイ（William Shockley）は，接合型トランジスタを相次いで発明した。そして，1956年，トランジスタ（Transistor）を発明したバーディーン，ブラッテンそしてショックレイの3人に対しノーベル物理学賞が授与された。

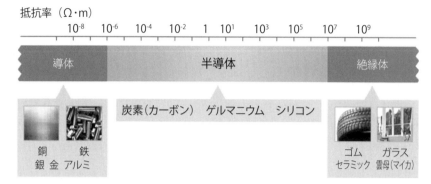

図表2-1　半導体の性質

出所）日立ハイテク　ホームページ

　1959年，テキサス・インスツルメンツ（Texas Instruments）社のジャック・キルビー（Jack Kilby）は，集積回路（Integrated Circuit：IC）を発明した。ICとは，トランジスタ，抵抗，コンデンサなどの機能を持つ素子を圧縮して一つのチップに収めた電子部品のことであり，その結果，電子回路の小型化・軽量化・高密度化が可能となった。そして，2000年，この業績からキルビーはノーベル物理学賞を受賞した。

　1965年，インテル社の共同創業者であるゴードン・ムーア（Gordon Moore）は，半導体の集積密度が18〜24カ月で倍増する「ムーアの法則（Moore's law）」を提唱し，半導体技術の進歩や特にスマートフォンの普及や拡大について大きな影響を与えた。

　さて，半導体を使った電子部品は，「半導体デバイス」と呼ばれている。デバイス（Device）とは，「道具」「仕掛け」と訳され，一般にスマートフォンやタブレット端末などの「モバイル機器」を指す場合とトランジスタや集積回路（IC）などの「電子部品」を意味する場合がある。「半導体デバイス」は，複数の種類がある。まず，トランジスタやダイオードのように1つの機能を持つ素子は，ディスクリート半導体（Discrete Semiconductor）といい，「個別半導体」とも呼ばれている。これに対し，メモリ，マイクロプロセッサ

（MPU），ロジックICなど複数の素子を寄せ集め，ひとつのチップに搭載したものを集積回路（IC）という。そして，ICの集積度をより高めたものはLSI（Large Scale Integration）と呼ばれ，「大規模集積回路」と訳されている。

　集積回路（IC）の総称として用いられる半導体チップの世界出荷数量は，1980年は320億個であったが，その後，2020年は1兆360万個となり，2030年には2兆〜3兆個になると予測されている。半導体は，言うまでもなく，あらゆるデジタル製品や軍事兵器等に不可欠な戦略物資として搭載されるため，今後とも世界的な需要不足は否めないからである。たとえば，一般的な自動車に搭載される車載半導体は，おおよそ1,000〜1,500個だが，脱炭素社会の実現として期待される電気自動車（EV）では，その倍の3,000〜3,500個が必要になるとも言われている。また，米アップルの「iPhone」に使われている先端半導体には，160億個ものトランジスタが敷き詰められるなど，将来的にも半導体の需要は，より一層高まる傾向に違いない。

2-2　半導体の役割

　半導体の役割は，人間が持つそれぞれの機能に当てはめると理解しやすい。つまり，半導体は，①記憶や制御の役割を果たす「脳」の役割，②対象物を見る「目」の役割，③物を動かすための「筋肉」の役割，④活動するための「手や足」の役割を果たすそれぞれの半導体に分けられる。

　まず，脳の働きは，カラダの司令塔として運動や生命，感情などのコントロールをつかさどっているが，その脳と同じ役割を果たす半導体は，主に2種類に区別される。ひとつは，記憶をつかさどる半導体であり，短期的な記憶を担う「DRAM（Dynamic Random Access Memory）」と長期的な記憶を担う「NAND（Not+AND）型フラッシュメモリ」に区別される。まず，書き込み読み出しが可能なメモリを意味するDRAMを生産する代表的な企業は，サムスン電子（Samsung Electronics：韓）とSKハイニックス（SK Hynix：韓），マイクロン・テクノロジー（Micron Technology：米）があげられる。また，

USBメモリやSDカードを指すNAND型フラッシュメモリの有名な企業としては、サムスン電子（韓）とSKハイニックス（韓）、マイクロン・テクノロジー（米）とウエスタン・デジタル（Western Digital：米）、キオクシア（日）があげられる。

　脳と同じ役割を持つもうひとつの半導体は、物事を考え制御するための半導体であり、具体的には、コンピュータやPCの心臓部のICで「中央演算処理装置」と呼ばれるCPU（Central Processing Unit）、3Dの画像を処理する際に使用され「画像処理装置」と呼ばれるGPU（Graphics Processing Unit）といった「ロジック半導体」があげられる。ロジック半導体は、スマートフォンやパソコンなどの電子機器からデータセンターまで、その頭脳の役割を果たし、微細化（最近では3次元化）がカギを握る。これらCPU（MPU）の主要メーカーには、インテル（Intel：米）、クアルコム（Qualcomm：米）、AMD（Advanced Micro Devices：米）があげられ、GPUの代表的メーカーとしては、アメリカのエヌビディア（米）、インテル（米）、AMD（米）が高いシェアを誇っている。

　次に、人間の目の網膜に相当する役割を果たすのは、「イメージセンサー」である。これは、スマートフォンやデジタルカメラのレンズから入った光を電気信号に変換し、データとして取り出し転送するものである。イメージセンサー（撮像素子）の代表的メーカーは、CMOS（Complementary Metal Oxide Semiconductor）[16]センサーで世界シェアの約半分を持つソニー（日）を筆頭に、サムスン電子（韓）、オムニビジョン（OmniVision：米）、STマイクロエレクトロニクス（STMicroelectronics：スイス）があげられる。

　人間の筋肉にあたるのは、「パワー半導体」である。これは、電力を供給、制御し、モータなどを効率よく動かす際に用いられる半導体であり、高い電圧や電流、大きな電力を扱うことができるため、主に自動車や鉄道そしてエアコンに使用されている。このようなパワー半導体を生産する主なメーカーとして

16　「相補性金属酸化膜半導体」と訳される。

は，インフィニオン・テクノロジーズ（Infineon Technologies：独），オン・セミコンダクター（ON Semiconductor：米），STマイクロエレクトロニクス（スイス），また，日本国内のメーカーでは，三菱電機，富士電機，東芝，ロームなどがあげられる。

　最後に，人間の手足にあたるのは，「アナログ半導体」である。これは，音，光，温度，振動などの情報をデジタル信号に変換する半導体であり，主に，電気自動車やパソコンに使用されている。その主なメーカーには，テキサス・インスツルメンツ（米），アナログ・デバイセズ（Analog Devices：米），スカイワークス（Skyworks：米），インフィニオン・テクノロジーズ（独）などがあげられる。

2-3　半導体のモノづくり

　図表2-2は，半導体のモノづくりを表したものである。それによると，半導体の製造工程は「設計」「前工程」「後工程」の3つに大別される。「設計」とは，半導体の電子回路やパターンを開発しフォトマスクを作る段階[17]，「前工程」とは，シリコンウエハ上に電子回路を形成する段階，「後工程」とは，シリコンウエハを切断してチップにしパッケージ，検査を経て製品化する段階である。そして，これら3つの段階を経た後，完成品を半導体メーカーから仕入れ，エンドユーザーへ販売する半導体商社などの「流通」段階，最後に，自動車メーカー，エレクトロニクスメーカー，機械メーカーなど，実際に半導体を利活用する「エンド・ユーザー」段階のような道筋を辿る。

　次に，半導体のモノづくりには，複数の半導体メーカーが存在する。それは，大別すると「IDMメーカー」「ファブレス」「ファウンドリ」「OSAT」「IP

17　半導体ウエハ表面に形成される電子回路は微細なため，直接ウエハ表面に配置することができない。このため，フォトマスクと呼ばれる原版にコンピュータを使ってパターンを描き，これをウエハ上に転写して回路を形成すること。フォトマスクは写真のネガフィルムの役割を果たす。

図表2-2　半導体のモノづくり

ベンダー」「EDAメーカー」そして「製造装置メーカー」「材料メーカー」のように分類できる。

　「IDMメーカー（Integrated Device Manufacturer）」は，"垂直統合型デバイスメーカー"とも呼ばれ，半導体の設計から前工程，後工程まで自社で一貫して取り組むメーカーである。代表的なIDMメーカーには，MPU（超小型演算処理装置）を扱うアメリカのインテル（米），メモリを手掛けるサムスン電子（韓）やSKハイニックス（韓），マイクロン・テクノロジー（米）そしてキオクシア（日）などがあげられる。

　「ファブレス（Fabless）」は，その名の通り，工場（Fab）を持たない（Less）メーカーであり，その意味とは，半導体の設計・開発業務に特化したメーカーである。世界のファブレス企業を取り上げると，"スナップドラゴン"と呼ばれるCPUを扱うクアルコム（米），無線や通信向けのプロセッサを手掛けるブロードコム（Broadcom：米），GPU（画像処理用のプロセッサ）を主力製品とするエヌビディア（NVIDIA：米）が有名である。このようなファブレスには，「IPベンダー」や「EDAベンダー」と呼ばれる形態もまた存在する。「IP

(Intellectual Property) ベンダー」は，集積回路の設計情報のコアな部分だけ
を知的財産（設計資産）として保有し，半導体メーカーに有償でライセンス供
与する企業であり，そのお陰で半導体の設計ノウハウが不足する企業でも，自
前のチップを設計できるようになった。そして，世界の代表的なIPベンダー
には，アーム（ARM：英），シノプシス（Synopsys：米）やケイデンス・デ
ザイン・システムズ（Cadence Design Systems：米）があげられる。一方，
「EDA（Electronic Design Automation）ベンダー」は，半導体の設計・開発
に欠かせないEDA（電子設計自働化支援ツール）を提供する企業である。世
界のEDAベンダーには，アメリカのシノプシス（米）やケイデンス・デザイ
ン・システムズ（米），シーメンスEDA（Siemens EDA：独）が有名である。

　「ファウンドリ（Foundry）」は，半導体の製造技術・生産業務に特化したタ
イプである。高度な製造技術を保有し，ファブレス企業から受託生産する。こ
の前工程受託タイプに該当する代表的な企業には，世界最大のファウンドリと
して屈指の競争力を持つTSMC（台湾積体電路製造：台），IDMメーカーであ
る共に，ファウンドリ企業でもあるサムスン電子（韓），台湾の聯華電子
（United Microelectronics Corporation：UMC）があげられる。

　このようなファウンドリに対し，OSATと呼ばれる形態もある。「OSAT
（Outsourced Semiconductor Assembly and Test）」は，半導体製造の後工程
（ウエハをチップに切断してパッケージングし，検査まで）を請け負う後工程
受託メーカーである。代表的な企業には，世界最大のOSATである日月光投控
（ASE Technology Holding：台），アムコー・テクノロジー（Amkor Technol-
ogy：米），中国の江蘇長電科技（Jiangsu Changjiang Electronics Technolo-
gy：JCET）があげられる。

　過去，半導体の生産は，IMDのような垂直統合型が主流を占めてきた。し
かし，1990年代になると，微細化技術が飛躍的に進歩し，それを製造する生
産施設費用が巨額に及んだため，水平分業型が採用されるようになった。その
結果，前工程を受託するファウンドリや後工程を受託するOSATという企業モ
デルが登場することになった。

図表2-3の下側は，半導体のモノづくりにおける代表的な製造装置メーカーと材料メーカーを示したものである。まず，「製造装置メーカー（Equipment Manufacturer）」は，前工程と後工程を対象に製造装置を半導体メーカーへ提供する企業群である。最初に，売上高が高い世界の半導体製造装置メーカーには，アプライド・マテリアルズ（Applied Materials：米），ASML（蘭）そして東京エレクトロン（日）があげられる。次に，製造工程別に代表的な企業を取り上げると，前工程では，フォトマスク製造で首位を誇るレーザーテック（日），レジスト塗布でNo1の東京エレクトロン（日），露光装置で世界シェアを独占するASML（蘭），エッチングで世界No1を誇るラム・リサーチ（Lam Research：米），洗浄装置で首位のSCREEN HD（日），ウエハ検査で高いシェアを持つ東京精密（日）があげられる。また，後工程では，ダイジングで圧倒的なシェアを持つディスコ（日），テスト装置で首位のアドバンテスト（日）があげられる。

　一方，「材料メーカー（Material Manufacturer）」は，半導体のモノづくりにおいて多種多様な材料を提供する企業である。代表的な企業としては，ウエハ製造のためのシリコンで世界一位の信越化学工業（日），第二位のSUMCO（日），フォトマスク製造のための原板を提供するHOYA（日）があげられる。とりわけ，半導体シリコンは，原料の珪石（けいせき）を加工し，純度を99.999999999％（イレブンナイン）にまで高めたケイ素の塊である。珪石は，地球上で酸素に次いで2番目に多く存在するが，珪石から金属シリコンを製造する工程は膨大な電力を必要とするため，現在は，金属シリコンを全量海外から輸入している。金属シリコンの主な生産国には，電気代の安い米国，ノルウェー，オーストラリア，ブラジル，南アフリカそして中国などがあげられる。

　最後に，半導体のグローバル・サプライチェーンについて触れてみよう。現在，米国，日本，台湾そして中国など，いなかる国や地域といえども，半導体製造を自給自足できる国など存在しない。よって，半導体産業は，特定の国や地域そして企業に関連するリソースや能力が集中化されているものではなく，地球規模で分散化された半導体の各工程の最先端技術がグローバルに統合され

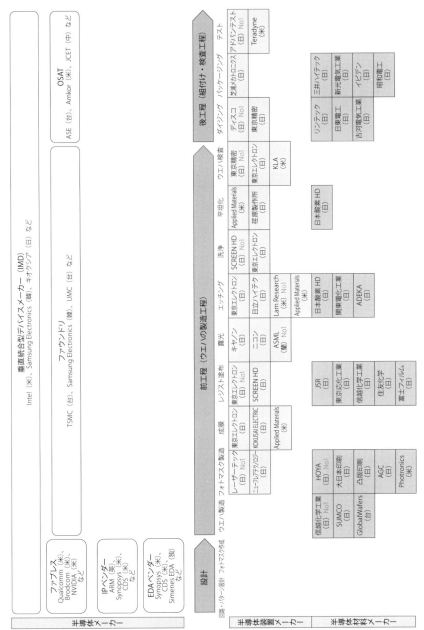

図表 2-3　半導体のモノづくりと代表的なメーカー

（資料）各種資料をもとに作成

た複雑な構造を形成している。通常，これは，国際供給連鎖と訳される「グローバル・サプライチェーン（Global Supply Chain）」あるいは，国際価値連鎖を意味する「グローバル・バリューチェーン（Global Value Chain）」とも呼ばれている。

　今日，半導体のグローバル・サプライチェーン（あるいはグローバル・バリューチェーン）は，主にアメリカ，欧州（イギリス，オランダ），アジア（台湾，日本）という各地域からなる国際分業体制が構築されている。具体的に言うと，世界の半導体の設計能力は，アメリカに拠点をかまえるファブレスに集中している。次に，世界の半導体の前工程に関する製造能力は，台湾のファウンドリに集約化されている。とりわけ，最新鋭のスマートフォン，データセンターそしてAIに利活用される9ナノメートル（nm）以下の最先端ロジック半導体は，約6割の生産がTSMCなど台湾の生産拠点に集中している。一方，世界の半導体の後工程に関する製造能力は，台湾や中国といったアジア地域にOSATが多く存在している。そして，半導体製造装置の開発能力では，アメリカ，日本そして欧州の3地域が支配的な競争力を構築している。最後に，半導体の素材・材料に関する開発能力では，日本が圧倒的な強さを誇っている。

2-4　日の丸半導体の凋落と復活

　日本の半導体産業は，1988年当時，世界シェアの50％以上を占め，圧倒的な強さを誇っていたが，1990年代以降，坂道を転げ落ちるかの如くその地位は衰退し，2019年の世界シェアは，僅か10％まで転落してしまった。そして，このままで行くと2030年には，日本の世界シェアがほぼゼロパーセントになってしまうという衝撃的な予測がなされている（図表2-4）[18]。また，同資料によると1992年当時の売上ランキングでは，上位10社中6社（NEC，東芝，日立，富士通，三菱，松下）を日本企業が占めていたが，27年後の2019年に

18　経済産業省「半導体戦略」（概略）2021年6月。

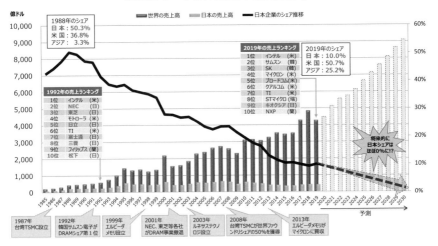

図表2-4　半導体産業の現状と将来

出所）経済産業省（2021）

は，9位のキオクシア一社のみとなり，半導体産業における日本の地位衰退が白日の下に晒された。

　過去，半導体王国と表現された時代もあった日本が今日，凋落の一途を辿ることになった主要な理由とはいったい何だろうか。経済産業省が取りまとめた半導体戦略[19]によると，第1は，日米貿易摩擦によるメモリ敗戦があげられる。つまり，世界を席巻した日の丸半導体メーカーは，日米半導体協定による貿易規制が強まる中で衰退し，1990年代，半導体の中心がメモリ（DRAM）からロジック（CPU）へと変化する潮流を捉えることができなかった。第2は，設計と製造の水平分業の失敗である。1990年代後半以降，ロジック半導体のモノづくりが伝統的な「垂直統合型モデル」から，設計部門と製造部門をファブレスとファウンドリに分離して統合する「水平分業型モデル」へシフトする流れに乗り遅れてしまった。第3は，デジタル産業化の遅れである。PC，インターネット，スマホ，データセンターの普及など，世界的にデジタル市場が進

19　経済産業省「半導体戦略」（概略）2021年6月。

展する中で国内のデジタル投資が遅れ，その結果，半導体の顧客となる国内デジタル市場が低迷したことである。第4は，日の丸自前主義の陥穽である。1990年代後半以降，多額の研究開発・技術開発予算を投じてきたにもかかわらず，自前主義に陥ってしまった結果，世界とつながるオープン・イノベーションの波に乗り遅れ，エコシステムや国際的アライアンスを築けなかった。第5は，国内企業の投資縮小と韓・台・中の国家的企業育成である。バブル経済崩壊後の平成の長期不況により将来に向けた投資ができず，国内企業のビジネスが縮小した。その一方で，韓国・台湾・中国は，研究開発のみならず，大規模な補助金・減税等を長期に亘って実行し，国内企業の育成と支援を図った。

　日本の政府や企業は，半導体競争力の急速な衰退と危機感について，ただ傍観しているわけではない。近年になると，国を挙げて日の丸半導体の復活を試みる取り組みが活発化してきている。ひとつは，ラピダス（Rapidus）と命名された国策ファンドリー企業の設立である。北海道の地に誘致されたラピダスは，電子回路線幅が世界最高の2ナノメートルである最先端ロジック半導体の開発と国内製造を目指している巨大プロジェクトである。もうひとつは，経済産業省が主導して世界最大の半導体ファウンドリであるTSMCを台湾から誘致し，九州の熊本に最新鋭の半導体工場を建設することである。新会社JASM（Japan Advanced Semiconductor Manufacturing）は，TSMCが過半数を出資して設立する子会社であり，ソニーセミコンダクタソリューションズとデンソーが少数株主として参画している。

2-5　半導体戦争のゆくえ

　過去，「産業のコメ」とも呼ばれた半導体は，現在，原油を超えた世界最重要な資源とまで言われるほど，その地位や重要性が高まっている。半導体の技術覇権を巡る国家間のゲームを地政学的視点から読み解いた日本経済新聞の太田（2021）によると，今日，半導体は「産業のコメ」ではなく，国家安全保障を支える「戦略物資」となったと言及している。というのも，半導体は，経

済力にとり重要なだけでなく，軍事力もまた半導体に大きく依存するため，あらゆる国の国家安全保障にも直結する課題だからである。その一方で，半導体を巡り激しい国家間の攻防が繰り広げられることを描いたタフツ大学フレッチャースクールのクリス・ミラー（Chris Miller）は，2022年，半導体戦争とは，世界で最も重要な技術のための戦い（Chip War：The Fight for the World's Most Critical Technology）であると指摘し，その著書は世界的ベストセラーとなった。

　まさに，半導体を制する者が世界を制する時代が到来したわけだが，これまでの半導体戦争の歴史は，少なくとも3つの時代に区分される。「第1次半導体戦争」は，1980年代〜1990年代に起こった「日米半導体摩擦」である。当時，米国では，米国に追いつけ追い越せを合言葉に目覚ましい成長を遂げた日本の半導体産業に対して真っ向から批判を始めた。というのも，その当時，日本は世界の半導体のマーケットシェアの半分以上を支配し，半導体企業の売上ランキングでも日本企業がトップ10をほぼ独占するという目覚ましい発展とは裏腹に，米国の半導体産業は，急速に衰退の一途を辿ったからである。そこで，米国の半導体企業は，日本企業が米国市場でDRAMチップを不当な価格で安売り（ダンピング）していると提訴する一方，当時の米国政府もこの問題を取り上げ，日米両政府の政治問題へと発展した。1986年，「日米半導体協定」が締結され，米国側は日本からの輸出の自主規制という要求を繰り返す事態となった。しかし，米国側は，自分たちの要求が不十分と見るや，今度は，「日米半導体協定」の不履行を理由に，日本側に賠償金の請求や日本製品に対する報復関税を課した。そして，日本市場で外国半導体シェアが20％を上回るとする具体的な数値目標を設定した。さらに，米国の半導体企業は，日本企業に対して知的財産権による侵害を訴えるようになり，数千億円もの支払いが命じられた。その後，日本は，DRAM市場が汎用コンピュータからパソコンへ移行することに加え，その心臓部であるマイクロプロセッサの重要性に気付くことができず，日米の半導体産業の競争力は，一気に逆転した。

　「第2次半導体戦争」は，2000年代に発生したDRAM，NAND型フラッシュ

メモリを巡る韓国企業と日本企業の戦いである。と言っても，両者が激突し戦いを繰り広げたわけでなく，日米半導体協定を通じて敵視した日本の半導体産業の代替機能として，米国は新たにサムスン電子など韓国企業をパートナーに選んだことである。先述した通り，米国は米国市場でDRAMチップを不当な安価で供給する日本企業に対して攻撃し，弱体化させることに成功する一方で，日本に代わる新たな供給先として韓国企業へ一流レベルの技術までも提供し支援した。その結果，DRAMチップの市場で韓国企業のサムスン電子は，日本企業との価格競争において勝利を収めることができた。

「第3次半導体戦争」は，2018年頃に起こった「米中半導体摩擦」である。その契機とは，GDPで世界第1位の米国と第2位の中国による覇権争い，「中国製造2025」を旗印に製造強国を目指す中国半導体の需要と供給の拡大，中国による半導体技術の軍事転用と軍事力強化に対し，米国が強い懸念を抱いたからである。そこで，米国は，対中輸出規制の強化，中国の通信大手の華為技術（ファーウェイ）やファウンドリの中芯国際集成電路製造（SMIC）を禁輸リスト（Entity List）へ追加，材料や半導体製造装置の対中輸出規制の強化などを次々に打ち出し，中国の封じ込めに取り組んだ[20]。

また，米国は，米国主導による日・米・台の連携と新たな半導体サプライチェーンの構築を急いでいる。中国による台湾有事を見据え，先端ロジック半導体の量産拠点を台湾だけに集中するのではなく，米国が信頼できる多国間（日本，米国，ドイツなど）に分散させることで，地政学リスクをなくすのが狙いである[21]。

こうした米国とその同盟国の動きに対し，中国では，国を挙げて先端半導体の国産化に挑んでいる。「中国製造2025」では，2030年までに半導体自給率を今の5％程度から75％まで引き上げることが明記されている。これを実現するため，半導体企業の増産体制や技術開発の強化，政府による支援，国内外の

20　日経クロステック「米国の半導体戦略に取り込まれる日本，中国の反撃に注視」。
21　日経クロステック「米国の半導体戦略に取り込まれる日本，中国の反撃に注視」。

機器や材料メーカーとの連携などに取り組んでいる。

コラム

微細化とナノメートル

先端ロジック半導体の開発では，集積度を高めるため，線の幅を細く小さくして狭い面積に多くの回路を詰め込む「微細化」がカギを握る[22]。というのも，微細化によってひとつのチップに大量の回路を描き込むことができると，コスト削減，消費電力の低下，動作速度の向上，高機能化など，半導体の性能を高められるからである[23]。

日本の微細化技術は，過去，取り組まれてこなかった影響から，現在，電子回路線幅が40ナノメートル・レベルで止まっている。こうした状況を打開すべく，2022年，トヨタ自動車，デンソー，ソニーグループ，NTT，NEC，ソフトバンク，キオクシア，三菱UFJ銀行が計73億円を出資して設立されたラピダスは，次世代半導体の国産化を掲げ，2025年に2ナノメートル以下の先端ロジック半導体の試作ラインを稼働させ，2027年に量産を目指している。

これに対し，世界の微細化では，2022年，3ナノメートル半導体の量産を開始したTSMC（台湾）とサムスン電子（韓国）が2025年に2ナノメートル半導体の量産を開始する計画を立てた。さらに，サムスン電子は，2027年に1.4ナノメートルの量産を開始する計画を打ち出し，王者TSMCに食らいついている（図表2-5）。

ところで，ナノメートル（nm）という単位は，どれほど微細なものなのか。1ナノメートルは，10億分の1メートルの世界と言われても，あまり実感が湧かない。そこで，我々がよく理解できるものと比較してみよう。そう

22　とはいえ，微細化は，もはや物理的限界を迎えつつあるのも事実である。このため，最近では，複数のチップを縦に積み重ねる「3次元化」に注目が集まっている。

23　日経クロステック「ラピダスが目指す2nm世代のGAAって何？，半導体微細化10の疑問」。

図表2-5　半導体の微細加工技術ロードマップ

	2022年	2023年	2024年	2025年	2026年	2027年
ラピダス（日本）	[11月]・経産省から700億円支援 [12月]・米国IBMと提携・ベルギーimecと提携	[4月]・経産省から2,600億円の追加支援		・2ナノ試作ライン稼働を計画		・2ナノ量産を計画
TSMC（台湾）	[12月]・3ナノ量産開始		・米国で4ナノ量産を計画・熊本県で22/28ナノ量産を計画	・2ナノ量産を計画	・米国で3ナノ量産を計画	
サムスン電子（韓国）	[6月]・3ナノ量産開始					・1.4ナノ量産を計画

出所）NTT技術ジャーナル（2023）

すれば，どれほど微細な単位なのかよく理解できるはずである。まず，ヒトの髪の毛は，0.1ミリメートルの太さとされ，ナノメートルに直すと10万ナノメートルとなる。花粉は，30マイクロメートルであり，ナノメートルで表すと3万ナノメートルとなる。PM2.5は，2.5マイクロメートルであり，これを直すと2,500ナノメートルとなる。そして，ウイルスは，0.1マイクロメートルであり，ナノメートルにすると100ナノメートルとなる。現在の先端半導体の1ナノメートルという単位がどれほど微細な技術であるのか，これらと比較すると，その技術水準の高さがよく分かるだろう[24]。

24　北海道新聞「＜半導体新時代　イチから！解説＞①半導体って何？「産業のコメ」膨らむ市場」2023年6月26日。

コラム

TSMCとASML

　あらゆるデジタル製品の核心的技術である先端半導体のモノづくりは，いわば，世界でわずか2つの企業によって独占されている。1社は，台湾のTSMCであり，もう1社は，オランダのASMLである。この2社が存在しなければ，世界最高レベルのあらゆる製品は，生み出すことができない。

　1987年，台湾政府（出資比率48.3％）とオランダのフィリップス（出資比率27.5％）が主要な株主として設立されたTSMC（Taiwan Semiconductor Manufacturing Company：台湾積体電路製造）は，半導体の前工程をファブレスから受託するグローバル・ファウンドリ企業であり，今やその世界シェアは5割以上を占め，ライバルを圧倒している。なかでも，10ナノメートル未満の先端ロジック半導体では，世界の9割以上の生産シェアを占めており，まさに独占状態にある。このため，近年のTSMCの時価総額は約68兆円となり，これは日本を代表するトヨタの倍以上の数字である。

　TSMCの創業者は，張忠謀（モリス・チャン）であり，台湾半導体の父と呼ばれている。若くして，米国に渡り，ハーバード大学，MITで学んだ後，米国の半導体メーカー，テキサス・インスツルメンツに入社し，同社の幹部まで上り詰めた。そして，1985年，台湾の半導体研究の拠点である工業技術研究院のトップに三顧の礼で招かれた後，TSMCを創立した。

　さて，同社が世界のTSMCと呼ばれる所以は，半導体の電子回路線幅の微細化技術である。チップの集積度を高めるには，線の幅を細くして狭い面積に多くの回路を詰め込む必要があるが，その難易度が高いチップを効率的に生産する能力でTSMCは他社を圧倒している。また，世界500社に製品を供給し，ファウンドリとしての世界シェアは約6割にも達している。さらに，TSMCには，修士や博士の学位を有する有能な人材の割合が全体の半数以上にも及ぶなど，高度人材の厚みは見逃せない強さの源泉である。こうした結果，半導体のモノづくりにおける力関係では，委託する側であるファブレス企業よりも，受託する側であるファウンドリ企業のTSMCの方が優

位な地位にあるという逆転現象まで起こっている（太田，2021）。

　一方，オランダのASMLは，半導体露光装置の世界最大手である。半導体露光装置とは，シリコンウエハにマスクを通して紫外線を当てることで回路パターンを焼き付ける，バスほどの大きさの装置である。とりわけ，先端半導体の生産に必要な回路線幅7ナノメートル（ナノは10億分の1）以下の回路パターンの形成には，波長13.5ナノメートルの極端紫外線（Extreme Ultra Violet：EUV）を使った製造装置が必要だが，このような髪の毛1本の1万分の1の細さのパターンをプリントできるEUV露光装置の分野において，ほぼ100％の世界シェアを誇っているのがASMLである。同社では，1台当たりの平均価格が大型旅客機の2機分に相当する約390億円の製造装置を年間わずか50台生産し，インテル，サムスン電子そしてTSMCに販売している（野口，2022[25]）。

　ASML（Advanced Semiconductor Materials Lithography）は，1984年，エレクトロニクス大手のフィリップスとチップ製造機メーカーのASM Internationalが半導体市場向け露光システムの開発を目的に設立した折半出資会社である。露光装置を巡る開発では，オランダのASMLとキヤノン，ニコンという日本勢が激しい争いを繰り転げてきたが，今日の状況では，ASMLのひとり勝ちが鮮明となっている。その最大の理由とは，コア技術の開発において，日本企業は自前主義を選択する一方，ライバルのASMLは社外主義を志向したという違いである。キヤノンやニコンは，製造装置のほとんどの開発を内製対応した。この背景は，長年にわたるカメラ事業を通じて，高性能レンズ等に関する知識・ノウハウの蓄積があったからである。これに対し，ASMLは，フィリップスから制御ステージ，レンズをカールツァイスから調達するなど，積極的に外製対応を展開した。なぜなら，強力なコアとなる技術を持ち得なかったため，必然的に社外に点在する能力を利活用しなければならなかったからである。

25　野口（2022）。

　所有する資源や能力に秀でていたキヤノンやニコンは，ブラックボックス戦略を採用し，その結果，開発において高コスト負担と低スピード化を招くと共に，パートナー企業との信頼関係の構築は不在であった。これに対し，相対的な資源や能力にもともと劣っていたASMLは，オープン・イノベーションを積極的に導入することで，開発に関するコストの低下とファスト・サイクル化，パートナー企業との協働の促進，良好な信頼関係の構築を実現した。

第3章
デュアル・ユース技術

3-1　デュアル・ユースとは何か

　デュアル・ユース技術（Dual Use Technology）は，「軍民両用技術」と訳され，民生用途にも軍事用途にもどちらにも使うことができる技術と定義される。そして，民生用に開発された技術を軍事用に利用することをスピンオン（Spin on），逆に，軍事用に開発された技術を民生用に利用することをスピンオフ（Spin off）と呼んでいる（図表3-1）。従来は，軍事目的のため，その時代を代表する先端技術を用いて軍事兵器を開発し，その後，民生用に転用されるスピンオフが主流を占めていた。たとえば，機関銃のしくみから生まれた文房具のホチキス，大砲の弾道を計算するために開発されたコンピュータ，軍用の食料貯蔵法から生まれた瓶詰や缶詰，ガスマスクフィルターから生まれたティッシュペーパー，弾薬や火薬を湿気から保護するフィルムの技術から生まれた食品保存用のためのラップ（サランラップ），軍事用レーダーから生まれた電子レンジ，原子爆弾から生まれた原子力発電，地雷探知ロボットから生まれたロボット掃除機（ルンバ），ミサイル追尾レーダーから生まれたゴルフ用弾道計測器や大リーグの投球データ収集システム等がスピンオフの代表的事例である。また，次項から具体的に触れる米国のDARPAから生まれた数々の民生用技術は，もとは軍事用技術からの転用であり，スピンオフにほかならない。

　ところが，近年は，高度な民生用技術を軍事へ応用するスピンオンが活発化してきている。たとえば，患者の脳波を拾って不自由な手足を動かせるようにする医療研究を今度はドローンを脳波で飛ばして制御することに転用，民生用に開発された液晶ディスプレイを戦闘機のコックピット内表示へ利用，人工知能を指揮官の判断や意思決定の支援に利用，ドローン群制御技術を無人攻撃機の制御技術へ応用などがあげられる。米国の国防総省（Department of De-

図表3-1　デュアル・ユース技術

fense：DoD）は，民間の先端技術を安全保障分野へ取り込むことを目的に，2015年，国防イノベーション・ユニット（Defense Innovation Unit：DIU）を設立したのは，スピンオンの加速化を図る狙いからである。

　さて，現在進行中のロシアによるウクライナ侵攻では，ロシア軍の兵器から日本製のリチウムイオン電池，カメラそして模型用のエンジンなどが発見されたことが分かっている[26]。ある調査によると，ロシア軍のミサイルやドローンなどの兵器計58個を分析したところ，マイクロチップやマイクロプロセッサなど1,057個もの外国製の精密部品が発見された。その主な国別の内訳は，米国705個，日本75個，ドイツ72個，スイス52個，台湾42個であり，これらは，中国，香港，トルコ，旧ソ連諸国など仲介業者の手を経て，ロシアに流入したとされている[27]。

　また，武器製造の技術，民生用技術のうち軍事・防衛用に活用される可能性が高い技術は，「機微技術（Sensitive Technology）」あるいは「重要・新興技術（Critical and Emerging Technology：CET）」と呼ばれている。たとえば，人工知能はAI兵器やディープフェイク（偽画像等），バイオテクノロジーは生物化学兵器，極超音速はミサイルや軍用偵察機，量子技術等は公開鍵暗号の解読へ活用される懸念がある代表的な機微技術および重要・新興技術である[28]。

　このように今日の技術は，これは民，これは軍，というように民生用と軍事・防衛用を区別して考えることは，ますます難しくなってきている。あらゆる技術は，民でも軍でも利用可能であり，境界を定めて線引きすることはでき

26　読売新聞「軍民技術 消える境界」2023年1月3日。
27　読売新聞「露兵器から日米欧部品」2023年8月6日。
28　日本経済新聞「機微技術」2021年11月1日。

ない。したがって，民間と軍事を区分せず，デュアル・ユース技術の研究開発を促進することが，科学技術と安全保障の両方の優位性を実現するために不可欠である。

　安全保障のため，外国との貿易や資本取引を規制する法律は，「外為法（正式名称は，外国為替及び外国貿易法）」と呼ばれている。外為法は，日本企業への外資による出資を事前届け出させて規制したり，軍事転用可能な技術が安全保障上，懸念される国家やテロリストの手に渡らないよう輸出を許可制にしてこれを未然に防いだり，さらに，外国から兵器や武器などの技術を導入する企業に対して報告の義務を負わせるための法律である。

　ところで，日本におけるデュアル・ユース技術の開発では，学術界等の抵抗が強く，このため，アメリカや中国など諸外国に比べ産・官・学の研究や協力体制が後れを取っていると言わざるを得ない。そこで，日本では，2015年に発足した防衛装備庁が興味・関心を抱く研究テーマについて，研究機関，大学そして一般企業から最先端のデュアル・ユース研究を公募して委託する「安全保障技術研究推進制度（ファンディング制度）」がすでに実施・導入されている[29]。

　いずれにしても，今日の先端技術の多くは，もとは軍事用目的から作られた技術を民生用へ柔軟に転換されたものが多く，そのほとんどは米国から生み出されたものであった。この背景として米国では，研究者とその研究成果を軍が囲い込まず，また，大学や研究機関に属する研究者による自由な研究風土があったからだと言われている[30]。

29　また，2024年には，防衛装備庁に研究機関を新設し，先端的な民生技術を軍事・防衛分野で活用するため，大企業だけでなく新興企業や大学，研究機関を対象に財政支援及び助言を行うという。

30　藤田（2017）。

3-2　DARPAによる非連続なイノベーション

3-2-1　DARPAとは何か

　イノベーションは，過去の事象を積み重ねた「経路依存的なイノベーション」と過去を分断し突然変異のように現れる「非連続なイノベーション」という，主にふたつのタイプに分けられる。そして，後者の「非連続なイノベーション」は，クリエイティブな創造力，大胆な発想の転換等が伴う，いわゆる「ハイリスク・ハイペイオフ」，「ハイリスク・ハイリターン」そして「ハイリスク・ハイインパクト」な性格を帯びているため，通常は民間ではなく，国家によって取り組まれる場合が多い。

　このように新しい産業を生み出す画期的なイノベーションは，企業やベンチャーキャピタルではなく，国家または政府がイノベーションの育成者なのである。サセックス大学のMazzucato（2013）は，国家とは，民間セクターのキーパートナーであり，それは民間が取らないリスクを取るパートナーのような存在であると指摘している。なぜなら，鉄道，インターネット，ナノテクノロジーなど，常識外れの画期的なイノベーションはどれも民間からではなく，企業家としての国家（Entrepreneurial State）によるイニシアチブから誕生したのであり，今後とも国家がイノベーションを主導する役割を果たすことは，ことさら重要であると論じている。

　米国において非連続なイノベーション（Disruptive Innovation）の生起に焦点をあてた政府組織として，DARPAがあげられる。DARPA（Defense Advanced Research Projects Agency）は，国家の安全保障を担当する国防総省（Department of Defense：DOD）の傘下にあり，通称，「国防高等研究計画局」と訳されている。1958年に設立されたDARPAのミッションは，米軍の技術優位性の維持と技術サプライズの防止とされ，その背景には，米国に先駆けて旧ソ連が人工衛星「スプートニク」の打ち上げに成功したプレッシャーがきっかけになったとされている。

　「世界最高の軍事技術研究機関」「マッド・サイエンティスト（狂った科学

者）」「地球上で最も巨大なオタクの群れ」とも揶揄されるDARPAは，もともと国軍のイノベーションに貢献するため設立されたが，今では，既存産業におけるグレードアップのみならず，新規産業の創出にも強い影響を与えるなど，アメリカの産業競争力強化に不可欠な研究開発組織として位置付けられるようになった。そして，このような軍事用にも民生用にも使用できる技術開発は，軍民両用研究（Dual Use Research）と呼ばれている。

　DARPAという名称は，これまで数回にわたり変化してきている。歴史を紐解くと，1958年の創設期，アイゼンハワー大統領の時代は「ARPA」，1972年，ニクソン大統領の時代は「DARPA」，1993年，クリントン大統領の時代は「ARPA」，1996年，ブッシュ大統領の時代以降は「DARPA」のようにたびたび名称変更がなされたが，しかし，その違いとは，ただ冒頭の頭文字に国防を意味する"D"（Defense）を加えるか外すかの違いに過ぎないものである。

　2022年度のDARPAの予算は，38億6,800万ドルであり[31]，これは米国防総省・研究開発予算の約25%の割合に相当する。DARPAの予算の内訳は，おおよそ基礎研究12%，応用研究39%，先端技術開発46%，管理支援2%であり，応用研究と先端技術開発が合わせて85%を占めている。DARPAの組織体制を見ると，約220名の政府職員のうち，上級技術マネジャーは約20名。実際にプロジェクトに取り組む技術プログラム・マネジャー（PM）は約100名。財務，契約，人事，セキュリティ，法務などを担当する支援スタッフは約100名によって構成されている。

　DARPAの組織構造は，きわめてフラットであり，組織を統括する局長（Agency Director）のもと，6名の室長（Office Director）と約100名のPM（Program Manager）から構成されたリーンな階層構造を形成している。局長は，DARPAの活動の全責任を負う。具体的には，ビジョンの策定，室長の採用，組織全体の見直し，議会や国防総省等に対する説明，組織全体の研究開発のポートフォリオ・マネジメントなど，重要な役割を果たしている。室長は，

31　https://www.darpa.mil/about-us/budget-and-finance

各室の研究開発プログラムについて責任を負っている。具体的には，PMの採用と助言，各室の運営やマネジメントなどを担っている。最後に，PMは，自分が担当する研究開発プログラムについて責任を負う。PMは，DARPAが掲げるビジョンに沿って，自身の研究開発プログラムを作成・立案すると共に，専門チームの編成やそのマネジメントを行う。また，大学，研究機関，軍，企業等からプログラムを推進するうえで必要な関係者を集め，コミュニティを運営・管理する役割もまた担っている。

DARPAでは，画期的な技術開発を担当する6つのオフィスにおいて年間250件ものプログラムに取り組んでいる。それは，①生物科学に取り組む生物技術オフィス（Biological Technologies Office：BTO），②基礎，数学，材料について研究する防衛科学オフィス（Defense Sciences Office：DSO），③情報・サイバーを研究する情報イノベーションオフィス（Information Innovation Office：I2O），④エレクトロニクス，フォトニクスそしてMEMS（微小電気機械システム）[32] を研究するマイクロシステム技術オフィス（Microsystems Technology Office：MTO），⑤センサー，通信，エネルギーなどに取り組む戦略的技術オフィス（Strategic Technology Office：STO），最後に，⑥兵器・宇宙に取り組む戦術技術オフィス（Tactical Technology Office：TTO）である。

約100名いるPMは，平均30代から40代前半の博士号を有する秀才たちであり，担当するプロジェクトに関する権限と責任を持ち合わせる等，高い裁量権が付与されている。PMは，企業の研究者，軍に所属する科学者そして大学の研究者ら産官学から選出され，各専門分野で優秀な研究を収めた人物だが，チームを束ねる力（Orchestrating），仕事を推進する力，世界を変えようと試みる意欲の力，才能を引き出す力など，数々の資質が要求される。このようなPMは，3年から5年の任期付き採用であり，新しいアイデアを取り入れる目的から，毎年，約25％が交代するという。

32　MEMS（Micro-Electro-Mechanical Systems）。

ところで，日本でも，日本版DARPAの設立が動き出している。防衛省では，日本が戦後もっとも厳しい安全保障環境に直面していることを踏まえ，2024年以降，米国のDARPAをロールモデルとした新しい研究組織の設立を目指している。新たな研究組織の目的は，AI，無人機そして量子など民間の先端技術の開発を支援・活用しながら，ドローンによるスウォーム攻撃とそれへの対処技術の確立，四方を海に囲まれている国土を防衛するため，陸・海・空の無人機を総動員して「無人防衛」システムを構築することである[33]。

3-2-2　非連続的なイノベーションの数々

周知のとおり，DARPAの予算は，日本のトップ企業の研究開発投資に比べ，控えめな金額であるにもかかわらず，PMの卓越したリーダーシップ，スピーディな意思決定，型破りなやり方によって，これまで数々のブレークスルーをこの世に生み出してきた。そこで，DARPAが開発した画期的なイノベーションを取り上げてみよう。

2023年時点で世界のインターネット利用者数が約52億人（2015年当時は約32億人）にも達したインターネット（Internet）技術は，1969年，DARPAが開発したARPANET（Advanced Research Projects Agency Network）がその起源だとされている。「全地球測位システム」と訳されるGPS（Global Positioning Systems）もまた，DARPAが開発した技術である。これは，人工衛星を利用して軍隊，航空機，船舶等の位置情報をリアルタイムに把握する技術として生み出され，その後，自動車や建機等の車両ナビゲーション，iPhoneのようなパーソナル・ナビゲーションにも導入がなされ，今日，活用範囲の幅は，拡大の一途を遂げている。アップルがiPhoneへ搭載している「発話解析・認識インターフェイス」機能とも呼ばれるSiri（Speech Interpretation and Recognition Interface）の開発は，もとはDARPAの助成によってSRIインター

33　日経エレクトロニクス「無人防衛：無人機，AI，人工衛星をフル活用」2023年7月号。

ナショナルが実施したCALO（Cognitive Assistant that Learns and Organizes）と呼ばれる人工知能プロジェクトまで遡ることができる。軍事兵器を敵のレーダーやセンサーから探知され難くする軍事技術であるステルス技術（Stealth Technology）や近年，総理官邸の屋上へ飛来して大きなショックを与えた無人飛行機（ドローン）もまた，DARPAが開発した技術である。「ダヴィンチ」という名前で病院等にて普及が進んでいる遠隔手術（Telepresence Surgery）ロボットは，もとは戦場において負傷者を治療する目的でDARPAが開発した技術である。世界累計台数が1,000万台を突破したアイロボット社のお掃除ロボット「ルンバ」もまた，もとはDARPAから補助金の供与を受けて生み出された技術である。猛威を振るった新型コロナウイルスに対する新型ワクチン，メッセンジャーRNA（mRNA）の開発もまたDARPAの援助がなければ生まれなかった技術である。米国のバイオベンチャー，モデルナ社が短期間にmRNAを開発できたのは，平時より国家安全保障の観点から，生物兵器の攻撃対策としてバイオテクノロジーの研究開発をDARPAが後方支援してきた賜物である。

　上記で紹介した事例は，これまでDARPAがこの世に生み出してきた画期的なイノベーションのほんの一部に過ぎないが，これだけをとって見ても，DARPAによる世界レベルの技術革新と多大なる貢献を窺い知ることができるだろう。

3-2-3　DARPAによるプロジェクトの進め方

　2003年，DARPAのローレンス・デュボア（Lawrence H. Dubois）は，その技術開発の手法について，図表3-2のような比較を用いて説明している。まず，これまでの「伝統的なアプローチ」は，個々の研究者が生み出したアイデアから，未来の新製品や新プロセスが創造されるという枠組みであった。これに対し，DARPAの技術開発とは，従来のやり方とは反対のアプローチであり，これを「エンドゲーム（大詰め）・アプローチ」と呼んでいる。

　「エンドゲーム（大詰め）・アプローチ」とは，具体的な目標から逆算して

図表3-2　DARPAの技術開発手法

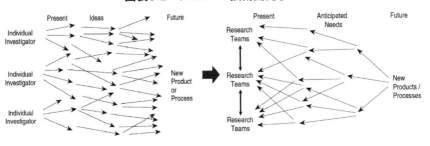

出所）Dubois（2003）

ニーズや技術を分析し，研究計画を策定する手法である。つまり，最初にシナリオを作り，目標を達成するやり方ではなく，逆に最初にゴールを決めてから，それを実現するためのシナリオを描き出すアプローチであり，別名，逆算計画（Plan Backward）思考法とも呼ばれる[34]。このような2つのアプローチの違いは，伝統的なやり方のPMが単なる技術研究者であるのに対し，DARPAのPMは，非連続なイノベーションを生み出す強力な原動力である技術助産師（Technology Midwife）という役割を果たすことである。

　こうしたDARPAによる手法は，やみくもに基礎科学の世界に埋没するのではなく，常に実用化を念頭に置く取り組みである。1997年，プリンストン大学のドナルド・ストークス（Donald Stokes）は，基礎的理解の追求（Quest for Fundamental Understanding）と実用化の検討（Consideration of Use）という2つの軸から，図表3-3のような4つの象限を浮き彫りにしている。

　まず，左下の象限は，基礎的理解の追求も実用化の検討もない「名称なし」である。左上の象限は，基礎的理解の追求はあるが，実用化の検討がない純粋な基礎研究を指し，原子物理学者のボーアにちなんで「ボーア象限」と命名さ

34　逆算計画思考法の有効性は，至る所で見られる。たとえば，高業績企業で有名なファナックによる価格設定方式は，古典的なコストプラス法ではなく，最初に市場価格を決定し，それから約40%の利益を差し引いた残りを原価とするやり方を実施している。これにより，ファナックは高い利益率を確保でき，モノづくりの現場に対しては，強いコスト意識を持たせる効果があると言われている。

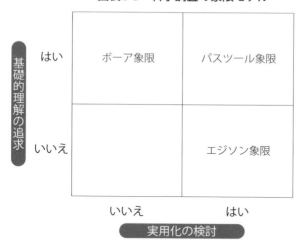

図表3-3　科学調査の象限モデル

基礎的理解の追求

はい　　ボーア象限　　パスツール象限

いいえ　　　　　　　エジソン象限

いいえ　　　　　はい

実用化の検討

出所）Stokes（1997）

れている。これに対し，右下の象限は，基礎的理解の追求は目を向けず，ひた
すら実用化の検討を重視する純粋な応用研究であり，発明家のエジソンにちな
んで「エジソン象限」と呼ばれている。最後に，右上の象限は，基礎的理解の
追求と実用化の検討がともに重視された実用化志向の基礎研究であり，微生物
学者のパスツールにちなんで「パスツール象限」と呼ばれている。そして，こ
の中でDARPAが目指すのは，まさしくこの「パスツール象限」である。これ
まで「パスツール象限」に沿って基礎科学に取り組み，社会問題を解決する連
続的な取り組みを重視してきたからこそ，DARPAは数々の画期的なイノベー
ションを生み出すことができたのである。

　最後に，DARPAでは，PMの研究開発プログラムを正しく評価する基準と
して，ハイルマイヤーの質問（Heilmeier Questions）を導入している。PMは，
DARPAの元局長であったジョージ・ハイルマイヤー（George H. Heilmeier）
が提案した問答集に則り，自身の研究開発プログラムについて，計9つからな
る質問に対して回答しなければならない。その問答集の内容は，下記のとおり
である。

①何を達成しようとしているのか？　専門用語を一切利用せずに当該プロジェクトの目的を説明する。何が問題となるのか？　何が困難なのか？

②今日それをどうやって実践しているのか？　現在の実践の限界とは何か？

③あなたのアプローチの何が新しいのか？　そして，どうしてそれが成功すると思うのか？

④誰が関心を寄せるか？

⑤もしあなたが成功した場合，どんな差異を生み出せるのか？　どうやってそれを測定するのか？

⑥リスクとは何か，報酬とは何か？

⑦コストはいくらかかるか？

⑧それをするのにどのくらい期間が必要か？

⑨成功のためのチェックとして中間及び最終の評価をどうするか？　進展の具合をいかに測定するのか？

3-3　アポロ計画とムーンショット

　近年，DARPAと並び，国家による非連続的なイノベーションの成功事例として「アポロ計画」が取り上げられる。「アポロ計画（Apollo Program）」は，1961年，アメリカ合衆国の大統領であるJ・F・ケネディ（John F Kennedy：JFK）が月面着陸プロジェクトを発表し，それ以降，1972年まで計6回の有人月面着陸を成功させた偉大なプロジェクトのことである。

　「アポロ計画」は，アメリカと旧ソ連が冷戦を繰り広げていた時代，1957年に旧ソ連が世界初の人工衛星「スプートニク」の打ち上げに成功し，宇宙開発競争でアメリカを一歩リードした。そのことに強い脅威と大きなショックを受けたアメリカが旧ソ連に対抗するため，国家の威信をかけて臨んだのが「アポロ計画」であった。しかしながら，アメリカの宇宙科学技術の水準は，当時，1人の飛行士が宇宙に行き，単に上って落ちてくる弾道飛行がやっとな状態であったとされ，このような未熟な技術レベルのなか，月面着陸の計画は国内外

に驚きをもって報道された。

　1961年，上下院合同議会の場で若き大統領のケネディは，次のように演説した。「私は，今後10年以内に人間を月に着陸させ，安全に地球に帰還させるという目標の達成に我が国の国民が取り組むべきであると考えている。この時代の宇宙長距離探査の分野で，人類にとってこれ以上に素晴らしく，これ以上に重要な宇宙計画はないだろう。また，これ以上に遂行が困難で費用のかかる計画もないだろう。」翌年の1962年になるとケネディは，国民に向けた一般演説のなかで，かの有名な“We Choose to go to The Moon.（我々は，月へ行くことを選択する）”というメッセージを世界へ高らかに宣言した。

　それから，9年後の1969年，ニール・アームストロング（船長），バズ・オルドリン（月着陸船操縦士），マイケル・コリンズ（司令船操縦士）の3人の宇宙飛行士が乗り込んだアポロ11号は，有人による月面着陸の遂行と地球への無事帰還を無事成し遂げた。そして，人類で初めて月面の地を踏んだアームストロングが残した言葉，“That's One Small Step for a Man, One Giant Leap for Mankind.（一人の人間にとってそれは小さな一歩だが，人類にとっては偉大な飛躍である）”は，歴史的な名言となった。

　そして，このような「アポロ計画」という宇宙探索から生み出された無数のイノベーションは，今を生きる我々の身近な製品や技術にまで及んでいる。たとえば，「カメラ付き携帯電話」「傷つきにくいレンズ」「CATスキャナー」「LED」「地雷除去」「アスレチックシューズ」「アルミブランケット」「浄水器」「ハンディクリーナー」「耳式体温計」「家の断熱材」「ジョーズ・オブ・ライフ」「ワイヤレスヘッドファン」「形状記憶マットレス」「フリーズドライ食品」「調整可能な煙感知器」「粉ミルク」「義肢」「マウス」「ポータブルコンピュータ」は，どれも宇宙探索の波及効果として生み出されたものばかりである（Mazzucato, 2021）。

　ところで，「アポロ計画」のように難しい取り組みだが，達成できた時のインパクトが絶大な野心的挑戦，漸進的なステップではなく，急進的な大進歩は，

近年，ムーンショットと呼ばれている[35]。ムーンショット（Moon Shot）[36]は，バックキャスティング（Back Casting）思考とも呼ばれ，現在の延長線上に想定される未来を構想するのではなく，"ありたい姿・あるべき姿"という望ましい未来の姿から逆算して"いま"を考える思考法や進め方として，今では，難しい国家プロジェクトを成功に導くアプローチとも言われている[37]。

　ここで，アメリカ航空宇宙局（National Aeronautics and Space Administration：NASA）が「アポロ計画」というムーンショットをどうやって実現したのか，そのエピソードのひとつを取り上げてみよう[38]。それは，優秀なマネジャーと若手の登用である。当時，40歳前後の非常に優秀なプロジェクト・マネジャーが採用された。そして，"新しいアイデア，新しい能力，新しいやり方はいつも若者から出てくる[39]"という考えのもと，チームの編成にあたり，経験豊かなベテランより，柔軟性に富み，変化に適応でき成長力のある若手を抜擢した。その結果，技術者の平均年齢は，なんと26歳の若さであったという。そして，こうした若手技術者の知識や大胆な発想がブレークスルーを可能にした。それを象徴する話として，アポロ11号の月着陸ミッションの危機を救ったのは，僅か32歳の女性プログラマー，マーガレット・ハミルトン（Margaret Hamilton）であった。ハミルトンは，ソフトウエアという言葉すら知られていない時代，ソフトウエアの開発という新しい分野を切り開いたパイ

35　ペプシコーラとアップルのCEOを歴任したジョン・スカリー（John Sculley）は，自著の冒頭で，ムーンショットとは，シリコンバレーの用語で「それに続くすべてをリセットしてしまう，ごく少数の大きなイノベーション」と説明している。

36　ムーンショットと類似する概念として，ルーンショットがある。提唱者のBahcall（2019）によると，ルーンショット（LoonShots）とは，「誰からも相手にされず，クレイジーと思われるが，実は世の中を変えるような画期的アイデアやプロジェクト」と定義している。

37　現在，内閣府の政策として「ムーンショット型研究開発制度」がある。これは，我が国発の破壊的イノベーションの創出を目指し，従来技術の延長にない，より大胆な発想に基づく挑戦的な研究開発（ムーンショット）を推進する国の大型研究プログラムである。

38　最近のムーンショットとして，民間企業であるファイザーが世界初のmRNA新型コロナワクチン開発の成功し，世界中の人々の生命を救った歴史的偉業があげられる。

39　宇宙開発の牽引者であるクリス・クラフト（Chris Kraft）のコメント。

オニアであった。彼女のおかげで月面着陸は成功を遂げ，宇宙飛行士は無事に地球に戻ることができた。

コラム

経済安全保障

「経済安全保障（Economic Security)」とは，国家や国民の安全保障を軍事力ではなく，経済的な手段を用いて確保することである。この背景には，現代のハイテク民生用製品と近代的兵器の開発において，技術的境界が消滅していることがあげられる。このため，近年の問題事として，軍事転用可能な機微技術が特定の国へ流出し，軍事的脅威が強まっている。一例をあげると，オフィス設備の複合機の設計・製造技術や先端半導体の技術等の他国への流出が懸念されている。これを防止するため，機密情報へのアクセスを政府職員の一部や民間の研究者・技術者に限定して認定する適格性評価と呼ばれる「セキュリティー・クリアランス（Security Clearance)」の制度化が議論されている。

また，サプライチェーンを他国へ依存することで，必要な物資の調達が困難となる危険性が発生している。これは「エコノミック・ステートクラフト（Economic Statecraft)」と呼ばれ，経済的な手段を用いて他国に影響力を行使し，自国の利益につなげる政治的手法である。たとえば，日本は，医薬品や原薬のサプライチェーンを実は海外へ大きく依存している。後発医薬品の調達先を見ると，輸入原薬は中国23.5％，韓国22.3％，イタリア13.2％，インド11.5％と，特に中国と韓国への依存度の高さが分かる。また，後発薬の原薬材料は，中国48.9％，韓国15.5％，インド14.8％，イタリア11.8％と，全体の約半分を中国に大きく依存している[40]。このため，今後とも医薬品を安定的に供給するには，中国または韓国への高い依存は，深刻な課題を引き起こすトリガーにもなりかねない。よって，国内製造を含むサプ

40　読売新聞「医薬品 深い海外依存」2022年2月9日。

ライチェーンの是正や見直しなどを検討する必要がある。

　最後に，半導体や医薬品等の戦略物資の供給網を強化し，外国の脅威から基幹インフラを守るため，2022年に「経済安全保障推進法（経済安保法）」が成立した。この法律は，(1) 重要物資の安定的な供給の確保，(2) 基幹インフラ役務の安定的な提供の確保，(3) 先端的な重要技術の開発支援，(4) 特許出願の非公開という4つの基本方針（柱）によって構成されている。

コラム
中国の国産化戦略

　図表3-4は，在中国EU商工会議所のレポートで示された中国の国産化戦略である。縦軸は，国家安全保障への重要度の高・低，横軸は，中国企業の競争力の高・低を取りながら，外資企業への対策・対応を航空機の席種になぞられ，3つのカテゴリーに分類している。

　右上の象限は，国家安全保障への重要度が高く，しかも中国企業の競争力が高いカテゴリーであり，「貨物室」と命名している。航空・宇宙，次世代通信機器，AI・ビッグデータ，高速鉄道，ネットワーク機器が該当する一方，すでに中国企業が高い競争力を獲得済のため，外資企業への対応は航空機の席種でいうと貨物室扱いしながら，その排除を試みる。

　次に，左上の象限は，国家安全保障への重要度が高いものの，中国企業の競争力が低いカテゴリーであり，航空機の席種では「ビジネスクラス」に位置付けている。このカテゴリーには，半導体，産業用ロボット，新素材，省エネ・新エネ車，医療機器が該当し，中国企業の競争力が低く国産化が困難であることから，これを補うべく外資企業を積極的に誘致・買収，人材の引き抜き・獲得を実施する。つまり，外資企業をビジネスクラス扱いして早期の技術吸収を図る。

　最後に，右・左下の象限は，国家安全保障への重要度が低く，中国企業の競争力は高いと低いが混在するカテゴリーであり，航空機の席種では「エコ

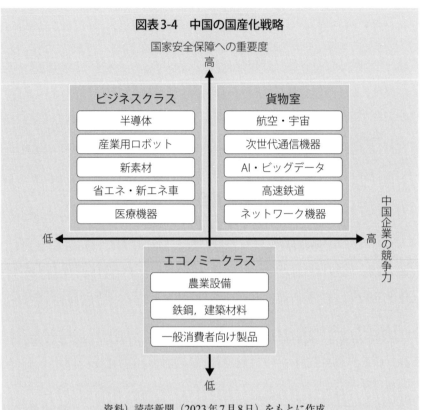

図表3-4　中国の国産化戦略

国家安全保障への重要度

高

ビジネスクラス
半導体
産業用ロボット
新素材
省エネ・新エネ車
医療機器

貨物室
航空・宇宙
次世代通信機器
AI・ビッグデータ
高速鉄道
ネットワーク機器

低　　　　　　　　　　　　　　　　　　　　高

中国企業の競争力

エコノミークラス
農業設備
鉄鋼，建築材料
一般消費者向け製品

低

資料）読売新聞（2023年7月8日）をもとに作成

ノミークラス」と命名している。このカテゴリーには，農業設備，鉄鋼・建築材料，家電や食品などの一般消費者向け製品が該当し，もはや国家安全保障への重要度が低いカテゴリーなため，外資企業の活動は静観する対応となり，航空機の席種でいえばエコノミークラス扱いとなる。

4-1　人工知能の歴史

　人工知能（Artificial Intelligence：AI）とは，その名の通り，「人工的に作られた知能」を指す。人工知能は，人間の頭脳に相当するものであり，コンピュータ単体として使用されるだけでなく，家電製品やロボットなどのマシンに搭載し活用される場合もある。たとえば，近年，人工知能を搭載したヒット商品を取り上げると，お掃除ロボット「ルンバ」は，国内では累計100万台，世界では累計1,000万台の売上を記録している。また，ソフトバンクが人工知能を搭載した人間と対話する感情認識ロボット「Pepper」を実用化して注目を集めたのは，記憶に新しい。

　一方，人工知能は，企業のマネジメント効率をアップするためにも導入が進んでいる。たとえば，日立では，企業が使う業務システムに日々蓄積されるビッグデータから，需要変動や業務現場の改善活動を理解し，適切な業務指示を行う人工知能を開発し，物流業務で効率を8％向上させることに成功している[41]。ところが，人工知能の利活用に関する国際比較を見ると，必ずしも日本は進んでいるのはいえない。独立行政法人情報処理推進機構（IPA）が刊行する『DX白書 2023』によると，2022年度における人工知能の導入率（「全社で導入している」「一部の部署で導入している」の合計）は，米国が40.4％に対し，日本は「自社内でAIへの理解が不足している」「AI人材が不足している」等の理由から22.2％にとどまっている。

　とはいえ，世界的な人工知能ブームを反映してか，たとえば，グーグル，フェイスブック，ドワンゴ，リクルート，トヨタ自動車などの企業では，人工知能研究所の開設が相次いでいる。また，人工知能やロボティクスの専門研究

41　http://www.hitachi.co.jp/New/cnews/month/2015/09/0904.html

者のヘッドハンティングも活発化している。たとえば，自動運転タクシーの開発に取り組むオンライン配車サービスのウーバー・テクノロジーズは，カーネギーメロン大学の研究者や科学者計40人を大量に引き抜き採用した。トヨタ自動車もまた，シリコンバレーに人工知能センターを設立するにあたり，DARPAのプログラム・マネジャーとして従事した著名な研究者をトップへ抜擢した。

　人工知能の市場規模は，今後，大きく成長することが見込まれている。EY総合研究所が取りまとめた「人工知能が経営にもたらす「創造」と「破壊」〜市場規模は2030年に86兆9,600億円に拡大〜」によると，人工知能関連産業の市場は，2015年3兆7,450億円，2020年23兆638億円そして2030年には86兆9,620億円（その内訳は，自動運転車のような運輸分野35.1％，店舗管理システム，監視カメラ，オムニチャネルのような卸売・小売分野17.4％，産業用ロボット，IoT，インダストリアル・インターネットのような製造分野14.0％）にも達すると予測がなされている。

　人工知能の可能性に大きな期待が集まるなか，これまでの人工知能の開発は，まさに山あり谷ありの苦難の道を歩んできた。人工知能の起源は，1956年，米国で開催されたダートマス会議の場で，著名なコンピュータ科学者であるジョン・マッカーシー（John McCarthy）が「人工知能」という言葉を初めて使用した時代まで遡ることができる[42]。そして，第1回目の人工知能ブームは，1950年代後半から1960年代にかけて起こったとされている。この段階では，人工知能の可能性に大きな期待が寄せられ多額の国家予算がつぎ込まれる一方で，その当時の研究者は，近い将来，人間の知的活動は機械（コンピュータ）に取って代わられるはずだときわめて楽観的に考えていた。コンピュータは人間とは異なり，飽きたり，疲れたりせず，黙って24時間働き続けるため，大きな期待が寄せられたのである。第1回目の人工知能ブームは，いわば，人間の知的活動を記号やルールを使ってコンピュータへ教え込むという技術段階

42　ジョン・マッカーシーの人となりについては，Williams（2002）が詳しい。

であった。ところが，こうしたやり方は，すぐに躓きを見せ，うまくいかなかった。というのも，私たちの世界は，何事もルール通りには運ばず，例外や微妙なニュアンスによって占められているからである[43]。このため，ルールベースにしか動かない人工知能は，問題を非常に単純化したおもちゃの問題（Toy Problem）しか解けないことが分かり，大きな失望と批判の声が巻き起こったのである。こうして人工知能の開発予算は，大幅に削られることになり，1970年代に入ると人工知能の研究は，いわゆる「冬の時代」に突入した。

　第2回目の人工知能ブームは，1980年代から再燃し始め，1990年代まで続いたが，その契機となった出来事は，「エキスパートシステム」の開発と言われている[44]。これは，専門家（エキスパート）が有する知識やスキルをコンピュータに取り込み，問題解決を図るプログラムであり，1982年当時，日本でも「第5世代コンピュータプロジェクト」という大規模な計画がスタートし，多額のプロジェクト予算がつぎ込まれた[45]。ところが，2000年代に入ると，人工知能ブームは再び下火となり，「冬の時代」へ突入した。コンピュータは，大量の知識を取り入れて賢くはなったが，入力された知識以上のことはできなかったからである。たとえば，1997年，IBMが開発した「ディープ・ブルー」は，チェコの世界チャンピオンであるガルリ・カスパロフに勝利し一躍注目を集めた。ところが，この結果は皮肉にもコンピュータが思考できないことを逆に浮き彫りにしてしまった。すなわち，人工知能は，人間なら分かるようなあいまいな表現，一般的な常識まで深く理解できなかったのである。このように人工知能は，チェスには強いがIQテストのスコアはゼロであることが分かると，1995年頃から再び大きな失望感が生まれ，人間の頭脳を超えた能力を持つ人工知能の実現は，またしても頓挫してしまったのである[46]。

　こうしてしばらくの間，冬の時代にあった人工知能ブームは，2010年以降，

43　小林（2015）。
44　小林（2013），松尾（2015a）。
45　1986年，人工知能学会が設立され，1990年，人工知能研究振興財団が相次いで設立されるなど，この時期に人工知能研究は，一気に加速した。
46　Kaku（2011）。

再び息を吹き返し，近年，第3回目の人工知能ブームの波が押し寄せた[47]。その契機となった出来事は，コンピュータの計算能力の向上や誤認識率の低下，ビッグデータなどであるが，その最大の原動力は，「機械学習」と「ディープ・ラーニング」であると言われている[48]。

　機械学習（Machine Learning）とは，人工知能そのものが学習して，人間と同じようにモノや音の認識や最適な判断をする技術である。たとえば，迷惑メールの防止機能や通販サイトにおけるおススメ商品の機能がこれに該当する。機械学習には様々な方法があるが，なかでもニューラル・ネットワーク（Neural Network）は，ニューロン（神経細胞）とシナプス（接合部）から構成された人間の脳神経回路を工学的に真似て，コンピュータ内で再現する手法であり，もともと大きな期待が寄せられてきたが，なかなか満足ある成果を上げられず，研究は頓挫しまま長年，放置された状態にあった[49]。ところが，2006年になって画期的な研究成果が発表された。カナダ，トロント大学のジェフリー・ヒントン（Geoffrey Hinton）がニューラル・ネットワークの世界で大きなブレークスルーを起こした。それは，人間の脳は階層的に情報を処理しているが，これをまねてニューラル・ネットワークを多層に重ねると音声や画像の認識率が大幅に高まり，人間が設計しなくても，コンピュータが自ら画像を識別したり，認識できる手法を開発したのである。このようなやり方は，ニューラル・ネットワークを多層に重ねるため，層が深くなるという意味から，ディープ・ラーニング（Deep Learning）[50]と名付けられ，日本語では「深層学習」とも訳されている。

　機械学習とディープ・ラーニングの違いは，次のように説明できる。従来の機械学習では，人間が特徴や情報を見つけ，コンピュータに教え込む必要が

47　松尾（2015a）によると，3度目のブームの到来は，2013年以降と示している。
48　松尾（2015a）。
49　1957年，ニューラル・ネットワークの一種である「パーセプトロン」が提案されたが，結局のところ，うまく行かず失敗した。
50　ディープ・ラーニングは，ディープ・ニューラル・ネットワーク（Deep Neural Network）とも言い表すことが出来る。

図表4-1　ディープ・ラーニングの構造と特徴抽出のイメージ

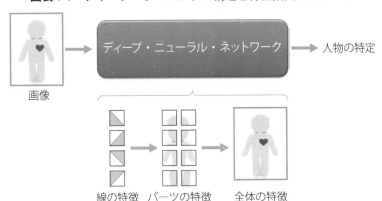

出所）総務省「ICT先端技術に関する調査研究」平成26年

あった。つまり，人間が画像データの特徴や情報を獲得し，コンピュータに教示しなければならなかった。このため，人間が所与の特徴や情報を取り出し正しく設計できれば，機械学習はうまく動くが，もしそうでなければうまく作動しなかった。これに対し，ディープ・ラーニングは，図表4-1のとおり，膨大な画像データをもとに，コンピュータが自力で画像の特徴や情報を取り出し，人物等を特定できるまでになったのである[51]。

　ディープ・ラーニングのレベルは，年々飛躍的な成長を遂げている。たとえば，人間の画像認識能力は誤認識率が約5.1％であるのに対し，2015年，マイクロソフトの北京チームが開発したコンピュータの誤認識率は4.94％とすでに人間の能力を人工知能が上回る段階まで到達している[52]。

　人工知能の研究は，過去，2回の厳しい冬の時代を経て，第3次人工知能ブームが到来し，さらに直近では，第4次人工知能ブームの波が押し寄せてい

51　具体的には，「画像」→「線」→「輪郭」→「部分」→「物体」の順序で認識する。
52　最近，中国の百度（バイドゥ）の開発したコンピュータの誤認識率は，4.58％をクリアし，マイクロソフトの数値を上回ったと発表されている。詳しくは，https://news-witch.jp/p/649を参照のこと。

るなど，その可能性に満ち溢れている。それでは，次に人工知能が切り開く未来と題して，人工知能のユニークな活用事例について触れてみよう。

4-2　人工知能が切り開く未来

　人工知能は我々に幸福を与え，国力の向上につながると好意的に解釈している議論から紹介しよう。東京大学の松尾（2015b）は，少子高齢化や人口減少に直面している日本において，人工知能に対するニーズは高まり，関連技術の育成もまた進むだろうと前向きな捉え方をしている。ソフトバンクグループが開催した「SoftBank World 2015」における基調講演のなかで，その代表を務める孫正義氏は，人工知能に関する楽観論を次のように述べている。人間のIQの平均値は100，アルベルト・アインシュタイン（190）やレオナルド・ダ・ヴィンチ（205）のような天才のIQスコアが200前後と言われるなか，人工知能は，今後30年ほどでIQのスコアが10,000にも達するかもしれない。そして，2040年になると，人工知能を搭載したロボットの数は100億台を記録し，もはやヒトの人口まで上回る世界が到来するかもしれない。こうした結果，将来的に人工知能を搭載した知的ロボットにヒトが担ってきたある種の仕事は，奪われる時代が来るかもしれないが，しかし，それ以上に人工知能が切り開く未来とは，総じて明るいと言及している[53]。2016年，ロンドン・ビジネススクールのジュリアン・バーキンショー（Julian Birkinshaw）は，従来の企業に必要なインテリジェンス（知能）について，個人としてのヒトが価値を生み出すヒューマン知能（Human Intelligence），5〜6人の小さなグループメンバーが価値を生み出すチーム知能（Team Intelligence），無数の個人が形成する巨大なグループが価値を生み出す大衆知能（Crowd Intelligence）という3タイプの知能を取り上げている。しかし，これからは，数多くのビジネス課題に対処するため，コンピュータ・システムを駆使して価値を生み出す人工知能

53　http://www.softbank.jp/corp/news/webcast/?wcid=r384o558

図表4-2　3つの知能から4つの知能へ

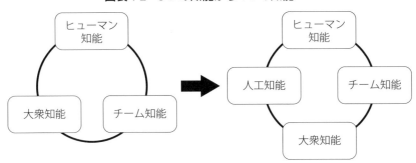

（Artificial Intelligence）が新たな知能として加わり，これら4つのタイプの知能を有効に利用することが企業には強く求められると指摘している（図表4-2）。

　次に，人工知能（AI）研究の進歩が切り開く未来の可能性は，多岐にわたる。ここで取り上げる事例は，近年の示唆に富む活用事例の一コマである。

　IBMは，ある人工知能プロジェクトに取り組んでいる。これは，ワトソン（Watson）と名付けられたIBMリサーチの開発した質問応答システムがクイズ番組「ジョパティ」に登場して2人のクイズ王に挑み，勝利する企画である。2011年，人工知能「ワトソン」は，2人のチャンピオンと対決し，見事勝利を収めた[54]。その後，IBMでは，「ワトソン」の商用化に取り組み，膨大なデータの蓄積と質問に対して正解を探し出す機械学習を繰り返すことで精度の高い回答を導き出せるまで性能が向上した。その結果，現在では，医療分野で膨大な医学論文，検査データそして診察記録から，病名や治療法の探索と提示を行ったり，顧客の要望について問い合わせるコンタクト・センター業務への応用がなされるなど，活用の幅が広がっている。

　マイクロソフト，INGグループ，レンブラント博物館，デルフト工科大学の共同チームは，「The Next Rembrandt」プロジェクトを実施している。これ

54　詳しくは，Baker（2011）。

は，17世紀のオランダを代表する画家であり，光の魔術師の異名を持つレンブラント（1606～1669年）の作風を再現する取り組みである。具体的には，全346作品を3Dスキャナーで読み取り，細部の凹凸まで完全にデジタル・データ化する一方で，色使い，タッチ，構図の特徴等について人工知能を用いて解析し，3Dプリンターを用いてレンブラントの作風を真似た新作を描くという試みであり，すでに驚くべき作品が展示されている。

　一方，我が国では，「人工知能」対「将棋のプロ棋士」の戦いを主催するドワンゴによる「電王戦」が毎年，開催されてきた[55]。2012年から2017年までの通算成績は，14勝5敗1引き分けとコンピュータ将棋ソフトがプロ棋士に勝ち越している。また，最後の対局では，当時の佐藤天彦名人がAIに敗れるという衝撃が起こった。こうしたことから，トッププロ棋士に勝つコンピュータ将棋の実現を目指したプロジェクトを主催する一般社団法人情報処理学会は，コンピュータ将棋プロジェクトの終了を宣言した。人間と機械の知恵比べに終止符を打つことを決めたその理由とは，すでにコンピュータ将棋の実力が2015年の時点でトッププロ棋士に追い付いたと統計的に証明されたからであり，このため，もはや人間と対戦する意義そのものがなくなったと判断されたそうである[56]。

　2016年1月，英国の科学誌ネイチャーは，米国のグーグル（英国の人工知能開発ベンチャー「ディープマインド」）が開発したディープ・ラーニングソフトウエア「Alpha GO」が囲碁の対戦で欧州チャンピオンのプロ棋士に5戦5勝を収めたと発表し，世界に衝撃を与えた。さらに，2016年3月には，国際棋戦で10勝以上を記録し，過去10年で最強との呼び声も高い世界トップのプロ棋士と「Alpha Go」が戦い，5戦中4勝1敗で世界トップ棋士を打ち破り，圧勝してしまった。その理由は，ディープ・ラーニングと呼ばれる画像認識の性能が飛躍的に向上した結果，知識力や判断力が大幅に向上したからだと分析

55　詳しくは，松本（2014）。
56　詳しくは，http://www.ipsj.or.jp/50anv/shogi/20151011.html

されているが，とはいえ，今回の囲碁の世界で機械が人間を打ち破ったその意義は大きい[57]。なぜなら，チェスや将棋のようなゲームに比べると，囲碁のしくみはさらに複雑であり，しかも盤面もまた広く，打ち手の選択肢が非常に多いからである。実際に，ゲームごとの打ち手の探索量を比較すると，オセロは10の60乗，チェスは10の120乗，将棋は10の220乗に対し，囲碁は10の360乗と他のゲームを圧倒している。このため，チェスや将棋の世界でたとえ人間が敗れたとしても，難易度が格段に高い囲碁だけは，人間が機械に負けるはずがないと固く信じられてきた。ところが，今回，この神話があっさりと崩れ去ったショックはあまりにも大きく，我々は，シンギュラリティの可能性を安易に否定できなくなってしまった。

　国立情報学研究所では，数年前，「ロボット（人工知能）は東大に入れるか」プロジェクトに取り組んだ。これは，「東ロボくん」と名付けられたAIが東大入学を目指す企画であり，2014年に実施された代々木ゼミナール主催の全国センター模試の結果，合計得点の偏差値は47.3であったものが，2015年の大学入試センター試験模試では，合計の偏差値が57.8まで一気に上昇した。そして，このスコアは，全大学の6割に相当する474大学1094学部で合格の可能性が80％以上と判定されるまで，人工知能のレベルが向上するものであった[58]。特に，目覚ましい成果を上げている科目は，「数IA」の偏差値64（前年46.9），「数IIB」が偏差値65.8（同51.9）そして「世界史B」が偏差値66.5（同56.1）である。これら3科目の偏差値は，60を超え，大幅に改善された。その逆に，英語のリスニングのような科目は，偏差値40.5と苦手なことが分かった。結果として，このプロジェクトは中止を余儀なくされたが，人工知能が持つ長所や短所を改めて浮き彫りにすることができ，その意味では，一定の効果を収めるものとなった。

　人工知能が数学を教える未来型学習塾キュビナアカデミーでは，株式会社

57　Alpha Go勝利の裏側には，囲碁人工知能同士を3,000万局も戦わせ鍛え上げる強化学習というしくみがあったとされている。
58　詳しくは，新井（2014）。

COMPASSが開発したタブレット型AI教材「Qubena」を導入し，大きな成果をあげた。同塾のHPによると，今日，学校教育で深刻な問題とは，高校生で7割，中学生で5割，小学生で3割の生徒が授業についていけない『教育七五三』であるという。とりわけ，積み上げ型の算数や数学の場合，過去の単元まで戻って復習するのはなかなか難しく，このため，一度，勉強に躓き，それを放置してしまうと，後のリカバリーが非常に難しくなり，すっかり数学嫌いのまま成長してしまうという問題が浮き彫りになった。ところが，従来の学校や学習塾では，ひとりの教師に対して複数の生徒が学ぶ体制が多く，このスタイルのままでは，学習の遅れや授業から脱落してしまう学生の数は，今後とも後を絶たない。逆に，個別指導のような教師と生徒がマンツーマンで行う方式は，きめ細かな対応には優れているものの，どうしても費用が上がってしまい，経済的に難しいなど課題は残されたままである。こうした状況下で同塾が開発した「Qubena」は，人工知能が教師となるため，ひとりひとりの課題に対応するマンツーマン指導と低コストを両立する，これまでとは異なる画期的な授業スタイルである。実際に同塾が実施した導入実験では，14週間かけて行う1学期の授業が2週間で終わり，受講者全員が学校の平均点を上回ることが確認されており，その有効性は証明済みだという[59]。

4-3　生成AI

　生成AI（Generative AI）とは，コンピュータが学習したデータを活用して，新たな文章，画像，動画，音楽，デザインなどのデータを生み出すAIである。ボストン・コンサルティング・グループ（BCG）によると，生成AIの市場規模は，今後，急拡大することが予測されている。具体的に言うと，2027年の市場規模は，1210億ドル（約17兆円）規模にも及ぶ可能性がある。生成AIのアプリに含まれる「ChatGPT」は，2022年，米国のオープンAIによって開

59　https://www.makuake.com/project/qubena/

発された対話型生成AIであり，同年11月，無料で公開された結果，世界中に
波紋と衝撃を与えた。すでに世界のユーザー数は，公開2か月で1億2,300万
人を突破し，これは，動画共有アプリ「TikTok」のユーザー数が1億人を超え
るのに9カ月，写真共有アプリ「インスタグラム」が約2年半を要した事実か
ら考えると，異常な速さで急成長している。しかも，ゴールドマン・サック
ス・リサーチによると，生成AIがビジネスや社会に浸透すると，世界のGDP
の7%（約7兆ドル）を押し上げると予想されている[60]。このため，生成AIは，
今日のIT産業の勢力図を大きく塗り替える可能性が高い。

　図表4-3は，AIの進化を表したものである。第1次と第2次のAIブームは，
それぞれ2回にわたり冬の時代に見舞われたが，その後，深層学習（ディー
プ・ラーニング）がトリガーとなってAIの実用化が可能となる第3次AIブー
ムが起こり，その途上で今度は生成AIという衝撃的な技術的ブレークスルー
が登場した。その結果，第3次AIブームは現在進行中であるにもかかわらず，
新たに第4次AIブームが並行して到来している（第1次AIブームから第3次
AIブームの詳細については，4-1人工知能の歴史を参照のこと）。

　生成AIのアプリに含まれるChatGPT（Generative Pretrained Transformer）
は，直訳すると「事前に訓練された文章生成変換器」であり，もっと簡単に言
えば，人間同士の会話のように自然な文章の回答が返ってくるチャットボット
（自動会話プログラム）のことである[61]。第3次AIブームでは，特に深層学習の
革新から，画像や文章，音声を認識する精度が大幅に向上を遂げた。一方，第
4次AIブームの扉を開いたChatGPTの主な特徴は，まず，人間からの質問や
指示を受けて文章や画像を作り出すことができる「生成（Generation）AI」
なことである。そして，インターネット上の膨大な言語や文章をあらかじめ
AIが学習しながら，ある単語の次に続く確率が高い言葉を選択してつなげ，

60　Goldman Sachs「Generative AI could raise global GDP by 7%」。
61　GPTシリーズは，2020年7月に発表されたGPT-3（1,750億パラメータ数）モデル，
　　2022年11月に公開されたGPT-3.5モデルそして2023年3月に発表されたGPT-4（1兆以
　　上のパラメータ数）モデルへと進化している。

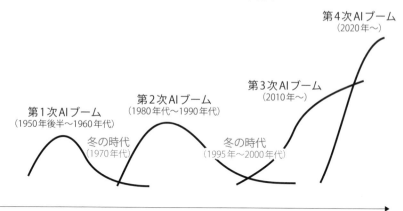

図表4-3　第4次AIブームの幕開け

第4次AIブーム
（2020年〜）

第3次AIブーム
（2010年〜）

第2次AIブーム
（1980年代〜1990年代）

第1次AIブーム
（1950年後半〜1960年代）

冬の時代
（1970年代）

冬の時代
（1995年〜2000年代）

1950年代　1960年代　1970年代　1980年代　1990年代　2000年代　2010年代　2020年代

資料）各種資料をもとに作成

文章にする「大規模言語モデル（Large Language Model：LLM）」技術が搭載されている。この技術により我々が日常的に使用する言葉を意味する「自然言語処理（Natural Language Processing：NLP）」が飛躍的な進歩を遂げた。たとえば，"昔々，"に続く文章をChatGPTに問うと，大規模言語モデルが作動し，もっとも確率の高い文章として"あるところに"を導き出し，その次に来る言葉として"お爺さんとお婆さんがいました"という答えを予測する。また，世界各国の言語にも対応する「多言語処理」にも優れており，生成AIを利用する本人の母国語で正確な応答をしてくれる。しかも，18歳以上（保護者の同意があれば13歳以上）なら誰でも，サイトに登録して無料で生成AIを使用できる（なお，優良プランとして，「ChatGPT Plus」がある）。さらに，生成AIは，インターネット上の膨大な言語や文章を事前学習するが，非公開な情報や直近の新しいデータ等については学習できない。そこで，非公開な情報または新規の情報をAIに追加学習させ，高度な利用を試みることを「ファインチューニング」と呼んでいる。

　それでは，ChatGPTができることは何か。東京大学の松尾（2023）による

「AIの進化と日本の戦略」によると，①文法ミスだけでなく内容の改善点まで指摘する「添削，校正」，②文字数を指定して要約する「要約」，③「〜〜」という考えのうち抜けている点を指摘する「壁打ち」やAIと人間で会話しながらアイディエーション（アイデアを開発）する「ブレインストーミング」，④「XX」について要点だけ説明，ディベート風に論点を洗い出し，表形式で比較表を作成という「リサーチ，論点の洗い出し」，⑤SEO（検索エンジン最適化）対策したタイトルやキーワード形成広告文の自動生成，何かになりきって答える，結婚式のスピーチのアウトライン作成，人気の出るブログの内容案の提案，例題や乱数などの生成など「アイデアの提案」である。また，それ以外にもChatGPTができることには，小説や詩を創作する，メールやメルマガを作成する，英会話をする，外国語の翻訳をする，議事録を作成する，プログラミング学習する，などがあげられる。

ところで，英国のニュースメディアTortoiseは，「グローバルAIインデックス（Global AI Index）」を発表している。これは，ChatGPTを含む人工知能の開発へ投資する62ヶ国を対象に，「人材」「インフラストラクチャ」「オペレーティング環境」「研究」「開発」「政府の戦略」「商業」という7つの指標から，国別のAI能力ランキングを決定するものである。総合順位を見ると第1位の米国から順に，中国，シンガポール，英国，カナダ，韓国，イスラエル，ドイツ，スイス，フィンランドまでがトップ10を占め，残念ながら，日本は12位と低い評価となっている（図表4-4）。米国は，先に上げた7つの指標のうち，計5つで首位となり，AI能力で圧倒的な強さを誇っている。中国もまた，7つの指標のうち，計4つの項目で2位，計2つの項目で3位と米国に次ぐAI能力を有しており，米・中が他国を圧倒している。これに対し，日本の個別指標の評価は，人材が11位，インフラストラクチャが5位，オペレーティング環境が10位，研究が20位，開発が6位，政府の戦略が18位，商業が23位であり，米・中に比べAI能力に関する課題が山積している。

図表4-4　AI能力の国別ランキング

	Overall	Talent	Infrastructure	Operating Environment	Research	Development	Government Strategy	Commercial	Scale	Intensi...
United States	1	1	1	28	1	1	8	1	1	5
China	2	20	2	3	2	2	3	2	2	21
Singapore	3	4	3	22	3	5	16	4	10	1
United Kingd...	4	5	24	40	5	8	10	5	4	10
Canada	5	6	23	8	7	11	5	7	7	7
South Korea	6	12	7	11	12	3	6	18	8	6
Israel	7	7	28	23	11	7	47	3	17	2
Germany	8	3	12	13	8	9	2	11	3	15
Switzerland	9	9	13	30	4	4	56	9	16	3
Finland	10	13	8	4	9	14	15	12	13	4

出所）Tortoise

4-4　量子コンピュータ

　従来までの古典コンピュータに取って代わる新しいコンピュータとして，近年，量子コンピュータに注目が集まっている。"スーパーコンピュータ（Super Computer)"とも呼ばれる古典コンピュータ（Classical Computer）とは，きわめて早く計算ができるコンピュータを意味する。たとえば，2023年の段階で最も計算能力が高いスーパーコンピュータは，米国の「フロンティア」であり，1秒間に110京回（京は1兆の1万倍）の計算ができるといわれている。また，理化学研究所と富士通が開発した「富岳」は，1秒間に44.2京回の計算速度を誇っている。

　ところが，最近，これらのスーパーコンピュータの計算能力をはるかに超え

る量子コンピュータの世界的な開発競争が熱を帯びてきている。というのも，量子コンピュータ（Quantum Computer）の計算能力は異次元の速さであり，その計算能力は，スーパーコンピュータで1万年かかる計算問題が量子コンピュータでは3分20秒で答えるという驚くべき破壊力である[62]。こうした量子コンピュータの破壊力は「量子超越」と呼ばれ，スーパーコンピュータは，石器時代の品物に過ぎないとも表現される。

　このように桁違いの計算能力を誇る量子コンピュータは，その名前からも分かるとおり，物理学の「量子力学」をベースとする次世代コンピュータである。「量子力学」は，相対性理論を提唱したアインシュタインと並ぶオーストリアの物理学者シュレーディンガー（Erwin Schrödinger）らの手によって確立された学問である。

　「量子力学」によると，「量子」とは，物質を構成する最小単位のことである。すべての物質は，「原子」の結びつきから作られている。原子は，「原子核」とその周りを動く「電子」によって構成されている。原子核は，「陽子」と「中性子」からできている。さらに，陽子と中性子は，「クォーク」という素粒子から構成されている（また，光子，ニュートリノ，ミュオンのような素粒子も量子に含まれる）。そして，こうした小さな物質の単位である「量子」が持つ特殊な性質は「量子重ね合わせ」と呼ばれている。「量子コンピュータ」とは，「量子力学」の世界に特有なこの重ね合わせを応用したものであり，超高速で計算できる最大の理由である。

　それでは，古典コンピュータと量子コンピュータの違いについて触れてみよう。古典コンピュータは，「0」と「1」のどちらかの「ビット（Bit：Binary Unit）」という単位で情報を計算する。たとえば，ビット数が2個の場合，「0・0」「0・1」「1・0」「1・1」の4通りの計算をそれぞれ行うわけである。これに対し，量子コンピュータは，量子力学の「重ね合わせ」を利用することで

62　NHK「スパコンで1万年かかる計算を3分20秒で? 量子コンピューター」2019年10月24日。

「0でも1でもある」という「量子ビット（Quantum Bit）」を基本単位として計算するため，4通りの情報を1回で計算できる。もし，ビット数が4個の場合，「0000」から「1111」まで16通りの組み合わせとなり，16回の計算が必要となるが，4量子ビットでは，「0でも1でもある」という性質を利用して16通りの情報を1回で計算する[63]。このため，計算量を大幅に減らすことが可能であり，計算スピードが格段に速くなる特徴を持つ。

　図表4-5は，「普通のコンピュータ」と「量子コンピュータ」の計算の仕方に関する基本的な違いである。東京大学の武田（2020）によると，迷路で正しいルートを知りたい時，左側のコンピュータは，候補1，候補2のように，一つひとつのルート候補を潰していって正解を求めるため，時間がかかるのに比べ，量子コンピュータは，すべての候補を同時並行で考え，間違いを捨て正解だけを選択するため，計算が早くなると説明している。

　量子コンピュータの歴史は，1982年，米国の物理学者リチャード・ファインマン（Richard Feynman）が量子力学の立場から量子コンピュータの概念を提唱し発表したことまで遡ることができる。その後，1985年，英国の物理学者デビット・ドイチュ（David Deutsch）が量子コンピュータを使った計算方法を生み出した。1994年，米国の物理学者ショア（Peter Shor）は，量子コンピュータで素因数分解を行うアルゴリズムを発見した。そして，1999年，NECの中村泰信と蔡兆申が「量子ビット（Qubit）」の開発に成功し，ハードウエアの開発の道を開いた。ちょうどその頃が量子コンピュータの第1次ブームにあたる。しかし，2000年代に入ると，冬の時代に突入する。可能だと思われたハードウエアの開発が想像以上に難しかったからである。それから11年後の2011年，カナダのDウエーブシステムズが世界初のアニーリング方式の量子コンピュータ（組み合わせ最適化問題を解くことに特化したマシン）を発売し，第2次ブームがスタートした。2016年，IBMが汎用計算に使用可能なゲート方式の量子コンピュータ（量子状態にある素子の動きや組み合わせで

63　日本経済新聞「分かる 教えたくなる量子コンピューター」2021年7月5日。

図表4-5　量子コンピュータで問題を速く解くイメージ

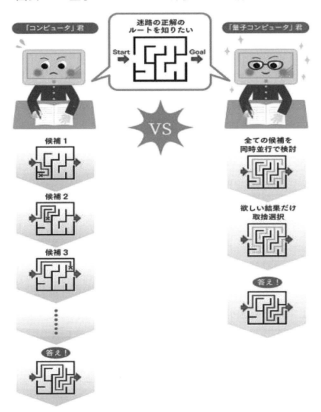

出所）武田（2020）

計算回路を作り，問題を解く方式）の提供を開始した。2019年，グーグルの開発した量子コンピュータが量子超越（スーパーコンピュータが1万年かかる問題を200秒で解けること）を達成したと発表された。2023年，理化学研究所は国産初の量子コンピュータをクラウドで公開した。

　量子コンピュータは，古典コンピュータの1億倍超の速さで計算する性能を兼ね備えているが，他方で抱えている課題も多い。まず，スマートフォン，パソコンそしてタブレットPCのように，1人1台という使い方にはなり得ない

ことである。量子コンピュータの値段は，1台10億円とも言われるほど高額なため，個人には決して手が届かない。また，超電導を利用する量子コンピュータの場合，量子ビットを摂氏−273.15度という絶対零度まで冷やして電気抵抗がない状態にするため，大型の冷凍機内で使用しなければならない。その意味からすると，量子コンピュータの利用は，スマートフォンやパソコンのようなデバイスではなく，クラウド・サービスとなる可能性が高い。つまり，巨大IT企業が開発した量子コンピュータと企業や個人がそれぞれ保有するICTデバイスをインターネット経由で接続して利用するスタイルである。そのため，古典コンピュータとの棲み分けや並列的利用が進むと考えられている。

　量子コンピュータは，ノイズに弱く計算中にエラーが起きやすい欠点は残されているものの，常識外の計算能力を持つことから，もし本格的に普及が進んだ場合，AI（人工知能）の発展，都市部で発生する交通渋滞の解消，画期的な新素材や新薬の開発等が期待される一方，銀行カードの暗証番号，インターネット・ショッピングのパスワード，ビットコインの暗号通貨など，従来の暗号技術がいとも簡単に破られてしまう危険性もまた強く懸念されている[64]。このため，各国の政府や企業は，量子コンピュータに破られないための「耐量子」研究の開発にしのぎを削っている。そして，この開発競争に成功した国家は，ビジネスや経済の面だけでなく，軍事や国防の面でも優位なポジションを獲得できるため，量子コンピュータの実現は，一国の「経済安全保障」を左右する問題とも指摘されている[65]。

4-5　自動運転

　人工知能の導入が特に期待されている産業分野として，自動運転車の開発を

64　マサチューセッツ工科大学のジョナサン・ルアン（Jonathan Ruane），アンドリュー・マカフィー（Andrew McAfee），ウィリアム・オリバー（William Oliver）は，量子コンピュータがもたらすイノベーションや影響に対し，企業の経営者に必要な心得や課題について言及している。
65　小林（2022）。

取り上げてみよう。まずグーグルや百度（Baidu）のようなIT企業や自動運転車の開発とサービスに舵を切った本田技研工業（以下，ホンダ）では，人工知能を駆使した自動運転車（Driverless Car），インターネットに接続された自動車（Connected Car）の開発を進め，すでに公道走行の実現まで漕ぎ着けている。たとえば，2016年，グーグルの自動運転開発部門が分社化して設立された米Waymo（ウェイモ）は，2018年に世界で初めて自動運転タクシーの商用サービスを実現した。サービスの開始時点は，すべて車両の運転席に安全要員（セーフティドライバー）が同乗していたが，現在では，レベル4に該当する完全無人化によるサービスを達成している。中国の百度（Baidu）もまた，2022年にレベル4に当たる完全無人の自動運転タクシーの運行を重慶市と武漢市でスタートし，2023年には，首都北京でも完全自動運転タクシーのサービスを開始している。一方，自動車メーカーのホンダでは，今後，自動運転技術や自動運転タクシーといったモビリティサービス事業を強化する方針を固めた。そして，2026年に日本での自動運転タクシーサービスを開始することを明らかにした。

　次に，これからの自動運転車の世界市場規模は，どう変化するのだろうか。ボストン・コンサルティング・グループ（BCG）の調査によると，自動運転車は，将来的にも成長する可能性が高いという結果を公表している。たとえば，世界市場への導入時期としては，2017年，主に高速道路や渋滞時に自動運転が開始した。その後，2022年には都市部での自動運転がスタートし，完全自動運転車の導入は，2025年になると推測している。また，自動運転車の市場規模の推移は，2025年の予測が合計1,450万台。そのうち，部分自動運転車は1,390万台，完全自動運転車は僅か60万台が見込まれているのに比べ，2035年の予測では，自動運転車が合計で3,040万台。そのうち，部分自動運転車は1,840万台，完全自動運転車は1,200万台まで膨らむと推測している。

　それでは，世界が自動運転開発に取り組む主な理由とは何か。ひとつは，渋滞解消，CO_2削減，移動弱者支援，職業ドライバー支援，都市交通の効率化，交通事故ゼロ・死傷者ゼロという社会問題を解決するためである。もうひとつ

は，スマホとの連携，新たなモバイル端末，新たな快適空間，移動の自由，自動車価値の再定義など新たな価値を創出するためである[66]。

ここで自動運転技術の進化レベルについて触れてみよう。2021年，高度情報通信ネットワーク社会推進戦略本部が取りまとめた「官民ITS構想・ロードマップ2021：これまでの取組と今後のITS構想の基本的考え方」によると，自動運転の進化レベルは，5つの段階に分けられる（図表4-6）。

最初に，レベル0は，加速（アクセル），操舵（ハンドル操作等），制動（ブレーキ等）をすべて運転者が行う段階である。

レベル1は「フット・フリー（Foot Free）」の段階である。AEB（緊急自動ブレーキ）やACC（アダプティブ・クルーズ・コントロール）など，一方向だけ運転支援する単独の機能を搭載するレベルであり，これは，すでに普及の段階に入っている。

レベル2は「ハンズ・フリー（Hands Free）」の段階である。自動駐車システムや高速道路のレーン・キーピング・アシスト（LKA）など，縦・横方向の運転支援する複数の操作を一度に自動車が行うレベルであり，これもすでに実用化の段階にある。

レベル3は「アイズ・フリー（Eye's Free）」の段階である。これは，特定条件下で自動運転が可能なレベルであり，ハンドルにタッチレスで運転できるが，緊急時の対応や最終の安全確認は，ドライバーが対応する段階である。つまり，システムから手動運転の要請（テイクオーバーリクエスト）があった場合，ドライバーは直ちに運転操作を行わなければならない。この段階もすでに実用化されている。

レベル4は「ドライバー・フリー（Driver Free）」の段階である。これは，特定条件下で完全な自動運転が可能なレベルであり，2023年4月，道路交通法が改正され，レベル4の自動運転ができるようになった。

66　日経BP「自動運転社会という未来：運転支援か，自律走行か自動運転で目指す二つの姿」。

図表4-6　自動運転の進化レベル

レベル		概要	操縦※の主体	対応する車両の呼称
運転者が一部又は全ての動的運転タスクを実行				
	レベル0	・運転者が全ての動的運転タスクを実行	運転者	―
	レベル1	・システムが縦方向又は横方向のいずれかの車両運動制御のサブタスクを限定領域において実行	運転者	運転支援車
	レベル2	・システムが縦方向及び横方向両方の車両運動制御のサブタスクを限定領域において実行	運転者	
自動運転システムが（作動時は）全ての動的運転タスクを実行				
	レベル3	・システムが全ての動的運転タスクを限定領域において実行 ・作動継続が困難な場合は，システムの介入要求等に適切に応答	システム（作動継続が困難な場合は運転者）	条件付自動運転車（限定領域）
	レベル4	・システムが全ての動的運転タスク及び作動継続が困難な場合への応答を限定領域において実行	システム	自動運転車（限定領域）
	レベル5	・システムが全ての動的運転タスク及び作動継続が困難な場合への応答を無制限に（すなわち，限定領域内ではない）実行	システム	完全自動運転車

※認知，予測，判断及び操作の行為を行うこと。
出所）官民ITS構想・ロードマップ2021

　最後に，レベル5は「オール・フリー（All Free)」の段階である。これは，最終の安全確認や緊急時の対応等の運転責任についても，すべて機械に任せる完全自動運転である。もはや運転席が要らないクルマを指す。

　周知のとおり，自動車産業は，産業波及効果（Spillover Effect）が高く，雇用やその他の産業に与える影響は大きい。よって，自動運転車の台頭が新たな雇用や仕事の創出を秘めている一方，自動車関連の仕事や雇用を奪い取る負の効果として作用する恐れもある。このため，自動運転車の開発と実用化には，単純に技術的可能性という視点だけでなく，仕事や雇用そしてルールなど，より包括的な議論や検討が必要である。

4-6 人工知能の進化がもたらす恐怖

4-2節では，人工知能による明るい未来を取り上げたが，逆に人工知能の進化が生み出す恐怖とその万能性に疑問を呈する論者も多数存在する。たとえば，大手FAメーカー安川電機の会長兼社長である津田純嗣氏は，雑誌『AERA』の特集記事の中で，人工知能の進化を100とした場合，センサーは10，手足は1レベルに過ぎないと論じている[67]。そして，人工知能を本格的に活用するには，情報を収集する「センシングデバイス」と行動するための「アクションデバイス」が重要なカギを握るが，人工知能が進歩するスピードに比べ，ロボット技術の進化スピードは，これに追いついておらず，このため，人工知能は，万能ではないと主張している[68]。

SF作家として有名なアイザック・アシモフ（Isaac Asimov）は，1950年に執筆した『われはロボット』のなかで，知能ロボットが超えてはならない3つの基本原則（Isaac Asimov's Three Laws of Robotics）として，ロボットは人間に危害を加えてはならない（第1原則），ロボットは人間に与えられた命令に従わなければならない（第2原則），ロボットは第1，第2原則に反するおそれのない限り，自己を守らなければならない（第3原則）と説明し，その恐怖と危険性について警鐘を鳴らしている。

さらに人工知能の進歩が人類を破滅に導くこと，核兵器以上に危険であるので過激に警戒すべき，と指摘している著名人は少なくない。たとえば，英国の理論物理学者として有名なスティーブン・ホーキング（Stephen Hawking）は，人工知能の飛躍的な進歩について，完全な人工知能は人類の終わりをもたらす可能性があると述べ，警鐘を鳴らしている。また，電気自動車のテスラモーターズCEOであるイーロン・マスク（Elon Musk），世界的な発明家で知られ

67　AERA「AI（人工知能）に奪われる仕事」2015年6月15日。
68　エンターテイメントの世界でも，進化した人工知能やロボットが人類を恐怖に突き落とすSF映画が数々製作されている。もっとも代表的な作品には，殺人ロボット同士が戦い合うアーノルド・シュワルツェネッガー主演による「ターミネーター」シリーズが日本でも大ヒットを記録したのは記憶に新しい。

るクライブ・シンクレア（Clive Sinclair），そしてマイクロソフトの創業者である ビル・ゲイツ（Bill Gates）など，数多くの著名人たちが急速な人工知能の進歩に対して不安を表明している[69]。

それでは，なぜ，これらの識者たちが人工知能の進化に懸念を表明しているのだろうか。それは，我々人類よりも1000倍賢くなると言われる人工知能を搭載したロボットやマシンをもはや適切にコントロールできないからである[70]。たとえば，今現在でも，コンピュータ犯罪への利用，テロリストや犯罪集団による悪用そしてロボット兵器としての転用等をコントロールすることは難しい。また，人工知能に関する国際的なルールや規制等についても未整備な点が多々ある。こうした懸念材料が山積した状況のなかで，人工知能技術の開発だけが独り歩きしている危険性を危惧し，警鐘を鳴らしているのである。

我々は，今日のような人工知能の飛躍的な進歩に驚かされ，その可能性に魅了されがちだが，しかし，ここで注意すべきは，その進化や発達を無防備に放置すると，たとえば，将棋や囲碁というゲーム（娯楽）そのものの価値が破壊されることである。また，ドライブにおいても，ハイウェイやワイディングロードをスリリングに駆け抜け，醍醐味を満喫するという楽しみ方が本質的に失われかねない[71]。人工知能を無防備に開発するあまり，これまで人間が培ってきた既存価値が抜本的に打ち壊され，気が付いた時には，もはや手遅れという事態に陥ってはならないのである。

このように人工知能の進化に伴う大きな懸念は，人間が経験や実践で獲得した身体知の喪失である。ビッグデータによって分析され絞り込まれた対象顧客のみに対する集中的な営業は，ヒット率や受注率を高める効果がある。しかし，これは非科学的な飛び込み営業や無作為に行動するどぶ板営業によってのみ獲得できる，五感を働かせる力，忍耐強さ，考える能力など，もともと人間

69　人工知能やロボットの危険性や社会的影響については，The Future of Life Institute （FLI）やロボットの応用哲学研究会などの団体が公開書簡や研究会を発足しコメントを発信している。

70　Barrat（2013）。

71　但し，高齢者や障害者には，自動運転車の開発と普及は好ましいかもしれない。

が保有する潜在能力を大きく後退させてしまう要因ともなりかねない。たとえば，今日の自動車には，どれもGPS機能が搭載され，目的地さえ入力すれば，あとはクルマがかってに道案内してくれ，ドライバーの負担は軽減される利点がある一方で，過度にGPS機能に頼り切ってしまうと，今度は地図を読む力や感覚的な状況判断力が大きく後退してしまい，自力で目的地まで到達することができなくなってしまう危険性をはらんでいる。

　こうした深刻な事態を回避するためにも，人工知能の開発に関する楽観論と悲観論の双方について，これまで以上に議論を深める必要がある。なお，人工知能の進歩が人類に与える恐怖として，機械が人間の雇用を奪い取る悲観論があげられるが，この問題については，第10章で詳しく検証してみたい。

コラム

ハルシネーション

　生成AIは，その利用価値の高さと同時に，課題もまた山積している。まず，インターネット上にある膨大な情報を使うため，事実とは異なる情報となる危険性があげられる。また，インターネット上にない最新の情報については，基本的に取り扱うことができない。そして，ChatGPTなどAIが学校の試験や宿題の解決のため悪用される可能性があげられる。

　こうしたなか，近年，特にAIで懸念されているのは，ハルシネーションと呼ばれる現象である。ハルシネーション（Hallucinations）は，「幻覚」「妄言」と訳され，AIが事実とは異なる情報をもっともらしく生成してしまう現象である。図表4-7は，ハルシネーションによるインターネットの情報汚染の仕組みを示したものである。

　まず，インターネット上にあるデータ情報は，もともとヒトが作成したものである。ヒトがプロンプトを入力すると，AIがネット上の膨大なデータ情報を駆使して文章や画像を生成するが，この際，生成AIが誤ったもっともらしい偽情報を作り出す。これにより，AIが作り出した偽情報が広く氾

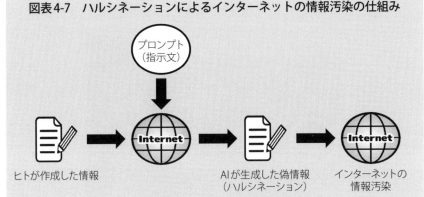

図表4-7 ハルシネーションによるインターネットの情報汚染の仕組み

プロンプト
（指示文）

ヒトが作成した情報　　　　AIが生成した偽情報　インターネットの
　　　　　　　　　　　　（ハルシネーション）　情報汚染

資料）各種資料をもとに作成

濫し，インターネットを汚染してしまうという問題である[72]。

　ハルシネーションによるインターネットの深刻な情報汚染は，すでに引き起こされている。たとえば，米国では，ChatGPTを使って弁護士が裁判所に提出する書面の作成したところ，存在しない判例や裁判所の見解が引用されたそうだ[73]。また，図表4-8は，生成AIが作成した偽情報として，ドローンで撮影された静岡県の水害という画像である。ファクトチェック（事実の検証）を専門とする非営利組織である日本ファクトチェックセンター（Japan Fact-check Center：JFC）によると，この写真は，2022年9月に静岡県を襲った台風15号による水害を写した写真として，ツイッター（現X）上で拡散されたものである。しかし，上の丸印を見ると，水面には尖った影がいくつもあるが，地上にはそれらしき木々や尖塔が見当たらない。一方，下の丸内を見ると，建物が流されて壊れたように見えるが，画像が不明瞭でよくわからず，浸水で激しく建物が壊れるとは考えにくいと分析される。よって，この画像は，AIが作成した偽画像であり事実とはまったく関係ないと

72　日経ビジネス「ChatGPTが既成事実化するウソ」2023年10月30日。
73　日経NETWORK「一夜にして世界が変わった 生成AI巡る技術競争が勃発－動向」2023年7月。

図表4-8　生成AIが作成した偽画像

水圏に映る影が異なる

画像が不明瞭になっている

出所）日本ファクトチェックセンター

結論付けている[74]。

　ハルシネーションの技術的な課題を整理すると，主に3つの点があげられる。まず，AIがなぜそう回答したのか，理由や原因が分からない「ブラックボックス問題」である。また，偏見や差別が引き起こされて公平性を欠く「バイアス（偏り）問題」である。最後に，どこまで精度を保証すればよいのかという「品質保証問題」である[75]。生成AIの活用に当たっては，これらの本質的な課題が存在することをよく理解する必要がある。

74　古田大輔「生成AIで溢れる偽情報をどう見抜くか 専門メディア編集長が薦める「横読み」とは？」https://project.nikkeibp.co.jp/onestep/keyperson/00030/?P=2
75　日経ものづくり「革新の波 生成AIと製造業」2023年8月号。

コラム

ディープフェイク

　ディープフェイク（Deepfake）とは，AIの深層学習（ディープ・ラーニング）と偽物（フェイク）を組み合わせた造語である。ディープフェイクは，本物かどうか見分けをつけられないほどリアルな人の画像，映像，音声であり，可能性と危険性の両面を併せ持つ。たとえば，可能性として，教育やビジネス（マーケティング）に加え，ゲーム，映画，音楽そして美術のようなエンターテイメントの世界において利用価値が高い一方で，いじめ，詐欺，戦争そして政治に悪用される危険性が指摘されている（笹原，2023）。

　現在，ディープフェイク動画の数は，拡大の一途を辿っている。ディープフェイクの検出サービスを手掛けるオランダのセンシティ（Sensity）によると，オンライン上のディープフェイク動画の数は，半年ごとにおよそ2倍のスピードで成長している。2018年12月は7,964件であったものが，2020年12月には85,047件とハイペースで拡大している（図表4-9）。また，センシティによると，ディープフェイクの最大の標的国となっているのは米国であり，全体の45.4％を占めている。第2位は英国（10.4％），第3位は韓国（9.1％），第4位はインド（5.2％），第5位が日本（4.7％），その他（25.2％）が続いている[76]。こうした状況を踏まえ，欧米では，いち早くディープフェイクの規制に乗り出している。

　ディープフェイクの画像，映像そして音声は，X，Facebook，Instagram，LINEそしてTikTok，YouTubeのようなSNSをプラットフォームとして世の中へ広く拡散されてしまうリスクが高い。というのも，SNSが持つ「エコチェンバー」「フィルターバブル」という2つの現象がこれを促進してしまうからである。

　エコは「こだま」，チェンバーは「部屋」と訳される「エコチェンバー

76　Sensity「How to Detect a Deepfake Online: Image Forensics and Analysis of Deepfake Videos」2021年2月8日。

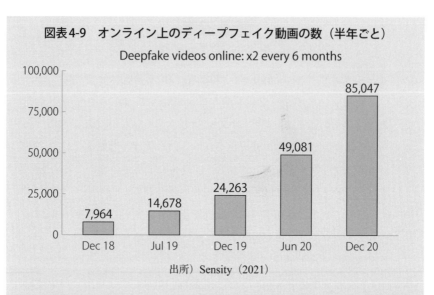

図表4-9　オンライン上のディープフェイク動画の数（半年ごと）

Deepfake videos online: x2 every 6 months

出所）Sensity（2021）

（Echo Chamber）」は，自分と似た価値観，似た興味関心を抱くヒトとばかりつながる閉鎖的な空間でこだまのようなコミュニケーションが繰り返され，特定の意見や信念だけがまかり通る現象である。これに対し，「フィルターバブル（Filter Bubble）」とは，ユーザーの個人情報を学習したアルゴリズムがユーザーの好きそうな情報ばかりを提供し，異なる意見や情報はフィルターを通して遮断してしまう現象である（鳥海・山本，2022）。このようにディープフェイクは，「エコチェンバー」「フィルターバブル」というSNSが持つ2つの特性を通じて分断され拡散してしまうのである。

コラム

人工知能 対 人間

　将棋の世界では，すでに人工知能（AI）が人間に完全勝利を収めたとされるが，その他の分野ではどうなのだろうか。ここに面白い戦いの事例がある。それは，ディスカウント・ストアのドン・キホーテによる商品の価格設定を巡るAIと店員との闘いである。ここでは，日経MJの記事をもとに解

説してみよう[77]。

　この戦いのルールは，まず，AIが商品の価格を提示する。次に，店員がその価格を採用するか，自分で考え出した価格をつけるか判断する。そして，バトルの前に比べ粗利が1％以上増えたどうかで勝敗を決定するものである。AIは，競合価格，天候，消費者の購買動向など，膨大なデータをもとに適切な価格設定を得意とし，店員は，経験とカンそして販売意欲を強みとする違いがある。

　最初に，あるカップ麺の価格設定においてAIは，周辺店舗の価格や販売実績のデータをもとに258円を提示したが，店員はこれを採用せず268円をつけた。しかし，店員が値付けした価格の場合，粗利は増えなかった。このため，AIが提示した価格に変えたところ，今度は粗利が上がり，結果としてAIが勝利した。

　続いて，大袋の駄菓子の値付けとして，AIは378円を提案してきたが，店員は，近くでイベントが開催される情報を聞きつけ，経験とカンを働かせ368円を採用した。その結果は，店員が勝利を収めAIが敗れた。

　これら2つのケースから何が読み取れるだろうか。AIが勝利するパターンは，リアルタイムに入る膨大なデータや情報を処理できるのが強みである。この点において，店員が得意とする経験とカンは，AIにかなわない。

　一方，店員が勝つパターンは，自ら価格設定した商品を販売する強い意志と責任が働くことが強みである。これに対し，AIがつけた価格は，意志や責任が生じづらく，店員には勝てない。

　ドン・キホーテが採用したAIによるダイナミック・プライシングの効果は，店員が値付けした価格が勝利した場合，このデータや情報がAIにインプットされ，AIの値付けの精度がより一層向上することである。

77　日経MJ「AI vs.店員　どっちが上手い」2023年6月5日。

第5章
ロボティクス

5-1　産業用ロボット

　日本工業規格（JIS）によると，産業用ロボット（Industrial Robot）とは「自動制御によるマニピュレーション機能又は移動機能をもち，各種の作業をプログラムによって実行できる，産業に使用される機械」と定義されている。また，国際標準化機構（ISO）は，「3軸以上でプログラム可能な自動制御，再プログラム可能な多目的マニピュレーター」と定義している[78]。

　産業用ロボットは，マニピュレーター（手や腕の装置技術），アクチュエーター（各関節を動かす駆動技術），センサー（監視技術），コントローラー（一連の動作の制御技術）そして移動技術や通信技術など，各要素技術が複雑に絡み合って構成されている。産業用ロボットは，1962年，米国のユニメーション社が世界で初めて開発に成功して以来，今日まで60年以上もの歴史を積み重ねてきており，企業の生産活動の効率化に与えた影響は極めて大きい。

　独立行政法人新エネルギー・産業技術総合開発機構（NEDO）が発表した「NEDOロボット白書2014」によると，ロボットは，戦場や災害現場など危機環境の中で人の作業を自律して代行する「無人システム」，工場や作業所など生産環境の現場で人の仕事を代替する「産業用ロボット」，家事や介護など人と共生しながら日常生活支援を行う「サービスロボット」，ペットや癒しを与える「エンターテイメントロボット」そして新しいメディアとしての「コミュニケーションロボット」などに分類される。そして，「無人システム」には，高い自律性が要求される。「産業用ロボット」には，高速と高精度の能力が求められる。家事支援，日常支援，レスキュー，介護支援等が期待される「サービスロボット」，「エンターテイメントロボット」，「コミュニケーションロボッ

78　JIS B0134-1998。

ト」には，埋め込み，ユビキタス，空間知能化に関する安定した技術が求められる[79]。

5-2　世界の産業用ロボットの主要国

　世界の産業用ロボット（マニピュレーティングロボットのみ）の稼働台数の推移とその構成比の変化について触れてみよう。ここでは，「日本」「中国」「韓国」「米国」そして「ドイツ」の5カ国を取り上げる。というのも，これら5カ国は，特に産業用ロボットの稼働台数が多い国であり，5カ国の合計値は，世界全体の7割以上にも達するからである（図表5-1）。

　日本ロボット工業会（JARA）のよると，2022年時点における世界の産業用ロボットの稼働台数は合計で3,903,633台であり，これは，2014年の合計1,480,778台に比べ，約2.6倍拡大したことを意味する。

　次に，主要国別産業用ロボットの稼働台数の構成比推移を見ると，2022年，中国は世界全体の38.5％に相当する1,501,535台となり，2016年以降，世界一のロボット稼働台数国として君臨し続けている。また，2014年の合計189,358台と比較すると，2022年は約8倍も増加する一方で，構成比もまた25.6ポイント拡大しており，まさに「世界の工場」であることが分かる。

　第2位の日本は，2022年，414,281台で全体の10.6％を占めている。2014年時点の合計295,829台から比較すると1.4倍ほど増加しているが，構成比は−9.5ポイントと大幅に縮小している。

　第3位の韓国は，2022年，374,737台で全体の9.6％を占めている。2014年の合計176,833台と比べ，台数は2.1倍ほど拡大しているが，稼働台数の構成比は，−2.4ポイントとやや減少している。

　第4位の米国は，2022年，365,002台であり全体の9.4％を占めている。これを2014年時点の219,434台と比較すれば，約1.7倍拡大しているが，構成比

79　http://www.nedo.go.jp/content/100563895.pdf

図表5-1　主要国別産業用ロボットの稼働台数の構成比推移（2022年）

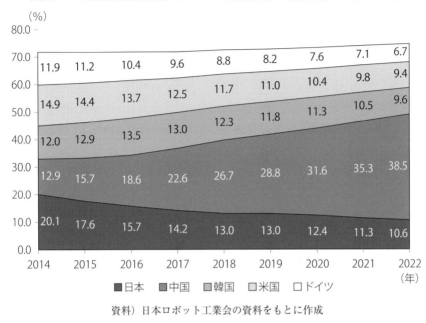

資料）日本ロボット工業会の資料をもとに作成

は−5.5ポイント減少している。

　第5位のドイツは，2022年，259,636台であり全体の6.7％を占めている。これを2014年の175,768台と比較すると，約1.5倍拡大しているが，構成比は，−5.2ポイント減少している。

　日本は，過去，世界一のロボット大国として君臨していた。時代を遡ると1985年当時，世界の産業用ロボットの稼働台数に占める日本の割合は全体の約7割にも達するだけでなく，2000年時点まで世界の産業用ロボットの半分以上は日本国内で稼働していた。

　当時の日本が産業用ロボット大国としての地位を築いてこられた主な理由とは何か。第1は，日本の製造業，特に産業用ロボットの主要なユーザーである自動車産業が為替の円安を武器に国内で生産し，輸出戦略を展開した影響が大きかったという理由があげられる。

第2は，鉄腕アトム等，漫画やアニメの影響から，ロボットに対する嫌悪感が少なく，むしろ親近感の方が強かったことから，積極的にロボットを活用する意識や意欲が芽生え，これが稼働台数のアップにつながったと考えられる。

　第3は，日本が，高度なエンジニアリング力を保有していたからである。日本の製造業は，世界的にも機械工学（Mechanics）と電子工学（Electronics）を合わせたメカトロニクス（Mechatronics）に注力し，その強化に努めてきた歴史がある一方で，品質を上げコストを下げるというパラドクスの実現についても，長い歳月をかけて取り組んできた歴史がある。

　第4は，日本がロボットを取り巻く要素技術の領域でも卓越した競争力を有していたからである。たとえば，ロボットのコア・テクノロジーである「アクチュエータ・メカニズム」，「マニピュレーション」，「センシング・視覚認知」，「移動技術」等どれを取って見ても，その当時，世界最高レベルの要素技術力を有しており，これらの点が産業用ロボットの国際競争力の源泉であった。

　それでは，どうして日本の地位は，大幅に落ち込んでしまったのか。第1に，産業用ロボットの主要なユーザーである国内製造業の国際化を指摘しなければならない。近年の円安傾向や中国経済の減退に伴い，国内生産への回帰現象は確かに顕在化しているものの，特に自動車産業を含む製造業の海外生産比率は，依然として右肩上がりの傾向を示している。海外事業活動基本調査によると，1985年度の製造業の海外生産比率が，2012年度20.3％であったものが，2021年度には25.8％と過去最高を記録している。また，業種別海外生産比率で最も割合の高い輸送機械（自動車）は，2012年度40.2％から2021年度は47.0％まで大幅に拡大している。

　第2は，中国製造業の台頭による影響である。図表5-1のとおり，中国の産業用ロボットの稼働台数における世界シェアは，日本の減退とは対照的に，2000年以降，急上昇を続け，2015年当たりで日本と並び，2016年の段階でついに日本を抜き去り，世界一の産業用ロボットの稼働大国として躍り出た。これは言うまでもなく，世界中の海外直接投資が中国へ集中し，名実ともに「世界の工場」となったことを物語っている。

　第3は，産業用ロボットを巡る要素技術力である。確かに，日本は，世界有数のロボットに関するコア・テクノロジーを有する国家である。しかし，よく調べてみると，欧米は，日本以上に優れた要素技術力を保有する大国である。新聞記事や各種調査資料によると，米国は，ロボットに関するネットワーク技術，ソフトウエア技術，知能技術等で世界をリードし，最近でも，特に軍事用ロボットの開発で優れた成果を収めている。また，ABBなど世界トップクラスの産業用ロボットメーカーが存在する欧州では，マニピュレーション技術，アクチュエータ・メカニズム等のコア技術の領域で，もともと高い技術レベルを保有している。加えて，最近のドイツが産官学をあげて「インダストリー4.0」と命名された「つながる工場」の構築へ向けた取り組みを加速させるなど，こうしたデジタル・マニュファクチャリングがコア技術力の向上を後押しする原動力ともなっている。

　第4は，ここ最近の韓国や中国におけるロボット競争力の強化の取り組みも見逃せない。韓国は，2015年に開催された「DARPA Robotics Challenge」で韓国科学技術院の「Team KAIST」が優勝を果たし，ロボット技術の開発で急速な進化を遂げている。中国は，近年，軍事ロボットの開発にも着手するなど目覚ましい進化を遂げている。そして，今後10年における製造業発展のロードマップである「中国製造2025（Made in China 2025）」を発表し，「世界の工場」から「製造強国」への転換を図るべく，産業用ロボットや次世代半導体を含む製造業の高度化に国家をあげて取り組んでいる。

　ところで，米国の製造現場では，ロボット利用率は10％に満たないのが現状だ。これは，宗教や慣習そして労働者保護等の観点から，作業用ロボットの導入やロボット技術の開発に遅れを取ってきた影響が考えられる。また，自動化によって生産性の面でプラスの効果が得られても，日常的なメンテナンスなどプロセスの柔軟性の面でマイナスが生じるという生産性と柔軟性の「ゼロサム・オートメーション」と呼ばれる問題も併せて指摘されている（Armstrong and Shah, 2023）。

5-3　産業用ロボットのニューウェーブ

　産業用ロボットは，それまでヒトが担ってきた製造現場における3K（きつい，きけん，きたない）分野を代替する機械として導入が進んだ[80]。たとえば，JR西日本・日本信号・人機一体の3社は，このほど鉄道の電気設備の保全・補修をヒトに代わって行う人型重機ロボット『零式人機ver.2.0』を共同開発した。鉄道の架線や電化柱など電気設備のメンテナンスは，深夜や土休日などに作業されるため，ただでさえ人員確保が困難になりやすい。また，高所で重量物を扱う作業が多いため，感電や墜落など労働災害のリスクが大きく，これらの課題を解決するためにも機械化は急務であった。

　ところが，近年では，人工知能やネットワークそして要素技術の発達から，小さくて安全でしかも賢いロボットの開発が飛躍的に進展している。その結果，ロボットは単なる機械から，ヒトと同じ目標を実現するため一緒に仕事をするパートナーやチームメイトのような存在に認識が変わり始めている。ヒトとロボットが同じ空間で作業し共存するケースは，すでに実現されている。たとえば，鉄骨・橋梁メーカーの川田工業の子会社であるカワダロボティクス株式会社は，2009年，上半身型ロボット「NEXTAGE」を発表した（図表5-2）。同ロボットは，現在，国内外の工場等に150台以上導入され，導入費用は1台約1,000万円とも言われているが，なかでも，代表的な導入先の事例として，通貨処理機大手のグローリー株式会社の埼玉工場があげられる。

　同工場では，部品点数が多く細かい組立作業が必要な「通貨処理機」の生産ラインに「NEXTAGE」が30台導入され，80人の作業者と協働して製造活動に取り組んでいる。同工場では，主に単純な反復作業を双椀型ロボット4台で担当し，最終工程の付加価値作業は，作業員1人が担当する。これにより，自動化率80%，労働生産性約5倍という多品種少量生産システムを実現してい

80　同様な言葉として，退屈（Dull），汚い（Dirty），危険（Dangerous）を指す「3D」がある。

図表5-2　NEXTAGE

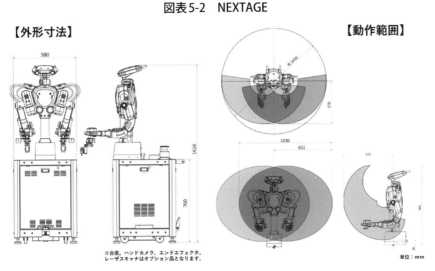

【外形寸法】　　　　　　　　　　　　　　　　　　　　　【動作範囲】

※台座，ハンドカメラ，エンドエフェクタ，
レーザスキャナはオプション品となります。

単位：mm

出所）https://nextage.kawadarobot.co.jp/3183669

る。また，グローリーでは，最近，「NEXTAGE」を開発したカワダロボティクスと協力して構築したヒトとロボットが協働する自動化ラインの知識・ノウハウを外販し，数多くのメーカーから注目を集めている[81]。

　こうした「NEXTAGE」のケースもあるとおり，同じワーク・プレイスでヒトとロボットが一緒になって作業する（Human-Robot Collaborative Tasks）現場が企業の間で散見されるようになってきた。それでは，ヒトと一緒に働くこれら協働ロボット（Collaborative Robot：Cobot）の導入が作業現場にいかなる効果をもたらすのだろうか。第1は，立体的な作業用ロボットにはない，ヒト型ならではの特徴から生み出されるプラスの影響である。たとえば，ヒト型の場合，そもそも動作や制御をイメージしやすいため，ロボットへの教示が容易となる。第2は，ヒトと協調するロボットを導入すると，ヒトの満足度や安全性が高まり，ヒトの方がロボットと一緒に働きたい欲求が強まる。第3は，

81　日経ビジネス「脱現金の道，協働ロボで探る」2022年2月28日。

2つの腕を持つ人間型ロボットの場合，たとえトラブルが起きて故障したとしても，人間がすぐに代替すればラインをストップさせず，作業の継続ができることである。

　ハーバード・ビジネス・レビュー（2015）では，よりスマート，より小さく，より安全なロボット（Smarter, Smaller, Safer Robots）と題する小稿のなかで，ヒトとロボットのクロストレーニングに関する研究に取り組むマサチューセッツ工科大（MIT）のインタラクティブ・ロボティクス・グループによる研究成果を紹介しているが，そのなかで新しい作業用ロボットと優れた作業者（High performer）がペアを組めば，生産性が大幅に向上するにちがいないと結論付けている。同グループによると，実際に製造施設へ新しい作業用（Adaptive）ロボットを導入したところ，次のような4つのベネフィットが得られたと指摘している。まず，ロボットがより安全になると作業者の満足もよりアップする。第2に，ロボットは報われない仕事でもスピーディにこなす。第3に，ロボットは遊休時間を劇的に削減させる。最後に，作業者は新しい作業用ロボットと一緒に働きたいと願うことであり，こうした結果を踏まえ，作業現場にヒト型ロボットを導入すれば，想像以上に大きな効果を期待できる可能性が高いと結論づけている。

　アクセンチュアのジェームス・ウィルソン（James Wilson）とポール・ドーアティ（Paul Daugherty）は，2018年，12業種1,075社を対象に協働の価値について調査したところ，ヒトとAIの協働原則の採用数が増えるほど，業績改善が上昇することを明らかにしている。そのうえで，AIは，次のようなヒトの能力の拡大を手助けしてくれると言及している。第1は，AIは我々の認知能力を増幅（Amplify）してくれる。第2は，AIは顧客や従業員との相互作用（Interact）を促進してくれる。第3は，AIは人的スキルを具体化（Emboding）してくれる。したがって，ヒトとAIの関係は，代替されるものではなく補完し合うものであり，互いの力を合わせる協働的なインテリジェンス（Collaborative Intelligence）であると結論付けている。

5-4　ヒト型ロボットの開発競争の激化

　ヒト型ロボット（Humanoid Robotics）の開発史を紐解くと，日本が世界に
先行した後，近年は，豊富な開発資金を有する米国や中国の間で開発競争が激
化している。まず，世界で初めて2足歩行ロボットの開発に成功したのは，日
本の自動車メーカー大手のホンダであった。1986年以来，ホンダでは，二足
の足で歩くロボットの開発に取り組んできた。1996年，その甲斐あって世界
に先駆けて二足歩行型ヒューマノイド・ロボット「P2」の開発に成功し，世
界に大きな衝撃を与えた。その当時，世界中のロボット研究者や技術者たちの
間から，20世紀中に二足歩行で歩くヒューマノイド・ロボットの開発など不
可能に近いとほとんど匙を投げられた状態であったからである。世界中の研究
者や科学者が誰も開発できないヒューマノイド・ロボットを自動車メーカーで
あるホンダが開発してしまったのだから，その驚きと反響は凄まじかった。そ
の後，ホンダでは，2000年以降，先行ロボットがよりバージョンアップされ
た「ASIMO（Advanced Step in Innovative Mobility）」を発表し，再び世界に
大きな反響を与えたものの，2018年，ホンダはASIMOの開発を中止し，研
究開発チームも解散となった。しかし，ホンダがヒューマノイド・ロボットの
開発に成功した影響は，その後，日本を含む世界中の企業に大きな可能性と
チャレンジ精神をもたらすキッカケとなった。

　米国では，近年，産官学をあげてヒト型ロボットなどの開発に取り組んでい
る。たとえば，1992年，MITの研究室からスピンアウトして設立されたボス
トン・ダイナミクス（Boston Dynamics）は，従業員500人を超えるロボット
専業企業である[82]。もともと研究開発に特化してきたが，2020年，自社で開発
したロボットの販売を開始し，これまで1,000台以上のロボットを販売してい
る。同社が開発した主なロボットには，DARPAなどの資金で開発した大型4

82　同社の株式は，グーグルに買収された後，現在は，韓国の現代自動車グループが
　　80％，日本のソフトバンクが20％をそれぞれ保有する企業となっている。

脚ロボット「BigDog」，それを軽量・小型化し，施設点検の現場などで活躍する「Spot」，パルクール（走る・跳ぶ・登るという移動動作）を軽々とこなすアクロバティックな動きをするヒト型ロボット「Atlas」があげられる[83]。

　米国の電気自動車（EV）大手のテスラ（Tesla）もまた，手に12個のアクチュエーターを持ち，細かな仕事も可能なヒト型ロボット「テスラボット（Optimus）」の開発に取り組んでいる。すでに試作機は発表されているが，2025年から2027年までの実用化を見込んでいる。テスラによるヒト型ロボットの価格は，2万ドル（約290万円）未満で販売する予定であり，労働力不足が懸念される工場やオフィスでの荷物の運搬から物流や介護などの分野で応用が期待されている。

　一方，中国もまたヒト型ロボットの開発の強化に乗り出している。中国のユニツリーロボティクス（Unitree Robotics）は，ボストン・ダイナミクスが開発した4脚ロボット「Spot」に比べ，軽量でしかも価格が6分の1の「Unitree Go2」を開発して話題を呼んでいる。このロボットは，ChatGPTを搭載するため音声でしつけることができたり，それ以外にも握手，片脚ダンス，後追い，バク宙が可能である。

　同社はまた，汎用ヒト型ロボット「Unitree H1」の開発にも成功している。このロボットは，3D-LiDAR（3次元上にレーザー光を照射し，その反射光の情報を手掛かりに対象物までの距離や対象物の形を計測するセンサー）や深度カメラ（Depth Camera）を備え，足で蹴っても倒れないバランス感覚を持ち，大型ながら軽量，ユーザーが歩行パターンをカスタマイズできる等の特徴を有している。

　今後のヒト型ロボットの開発競争は，米国や中国そして日本に加え，新たに韓国や欧州諸国が加わり，より一層，激化することに違いない。とりわけ，韓国は，ボストン・ダイナミクスを傘下に置く現代自動車グループと同じ企業グ

83　日経ロボティクス「Boston Dynamicsは何がすごいのか知られざるソフト面の真価」
　　2021年1月号。

ループである現代重工業グループとの間で激しいロボット開発競争を繰り転げるなど取り組みが過熱しており，侮れない存在となりつつある[84]。

5-5　サービスロボットの進化

　作業現場におけるヒト型ロボットの開発と同様に，将来，期待されているロボット開発の分野として，サービスロボットにも熱い注目が寄せられている。国際標準化機構（ISO）よると，サービスロボットは「人間または機器にとって有用なタスクを実行する，個人使用または業務用のロボット」と定義されている。

　図表5-3は，国内ロボット市場規模の予測である。すべての分野でロボット市場の規模は拡大する予測がなされている。とりわけ，「サービス分野」は，2012年の600億円に比べ，2035年は約83倍にあたる49,568億円まで高い成長が見込まれているのに対し，「製造分野」は，2012年の6,600億円に比べ，2035年は約4.1倍の27,294億円の伸びとなり，大きな格差が読み取れる。また，時系列で見ると，2012年時点は，「製造分野」が全体に占める割合は約77％を占め，「サービス分野」は僅か約7％に過ぎなかった。ところが，2035年の予測では，「サービス分野」が全体の約51％まで成長し，「製造分野」の割合は，約28％へ大きく後退することが予測されている。

　それでは，サービス分野が拡大し製造分野が縮小を余儀なくされる理由とは何か。おそらく，それは需要側と供給側の両面から説明が可能である。まず，需要側の理由とは，ロボットの需要先が従来のような製造業やB to B分野から，サービス業やB to Cの領域へ大幅にシフトする可能性が高いことである。つまり，世界が急速に成熟経済へ移行するため，モノ余り現象が顕在化し，作業現場におけるロボットニーズが減少する一方で，逆に，少子高齢化の進展に

84　日経ロボティクス「Hyundai同士でロボット開発競争へ　重工業グループと自動車グループが火花」2023年12月号。

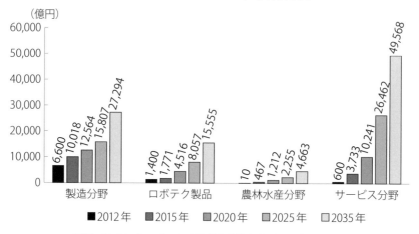

図表5-3　国内ロボット市場規模予測

（億円）

製造分野
- 2012年: 6,600
- 2015年: 10,018
- 2020年: 12,564
- 2025年: 15,807
- 2035年: 27,294

ロボテク製品
- 2012年: 1,400
- 2015年: 1,771
- 2020年: 4,516
- 2025年: 8,057
- 2035年: 15,555

農林水産分野
- 2012年: 10
- 2015年: 467
- 2020年: 1,212
- 2025年: 2,255
- 2035年: 4,663

サービス分野
- 2012年: 600
- 2015年: 3,733
- 2020年: 10,241
- 2025年: 26,462
- 2035年: 49,568

■2012年　■2015年　■2020年　■2025年　□2035年

出所）平成22年ロボット産業将来市場調査（経産省・NEDO）

伴い，生活やサービス分野における人手不足が発生し，これを補うためのロ
ボットニーズがより拡大することが予想されるからである。一方，供給側の理
由としては，マシン・ビルダーや部品・キーデバイスメーカーにおけるロボッ
ト技術に関する知識・ノウハウの向上，人工知能や3Dプリンターのような新
技術の高度化，政府や行政による手厚い育成政策が打ち出された結果，サービ
ス分野に対応する，より人間に近いロボットや知能ロボットの開発が劇的に進
展しているためである。

　次に，新聞記事など各種資料をもとにサービスロボットの開発事例について
紹介しよう。1999年，コングロマリット企業であるソニーは，動物（犬）型
のエンターテイメント型ロボット「AIBO」を発表した。1999年〜2006年ま
での累計販売は15万台を記録した。ヒトとコミュニケーションしながら学習
し，成長する機能が盛り込まれた自律型ロボットであり，動物を飼うことが難
しい都会の生活者や体力が衰えた高齢者の娯楽等を目的に広く人気を博した。
2018年，ソニーはAIを搭載する新型「aibo」を発表した。発売から半年で販
売台数は2万台に達し，今も堅調に伸びているという。

　MITの自立型人工知能ロボット研究所のメンバーが設立した米国のアイロボットは，2002年，ロボット掃除機「ルンバ」を開発した。「ルンバ」は，現在，世界60か国以上で販売され，累計販売は4,000万台以上を記録している。2022年，国内のロボット掃除機市場において「アイロボット」は53.5％ものシェアを独占しているが，最近では，中国のエコバックス・ロボティクス，ドイツのケルヒャーが当該市場へ参入する等，ロボット掃除機市場は，激化する様相をますます強めている。

　ソフトバンク・ロボティクスは，世界的な新型コロナウイルスの感染が拡大するなか，ムラなく掃除できるだけでなく，ウイルスやダストを大幅に除去できる業務用掃除ロボット「Whiz」を開発し，世界の出荷台数は約20,000台というヒットを記録した。

　産業技術総合研究所（産総研）が開発したタテゴトアザラシの「パロ」は，ギネスブック（2002年）で「世界でもっともセラピー効果があるロボット」に認定された。現在，世界30カ国以上の病院や介護施設などで精神的な疾患の治療や意欲の向上に役立てるアニマル・セラピーとして「パロ」は，7,000体以上が稼働している。

　最後に，薬局の世界でもロボット化が進行している。神戸で調剤薬局を運営するメディカルユアーズは，2019年，従来の薬局経営に革命を起こす日本発の「ロボット薬局」を開発した。その背景には，米国では，すでにアマゾンが処方薬のネット販売に着手しており，今後，日本へ上陸する可能性を考えると，アマゾン薬局（Amazon Pharmacy）は，当該業界のゲームチェンジャーとして，大きな脅威となり得るからであった。同社のホームページによると，「ロボット薬局」は，自動入庫払出装置など自動調剤技術を開発して電子化された医療情報と連動させることで，ヒューマンエラーや調剤ミスを解消し，患者の待ち時間ゼロを実現するだけでなく，薬剤師を労働集約的な調剤作業から解放し，薬の専門家として服薬指導や相談等の対人業務に専念させることが主な狙いである。このようなDX化を通じてロボット薬局では，一般的な薬局に比べ，大量の品目の薬を揃え，待ち時間も大幅に短縮されるだけでなく，薬の指導や

相談など薬剤師が本来の仕事に集中できるようになった。

5-6　日本の少子高齢化現象とロボティクス

　ロボットの普及と先端技術の開発は，日本の社会が構造的に抱えている少子高齢化問題を解決するひとつの方策として機能する可能性が高い。図表5-4は，日本の人口ピラミッドを2020年と2070年の時点で比較したものである。国立社会保障・問題研究所による「日本の将来推計人口　令和5年推計」によると，2020年時点における65歳以上人口は3,603万人，総人口に占める割合は28.6%，3.5人に1人が65歳以上であった。それが50年後の2070年には3,367万人，38.7%となり，2.6人に1人が65歳以上になると予測している。

　周知のとおり，我が国の人口は，2070年に向けて高齢化と少子化が同時に進むことがほぼ確実となっている。そして，働き手を意味する労働力人口の減少は，国力の衰退に直結するため，その減少分を何によってカバーすべきか活発に議論がなされている。たとえば，外国人労働者の受け入れを拡大して充当する考え方，あるいは女性の雇用機会を広げ，女性労働者の増加でもって不足分を補う対応等，様々なアイデアが検討されているが，もうひとつ，日本だからこその対応だと言われる別のアプローチがある。それは，ハイテク・ロボットの開発を通じて少子高齢化現象に対処するやり方である。たとえば，急激な少子化に伴う深刻な労働力不足に対応するため，日本では様々なサービス・ロボットの開発が進んでいる。たとえば，身近なところで言うと，ファミレスのような外食産業では，注文した料理をネコ型の配膳ロボットが運ぶ機会が増えてきた。高齢化と人手不足が深刻な農業の分野でも，ハウス内の農作物の摘み取りを収穫ロボットによって効率化する取り組みが進んでいる。飲食業界でも，炒飯やパスタを作る工程を調理ロボットに代替することで大幅に時間短縮するなど，ロボットは活躍の場を広げている。

　また，高齢化対策として開発されたロボットには，食事，入浴，排せつ，介護，歩行，移動そして移乗を助ける「支援ロボット」，カラダの姿勢や体重を

図表5-4　日本の人口ピラミッド

2020年

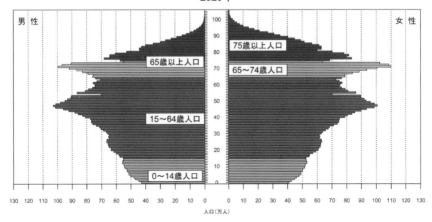

2070年

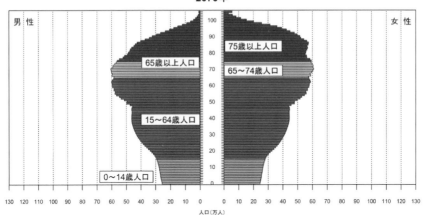

出所）国立社会保障・人口問題研究所

支持する「リハビリ・ロボット」，娯楽や癒しを与える「トイ（玩具）ロボット」，高齢者の相談相手となる「コミュニケーションロボット」，高齢者の安全を支える「見守りロボット」などがすでに導入・活用されており，今後とも，ロボットの活用範囲は拡大することが期待されている。

このように日本は，深刻な少子高齢化に伴う様々な課題を長年，培ったロボット技術を用いて問題解決し得る潜在能力を有する国家である。日本が歩んだように世界もこれから少子高齢化が進展することを考えると，日本が生み出した数々のイノベーションは将来有望であり，技術開発の手は決して緩めてはならない。

コラム

ドローン技術

　ドローン（Drone）は，空中を移動するドローンである「無人航空機（Unmanned Aerial Vehicle：UAV)」，地上を移動するドローンを指す「無人地上機（Unmanned Ground Vehicle：UGV)」，水上を移動するドローンである「無人水上機（Unmanned Surface Vehicle：USV)」，水中を移動するドローンを意味する「無人潜水機（Unmanned Underwater Vehicle：UUV)」に大別されるが，一般的には「無人航空機」のことを指す。

　辞書を引くと，ドローンとは「オス蜂」と訳され，その語源は，第1次世界大戦後，イギリスが無人標的機「女王蜂（Queen Bee)」の開発に成功する一方，これに触発されたアメリカが第二次世界大戦中にイギリスの「女王蜂」に敬意をこめて「オス蜂」を意味する「ターゲット・ドローン」と命名したことに由来する。

　ドローンは，もともと地上からの射撃練習のため，標的を無人機として飛ばす軍事利用を目的にのみ開発されたが，その飛躍的な技術進歩をもたらしたのは，1990年代におけるGPS（Global Positioning System）の普及であり，これによってドローンの自動飛行が可能となり，偵察機として利用ができるようになった。その結果，今日では，民生用としての利用が期待されている。たとえば，①山間部や離島への食糧や医薬品の物流配送，②災害現場の被害状況の確認，③橋梁やダムの保守点検やタワーマンションの耐震診断，④建設現場の土木測量，⑤森林資源の調査や離島，市街地の巡回警備，⑥農薬や肥料の散布など，その利活用の幅は広い。

　インプレス総合研究所が毎年発表する『ドローンビジネス調査報告書2023』によると，2022年度の日本国内の軍事用を含まないドローンビジネスの市場規模は，3,086億円と推測され，2028年度になると9,340億円まで達するものと見込んでいる。その内訳は，ドローンを活用した業務の提供企業の売上額を指す「サービス市場」が5,615億円，完成品機体の国内での販売額を指す「機体市場」が2,188億円，バッテリー等の消耗品の販売額，定期メンテナンス費用，人材育成や任意保険等を意味する「周辺サービス市場」が1,538億円となっている[85]。

　一方，2022年2月，ロシアによるウクライナ侵攻を契機として，再び爆撃や偵察といった軍事目的のためのドローンの開発が世界で加速している。従来までは，地上誘導ステーションにて操縦を担当するパイロットと各種センサーを担当する操作員の手によって遠隔操作される無人航空機「プレデター」や「リーパー」の開発に主眼が置かれてきたが，近年では，人間が関与せず，AIが自ら標的を選択して殺傷力の高い攻撃を展開する「自律型致死兵器システム（Lethal Autonomous Weapons Systems：LAWS）」の開発へ焦点が移行してきている。たとえば，相手のレーダー基地を探知し，その攻撃目標へ突入して自爆攻撃するイスラエルのイスラエル・エアロスペース・インダストリーズ（IAI）が開発した無人航空機「ハーピー」は，LAWSの代表的兵器である。

　LAWSの主なメリットには，①危険な地域へ展開できる，②少ない兵士で作戦を実行できる，③兵士の犠牲を少なくできること等があげられ，逆にデメリットには，①誤射の可能性がある，②無人機同士が激突し，コントロールを失う危険性がある，③相手国の敵意を煽ってしまう等があげられる。

　最後に，ドローン技術は，今日の軍事の世界でゲーム・チェンジャーとなる可能性を秘め，大国がこぞって研究開発や実用化に力を入れているが，そ

85　インプレス総合研究所「ドローンビジネス調査報告書2023」。

の点で，中国は他国を圧倒するほど，その取り組みに秀でている。そもそも中国という国家は，民間技術の軍事利用と軍事技術の民間転用を推し進める軍民融合国家なため，ドローンの軍事利用にためらう必要がない。なので，個々の相互作用から全体の協調が生み出される「群知能（Swarm Intelligence）」の研究を通じて，ドローン無人機による群れ部隊化など「群ドローン（Drone Swarm）」技術が進んでいる。また，中国は監視社会とも言われ，顔認証システムに関するノウハウの蓄積に優れ，しかも世界に約8億台ある監視カメラのうち，その4割にあたる2億台は中国で稼働している（米国は5,000万台，日本とドイツはそれぞれ500万台）ことから，AIを搭載した監視カメラと高い技術力を持つ顔認証システムを組み込んだ攻撃用ドローンの開発には，まさに打ってつけの国家である。

　近年，話題を呼んだ短編映画に「スローターボッツ（Slaughterbots）」がある。このショートムービーは，小型のドローン軍団が顔認証システムを駆使してターゲットを捜索，特定，追跡し，痕跡を残さず殺戮するという物語であるが，決して夢物語だとは思えない。

第6章
3Dプリンター

6-1　生産と消費の統合にフォーカスするアプローチ

6-1-1　プロシューマーの出現

　3Dプリンターは，言い換えると，生産と消費を統合する技術である。そして，生産と消費の統合や消費者が生産者となる現象は，最近，「メイカームーブメント」あるいは「パーソナル・ファブリケーション」とも呼ばれ，各方面から熱い視線が寄せられている。そこで，本節では，3Dプリンターという本題へ入る前に，これまでの生産と消費の統合に関する代表的な議論を取り上げ，説明してみたい。

　最初に，評論家，作家，未来学者でもあるアルビン・トフラー（Alvin Toffler）は，1980年に出版した未来予測の古典的名著である『第三の波』のなかで，将来，生産する消費者を意味する「プロシューマー」が出現することを予言した。プロシューマー（Prosumer）は，「生産消費者」と訳され，トフラーによる造語である。その意味は，生産者と消費者は対の関係にあるため，これまで交わる関係ではなかったが，これからは，テクノロジーの進歩により生産者（Producer）と消費者（Consumer）のギャップが解消され，生産者＝消費者という新しい関係性が生まれるという。そして，このような新しい関係は，従来，モノの生産活動においてアウトサイダー（部外者）であった消費者が，今度はインサイダー（部内者）の立場に変わることを意味するものである。

　さて，トフラーは，これまで人類が歩んできた文明の段階を3つの波のように分類し説明している。「第1の波」とは，農業革命の段階であり，この時代は，自ら生産して自ら消費する自給自足によるプロシューマーであった。「第2の波」は，産業革命の段階であり，交換のための生産，つまり，市場向け商品やサービスが拡大し，生産者と消費者の分離が起こった。そして，近未来を

指す「第3の波」は，情報革命の段階であり，これにより，生産者と消費者を分ける境界線が再びあいまいとされながら，高い科学技術水準に基づくプロシューマー，生産者と消費者を再融合したプロシューマーが生み出されると指摘した。

　それでは，プロシューマーとは，いったいどんな人物を指すのか。トフラーによると，たとえば，MDやCD-Rを使って音楽を自主編集する人，日曜大工（Do it yourself：DIY），ガーデニング，PCの自作，Wikipediaなど画一的な大量生産品に満足せず，自分の好みにあった製品を自分自身で作り上げる人物だと定義している。

　1980年代，奇抜な意見として受け止められたトフラーによる未来予測は，今日，単なる予言ではなく，現実の姿として次第に顕在化するようになってきた。3Dプリンターの普及と台頭は，消費者が生産者の立場に変わりつつある実態を如実に物語る大きな変革と説明できる。

6-1-2　ユーザー・イノベーション

　次に，取り上げる生産と消費の統合は，ユーザー・イノベーションである。これまでの伝統的な考え方では，メーカー側が「イノベーションの作り手」であり，ユーザー側は「イノベーションの使い手」であると認識されてきた。というのも，メーカーは，画期的な新製品を開発するために必要な最高の情報を持ち得る主体であるのに対し，ユーザーは，メーカーが開発した新製品を利用するだけの存在のように認識されてきたからである。したがって，メーカーはイノベーションできるが，ユーザーはイノベーションできないという考え方が従来からの通説であった。ところが，近年，このような通説を打ち破り，ユーザーが自ら製品を開発するイノベーターの役割を果たし得るとする考え方が打ち出され，次第に注目を集めるようになってきた。

　生産と消費の統合をイノベーションの視点から考察したのは，ユーザー・イノベーション研究の父とも言われるマサチューセッツ工科大学（MIT）スローンスクールのフォン・ヒッペル（Von Hippel）である。フォン・ヒッペル

（1988）は，製品ニーズに関する情報知識について，メーカー側とユーザー側とのギャップが大きいか，それとも製品ニーズをメーカー側が理解可能な形に変換する費用（コスト）が高いような場合，ユーザー・イノベーションが生起されると主張した。そして，ユーザー・イノベーションの促進要因を説明するため，「情報の粘着性（Stickiness of Information）」という概念を提唱した。これは，ある人が持つ情報を他の人に移す場合に生じる費用（コスト）を指すものである。そして，情報を移転するコストが高く，情報移転が難しいような状態，これを情報の粘着性が高いと表現し，ユーザー・イノベーションの発生理由とした。

　さて，ユーザー・イノベーションの事例は，近年，次第に散見されるようになってきた。たとえば，科学機器や医療装置という産業財のような場合，全体の半分以上のイノベーションがユーザー発であるとされている。また，消費財のなかでもスポーツ分野は，ユーザー・イノベーションの割合が高いことが明らかにされている。たとえば，スノーボード，スケートボード，そしてウインドサーフィンの開発では，常にユーザーがイノベーションの担い手として機能してきたという。加えて，ある調査によると，アウトドア製品の9.8％，過激なスポーツ用品の37.8％，そしてマウンテンバイク製品の19.2％がユーザー発のイノベーションであるという結果も，すでに公表されている。

　フォン・ヒッペル（2005）はまた，すべてのユーザーがイノベーションを起こすのではなく，ある種の特定のユーザーから生み出される傾向が強いと指摘し，このような特定ユーザーをリード・ユーザー（Lead User）と命名している。リード・ユーザーとは，特別なニーズを抱えた利用者であり，重要な市場動向の最先端に位置しており，将来的に一般ユーザーが直面するニーズに現在直面しているなど，自分のニーズに対する解決策を獲得することで高い効用を期待できるイノベーションを起こすユーザーと言える。このため，最近では，メーカー側が先端的なユーザーを探し出し，彼らのニーズを参考にイノベーションの開発を行う「リード・ユーザー法」という考え方も提唱されている。

6-1-3　コ・クリエーション（価値共創）

　生産と消費の統合化に関する戦略論として，「価値共創」とも訳されるコ・クリエーション（Co-Creation）について触れてみよう。ミシガン大学ビジネス・スクールのC.K.プラハラッド（C.K. Prahalad）とベンカト・ラマスワミ（Venkat Ramaswamy）は，2004年，新しい企業間競争のあり方として，企業が消費者と一緒にユニークな価値を共創する新しい戦略アプローチを提示している。それによると，伝統的な戦略論とは，企業のみが価値を生み出し，それを利用するのが消費者であるというアプローチに立脚してきた。ところが，国際化，テクノロジーの進歩，デジタル化，規制緩和など，企業間競争を取り巻く環境の変化から，従来までの消費者に対する認識や企業との関わり方，交流の仕方にこれまでとは異なるアプローチが必要になってきた。それは，企業と消費者による共創経験を通じた「価値共創」であり，これが未来の戦略論の基軸となり得る可能性が高いとするものである。

　プラハラッドとラマスワミは，これからの企業と消費者との関係について，次のように言及している。従来の消費者とは，企業の提供する製品やサービスを一方的に獲得する受け手としての存在に過ぎないものであった。消費者とは，その名の通り「消費」するだけの存在であり，企業から見ると，売る相手，取引の対象そして社外の存在であった。ところが，これからの企業と消費者の関係は，消費者が企業のコミュニティに参加したり，企業のコンピタンス・ネットワークの一部または源泉として，独自の価値を共創するパートナーの役割を果たすべきだと主張している。なぜなら，消費者とは，価値を交換する場である「市場」において，企業と価値獲得を巡って互いに競合する相手である一方で，協働する場を意味する「フォーラム」において，企業と価値経験を共にする貴重な貢献者だからである。

　このような考え方は，企業を対象とする戦略論に消費者を対象とするマーケティング論を組み入れ，これらの融合を図る新しいアプローチであるといえる。そこでは，消費者を競争相手と捉えると共に，協働するパートナーであると認識しながら，企業と消費者による「価値共創」を図るその重要性が主張さ

れている。

6-1-4　メイカームーブメント

　ここまで，生産と消費の統合について，「未来予測」，「イノベーション」そして「戦略論」の立場から，それぞれの代表的な主張を取り上げてきたが，最後に，「デジタル技術の進歩」という新しい切り口からのアプローチについて紹介する。「ロングテール」，「フリー」など新しいビジネスの切り口を提唱し，雑誌『WIRED』の元編集長で現在は「3D Robotics」の創業者であるクリス・アンダーソン（Chris Anderson）は，2012年，『メイカーズ：新しい産業革命』を出版し，世界に大きな衝撃を与えた。それは，モノづくりが大企業の手から個人の手に移ること，そして，個人が製作した製品やアイデアがオンライン・コミュニティによって共有されるというメイカームーブメント（Maker Movement）を謳ったことである[86]。

　アンダーソンは，人間は誰もが生まれながらのメイカーズ，すなわち，「作り手」だという。たとえば，子供は積み木やレゴブロックを夢中で組み立てる作り手であり，主婦は，台所で料理を作るキッチン・メイカー，庭いじりを趣味にする人は，ガーデン・メイカーである。そして，こうした個人による創作活動は，DIY（Do it Yourself）と呼ばれ，これまでは基本的に自宅にて作業するものであった。

　一方，伝統的な大量生産は，技術や設備そして投資が必要であるため，大企業や巨大工場そして熟練工によってこれまで独占されてきた。これに対し，斬新なアイデアを持つ個人は，自己が所有する能力や資源の脆弱性から，アイデアを実現するためには，必然的に大企業や巨大工場などへ依存せざるを得なかった。ところが，モノづくりがデジタルとウェブの世界になってから事態は

86　2005年，マサチューセッツ工科大学教授でMITビッツ＆アトムセンター所長のNeil Gershenfeldは，大企業によるモノ作りから，個人によるモノづくり（Personal Fabrication）の時代が到来することをいち早く予見し提唱している。詳しくは，Gershenfeld（2005）を参照のこと。

大きく変化した。それは，3Dプリンターのようなデジタル工作機械を利用すれば，大企業や巨大工場に頼ることなく，個人のアイデアを個人で製品化できるようになったことである。すなわち，メイカームーブメントとは，資金や専門的な工場がなくても，あるいは熟練された職人が不在でも，アイデアと才覚によって誰でも製造業を起こせることを意味する。そして，21世紀のモノづくりとは，大企業や巨大工場から生み出されるものではなく，ユニークなアイデアと才覚あふれた個人の手によって創造される世界が現実のものになりつつあると主張している。

　このようにメイカームーブメントの核心とは，デジタルとウェブの時代になった現在，1人ひとりの作り手の創作活動がオンラインで結ばれ，外部の仲間と共有され，共創が促されることである。つまり，自宅または工房でデスクトップ型のデジタル工作機械を使い，モノをデザインして試作する。そして，試作品をオープンなプラットフォーム（クラウド）を活用してオンライン・コミュニティで仲間と共有する。すると，仲間やサポーターと一緒に共創活動が働き始め，より画期的なイノベーションが生み出される。このような一連のシナリオこそが，メイカームーブメントの本質である。

6-2　3Dプリンターとは何か

6-2-1　3Dプリンターの登場

　近年，3Dプリンター市場の拡大が有望視されている。「マッキンゼー2025レポート」によると，3Dプリント関連市場は20兆円〜60兆円と見積もられている。また，インドと米国を拠点とする市場調査およびコンサルティング会社であるグランド・ビュー・リサーチ（Grand View Research）によると，2030年の世界の3Dプリンティング市場は，2022年比で4.5倍の761.7億米ドル（約10兆円）規模に達すると予想している。

　それでは，3Dプリンターを代表するデジタル製造技術は，どう評価されているのだろうか。結論から言うと，極めて高い評価が下されている。たとえ

ば，英国エコノミスト誌は「第3次産業革命」と位置づける一方で，マサチューセッツ工科大学のニール・ガーシェンフェルド（Neil Gershenfeld）は「デジタル・ファブリケーション革命」，慶應義塾大学の田中浩介は「デジタル革命3.0」，そして「機械との競争」の著者であるマサチューセッツ工科大学のエリック・ブリニョルフソン（Erik Brynjolfsson）とアンドリュー・マカフィー（Andrew McAfee）は，近著において「第二機械世代」というタイトルをつけるなど，その取扱い方は，どれも過去の産業革命に匹敵するか，それを上回るような画期的技術として掻き立てている。

　ところが，3Dプリンターは，世の中に突如として登場したものではない。それは，今から40年以上前に開発されたものであり，突然空から降ってきたような技術ではない。3Dプリンターは，日本では，80年代「光造形」，90年代には「積層造形」と呼ばれ，これに対し，米国や欧州では，長い間，RP（Rapid Prototyping）と呼ばれてきた。そして，今日では，これらの名称を統一する動きが巻き起こり，付加製造（Additive Manufacturing），3Dプリンターという用語で名称の統一化が進んでいる[87]。

　次に，3Dプリンターの市場占有率について触れてみよう。3次元造形装置に関するコンサルティングを行う米国ウォーラーズ・アソシエイト社が発表した報告書によると，世界の3Dプリンター累積出荷台数は，米国が71.2％を独占している[88]。これに対し，日本の累積出荷台数シェアは，わずか3.3％のシェアに止まり，苦戦を余儀なくされている[89]。また，かなりデータは古いものの，2013年，3Dプリンターメーカーの世界市場シェアは，米国のStratasys社が54.6％，米国の3D Systems社が18％と，これら2強が世界の7割以上を独占している[90]。

　世界の3Dプリンター市場は，今や米国や米国企業が支配的地位を築いてい

87　Jeroen, Jong and Bruijn（2013）。
88　1988年～2012年累計の3Dプリンター出荷台数シェア。
89　Wohlers Report（2013）。
90　Wohlers Report（2014）。

るが，3次元CADデータをもとにレーザー光をあて，液状の樹脂を加工する光造形の原理を世界で最初に思いついた人物は，皮肉にも日本人であった。当時，名古屋市工業研究所の職員であった小玉秀男は，1980年，世界で初めて光造形法のアイデアを生み出し，その翌年には，研究成果を論文として取りまとめ，国内外の学会誌へ投稿した[91]。そして，1980年，光造形法に関する基本特許をいち早く出願したが，残念ながら，世間からの反響や実用化に関心を抱く企業はなかった。このため，出願した基本特許の審査請求を行わなかった。他方，米国では，1982年，チャック・ハル（Charles W. Hull）が光造形システムの概念に関する基本特許の申請を行った。そして，1986年，基本特許を取得した後，3D Systems社を設立し，翌1987年には，世界初の市販用光造形マシンを発表した。こうした経緯から，3Dプリンターの開発は，米国側へ主導権が移ったと言われている。

　その後，3Dプリンターの動向は，今日までどう推移しているのだろうか。2009年，米国のStratasys社が保有するFDM（Fused Deposition Modeling）方式，同じく3D Systems社が持つ光造形方式に関する基本特許が満了を迎えると，特にベンチャー企業が3Dプリンターの開発に相次いで乗り出した。その結果，クリエイターや個人向け低価格機の開発が進む一方，一般消費者を対象に知名度が高まり，普及スピードが加速化した。また，特許が切れて競争優位性が脆弱となったStratasys社と3D Systems社は，2009年以降，今日まで積極的な企業買収を繰り返し，競争力の強化に努めている。2012年，ロングテールやフリーミアムのような新しいビジネスの概念を提唱して話題を呼んだ米国のクリス・アンダーソン（Chris Anderson）が『Makers』を執筆すると，世界中で瞬く間に3Dプリンターブームが巻き起こった。同年8月，米国では，積層造形技術の研究開発拠点として，国家付加製造イノベーション研究所（National Additive Manufacturing Innovation Institute：NAMII）が設立された。また，翌2013年5月，米国のバラク・オバマ大統領は，「米国国際競争力

91　小玉（1981），Kodama（1981）。

強化政策」のなかで，国防総省が所轄する「デジタル・マニュファクチャリング＆デザイン・イノベーション」，「ライトウェイト＆モダンメタル・マニュファクチャリング」，そしてエネルギー省が所轄する「次世代パワーエレクトロニクス・マニュファクチャリング」など，これら3つの製造イノベーション研究所（Manufacturing Innovation Institute：MII）を新設すると発表し，国家をあげて新しい製造技術の開発に挑む方針を示した。

　一方，日本でも2014年，産官学をあげて3Dプリンターの高度化国家プロジェクトがスタートした。これは，技術研究組合次世代3D積層造形技術総合開発機構（Technology Research Association for Future Additive Manufacturing：TRAFAM）の設立であり，その趣旨は，少量多品種で高付加価値の製品・部品の製造に適した世界最高水準の次世代型産業用3Dプリンターおよび超精密三次元造形システムを構築し，新たなモノづくり産業の創出を目指すものである。このように米国や日本では，3Dプリンターや付加製造技術の開発に向けて国家が一丸となって取り組む姿勢が打ち出されているが，現状では，米国が頭ひとつリードしているのが実態だ。

　3Dプリンターの高度化への取り組みは，先進国のみならず，新興国でも打ち出されており，その意味では，米国のみならず世界的な潮流であると言える。米国国家情報会議（National Intelligence Council）が発表した『Global Trends 2030』によると，機械化＝オートメーションの流れとして「ロボット」，「自動運転技術」そして「3Dプリンター」の普及と発展が生産現場の効率を高め，労働人口の減少をカバーし，生産活動のグローバル移転を抑止する効果があり，先進国だけでなく，発展途上国にも大きな恩恵をもたらすと指摘している。3Dプリンターの台頭は，従来の製造技術や産業システムを一変させる強い潜在能力を秘めているのは明らかである。

6-2-2　3Dプリンターを巡る見解

　3Dプリンターは，「何でも生み出す錬金術師の夢」のように描いている論者は少なくない。たとえば，2012年，マサチューセッツ工科大学のニール・ガー

シェンフェルド（Neil Gershenfeld）は，ほとんど何でも作る方法（How to Make Almost Anything）という講座の開講を通じて，大型汎用コンピュータがパーソナル・パソコンへ移り変わったように，モノづくりに必要な工作機械もまた，3Dプリンターのようなパーソナル・ファブリケーションへ移り変わることで，個人によるモノづくりの時代が到来するだろうと主張している。また，『メイカーズ』の著者であるアンダーソン（2012）は，3Dプリンターの未来について，極めて壮大だと論じている。なぜなら，バイオ・プリンティングのように費用をかけずして，複雑さと品質の高さを実現できるからであり，いつかは究極の「なんでもできる製造装置」に進化してゆくだろうと大きな可能性を秘めていることを予見している。

　ところが，3Dプリンティングについては，その有効性は認めつつも，まだまだ超えなくてはならないいくつものハードルが存在するという見方が大勢を占めるようだ。そこで，3Dプリンターの是非を巡る代表的な見解をいくつかあげてみよう。

　バージニア大学ダーデン・ビジネススクールのティム・ラセター（Tim Laseter）とジェレミー・ハッチソン・クルパット（Jeremy Hutchison-Krupat）は，2013年，3Dプリンターの未来について，貧富の格差や経済的の格差そしてコミュニケーションの格差を意味するデジタルデバイドの架け橋となって製造業に新しいチャンスを開くだろうと述べる一方で，従来技術もまた，大量生産という形で規模の経済を提供し続けるだろうと予測している。

　コーネル大学のホッド・リプソン（Hod Lipson）とテクノロジーライターのメルバ・カーマン（Melba Kurman）は，2013年，3Dプリンティングについて，現実世界を思いのままにしてくれるおとぎ話に出てくる「魔法の杖」だと期待を寄せている。人々は，ほしいものを，ほしいときに，ほしい場所で作ることができる。しかしながら，問題はそれを使う側である。たとえば，3Dプリンターの利用は，大量のゴミを生み出し，環境問題を引き起こす可能性がある。商標権，著作権，特許権等の知的所有権の問題や消費者の安全性という問題も深刻である。さらに武器，偽造通貨，薬物，粗悪品など大きな違法行為

につながる危険性もあると苦言を呈している。

　ニコラデザイン・アンド・テクノロジーの水野（2013）は，3Dプリンターの利点として，①造形のスピード，②造形に伴うスキルがほとんど必要ない，③3Dデータさえ作成できればそれ以上の指示が必要ない，④ほとんど全自動で造形が完了する，⑤造形できる形状の制限が少ないことをあげているが，その一方で，現時点において3Dプリンターによる工業製品は，試作品の開発が中心であり，最終製品や最終製品のパーツとしては使えないと分析している。

　2013年，ノッティンガム大学ビジネス・スクールのクリストファー・バーナット（Christopher Barnatt）は，3Dプリンター技術を単なるブームのように捉えている人は，大きなミスを犯す可能性が高いと警鐘を鳴らしている。というのも，過去，世の中にテレビが初めて登場した時，また，インターネットやEコマースなどの新技術が登場した時，一時的な流行だと捉えた人々は，革新的な技術の初期の兆候だけを評価してしまい，その潜在的な可能性を見逃してしまうという過ちを犯してしまったからである。つまり，3Dプリンターは，今日，製造全体に占めるわずか20％の小さな技術だとしても，過小評価してはならないのである。その一方で，パーソナル・ファブリケーションとしての3Dプリンターは，次のような懸念材料もまた残されている。それは，デザインや知的所有権の問題，健康被害の問題，安全性の問題，雇用（失業）の問題等であり，その普及と導入に当たっては，これらが引き起こす深刻な影響を忘れてはならないと警告している。

　経済産業省の新ものづくり研究会（2014）によると，3Dプリンターなどの付加製造技術は，今後，精密な工作機械としての発展可能性と個人も含めた幅広い主体のものづくりツールとしての発展可能性の2つの方向性を持っているが，付加製造技術は，決して万能な技術ではなく，使用材料の制約や造形物の強度，大きさ等については，まだまだ限界が多く，しかも量産の段階では，金型等を用いる従来の工法に比べて速度やコストの面で劣後するなど，従来の製造技術の方が優位性を持っている領域もまだ多く残っているため，必ずしも万能ではないと指摘している。

図表6-1　テクノロジーのハイプ・サイクル

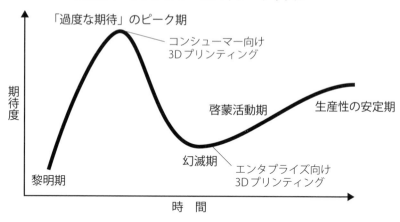

「過度な期待」のピーク期

コンシューマー向け
3Dプリンティング

啓蒙活動期　　生産性の安定期

期待度

幻滅期

エンタプライズ向け
3Dプリンティング

黎明期

時　間

資料）Gartnerの資料をもとに作成

　最後に，IT（情報技術）に関するリサーチ/コンサルティング企業である
ガートナー（Gartner）は，情報通信技術（ICT）市場に影響を及ぼす主要な
テクノロジーを選び出し，その動向を「テクノロジーのハイプ・サイクル」と
命名している[92]（図表6-1）。

　このハイプ・サイクルは，各種のテクノロジーを時間の経過に従い，その期
待度が「黎明期」，「過度な期待のピーク期」，「幻滅期」，「啓蒙活動期」，「生産
性の安定期」という5段階で評価するモデルである。まず，それぞれの時期は，
次のように定義される。「黎明期」は，画期的なテクノロジーの可能性が世間
から注目される時期。「過度な期待のピーク期」は，成功事例と失敗事例が重
なる時期。「幻滅期」は，期待通りの結果が得られず興味が失われる時期。「啓
蒙活動期」は，実例が増えると共に第2世代，第3世代の製品がリリースされ
る時期。「生産性の安定期」は，テクノロジーの主流が決まり，見通しが定ま
る時期である。そして，これら5段階のうち，「エンタープライズ向け3Dプリ

92　ハイプ・サイクル（hype cycle）とは，新技術の登場によって生じる過度の興奮・誇
　　張とそれに続く失望を示した図であり，ガースナーによって開発されたメソッドである。

ンティング」は，もはや幻滅期（Trough of Disillusionment）に該当する技術であるのに対し，「コンシューマ向け3Dプリンティング」もまた，過度な期待のピーク期（Peak of Inflated Expectations）に差し掛かっている。「エンタープライズ向け3Dプリンティング」は，技術レベルが年々上昇してはいるものの，すでに登場から40年近くが経過しており，企業としては，必ずしも目新しい技術ではなくなった。そのため，過度な期待に応えられず，メディア等も話題にすら取り上げなくなってしまった。これに対し，「コンシューマ向け3Dプリンティング」は，現在，世間から注目が集まり，過度の興奮と期待が寄せられるステージを迎えている。しかしながら，「コンシューマ向け3Dプリンティング」もまた，すでに流行の頂点に差し掛かっており，これ以上の成長や期待が望めないと評価されることを忘れてはならないと指摘している。

6-2-3　3Dプリンターの特徴

　続いて，3Dプリンターの特徴について触れてみよう。3Dプリンター（3 Dimensional Printer）は，金型や工具を使用して切削や研削する金属加工，樹脂を変形させる塑性加工のような伝統的な工法とは異なり，材料を何層にも積み重ねるやり方であり，「積層加工技術」または「付加製造技術」とも呼ばれている。図表6-2は，従来の切削加工機と3Dプリンターを対比した表である。
　第1に，3Dプリンターは，付加製造技術（Additive Manufacturing）とも呼ばれている。これは「足し算方式」または「加算式」と呼ばれ，樹脂や粉末の金属をレーザーで焼結し積層する工法である。すなわち，樹脂や金属の粉末溶液を積み重ねて造形する方法であり，これにより，従来，作ることが出来なかった複雑な内部構造を持つ立体物まで容易に製作できるようになった。一方，切削加工マシンは，除去製造技術（Subtractive Manufacturing）と呼ばれている。これは「引き算方式」あるいは「減算式」と言われ，金属等の素材を刃物で切削する工法である。具体的に説明すると，従来の製作方法とは，切削加工機を使い設計情報から型を作り，塑性加工（鍛造，金属プレス，圧延加工など変形加工）を通じて，型から製品を作るやり方であった。つまり，設計情

図表6-2　3Dプリンターと切削加工機の比較

	3Dプリンター	切削加工機
加工法	付加製造技術 （加算式）	除去製造技術 （減算式）
素材	樹脂，粉末にした 金属	金属，樹脂，木材， その他など，自由
工具	不要	必要
形状の自由度	高い	低い
加工精度	低い	高い
操作性	容易	難しい

報をまず型に転写し，それから素材へ転写して製品を作るものであった。これに対し，付加製造技術とは，積層造形により直接実物を製作する方法であり，従来のような型を不要とする新しいやり方である。

　第2に，使用する素材として3Dプリンターは，主に樹脂（ABS，PP，PS，PE，PVC，PET等）や金属（鉄，ステンレス，チタン，金，銀等）そして石膏に使用が制限されるのに対し，切削加工機は，金属，樹脂，木材，その他など，素材の自由度が高いという違いがあげられる。

　第3に，3Dプリンターは，レーザーで焼結して積み重ねるやり方なので，工具等は不要なのに対し，切削加工機は，ドリルやカッターのような刃物を用いて削り出すため，工具や数値制御装置（CNC），自動工具交換装置（ATC）等を搭載する必要がある。

　第4に，3Dプリンターは，形状の自由度が高い。そのため，中空形状のような複雑な加工が可能である。また，必要に応じて（On-Demand），その場で（On-Site）加工できるという特徴を持つ。これに対し，切削加工機は，形状の自由度が低いため，中空形状のような複雑な加工はできない。

　第5に，3Dプリンターは，積層ピッチの問題から表面が粗く，仕上がり精度が悪い。つまり，仕上がりにバラツキが生じることである。一方，切削加工機は，加工精度が高く，滑らかな表面仕上げが可能である。

　第6に，3Dプリンターの操作は，比較的容易だが，切削加工機の場合，あ

る程度の経験や熟練が伴うため，難しいという違いがある。

　他にも，3Dプリンターの特徴には，次のようなものがあげられる。第1に，短時間，低コストで造形ができる。つまり，3D-CAD（3D-Computer Aided Design），スキャナーから設計した3次元データを直接，装置へ送信して立体の構造物を作成するため，短納期，低コストになる。第2に，製造コストが一定なので少量生産が成り立つ。第3に，その手軽さから武器や兵器の製作が可能であり，悪用されるリスクが伴う。第4に，コピーすることもまた容易である。第5に，付加加工と除去加工は，それぞれ得意とする加工分野に違いがあるため，近年では，積層加工と切削加工という2つの加工方法をハイブリッド化した新しい工法のマシンが登場してきている。たとえば，大手工作機械メーカーのヤマザキマザック，DMG森精機そして総合家電メーカーのパナソニック等では，両方の利点を生かすため，3Dプリンターを搭載したハイブリッド工作機械を相次いで開発し，注目を集めたのは記憶に新しい。

　最後に，伝統的な生産方式と3Dプリンティングによる生産方式を比較すると，従来の大量生産は，規模の経済が作用して初めて効果を発揮するのに対し，3Dプリンターを使った生産では，それが効果を発揮しないことがあげられる。図表6-3は，伝統的な生産方式と3Dプリンティングによる生産方式の違いを表したものである。

　従来の生産方式では，累積生産量が増えると，単位当たりの製造コストが20〜30％低下する経験則が確認されている。これは，「累積曲線」または「経験曲線」と呼ばれ，自動車や家電など反復作業と標準化が機能する大量生産型の企業に与えられた競争優位性と認識されている。これに対し，3Dプリンターによる生産方式は，図表6-3のとおり，1個作ろうが，1,000個作ろうが単位当たりの製造コストは変わらず，このため，規模の経済は発揮されない。つまり，3Dプリンティングとは，大量生産によってコストダウンを図るやり方ではなく，図表左下の少量生産における個別化，カスタム化に力を発揮するやり方である。このため，大ロットの生産では，いまだに伝統的なやり方に分があり，小ロットの生産の場合は，3Dプリンターの方が優れている。

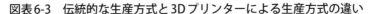

図表6-3　伝統的な生産方式と3Dプリンターによる生産方式の違い

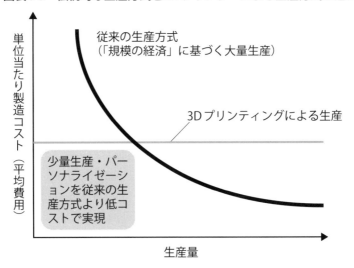

出所）総務省「グローバルICT産業の構造変化及び将来展望等に関する調査研究」
（平成27年）

6-2-4　3Dプリンターによる実物の作り方

3Dプリンターを使用した実物の作り方は，図表6-4のとおり，3つのパター
ンに分けられる。第1は，直接実物を作る方法であり，これは「直接デジタル
製造方式」（Direct Digital Manufacturing：DDM）と呼ばれている。従来のや
り方は，素材調達→材料加工→荒加工→荒仕上げ→最終加工のように複数の加
工プロセスと加工マシンが必要であった。これに対し，3Dプリンターを使用
するやり方は，素材を調達したらすぐに，最終加工に入るため，加工プロセス
の大幅な短縮と複数の加工マシンを不要にできる。

第2は，3Dプリンターによってまず金型を作り，その型から塑性加工を加
えて実物を作る方法である。切削加工では，造形できない複雑な型でも3Dプ
リンターを使用すれば，難なく造形できる点が魅力とされている。

第3は，3Dプリンターでプロダクト・デザイン（コンセプト・モデル）や
試作品（プロト・タイプ）を作り，それを型へ転写して実物を造形するやり方

図表6-4　3Dプリンターを使用した実物の作り方

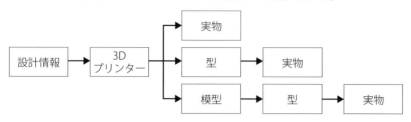

資料)「製造装置3Dプリンターの実力」『日経ものづくり』2014年6月号を参考に作成

であり，特に，医療分野では，バイオ・プリンティング技術として活用が進んでいる。たとえば，歯科学教育用の模型歯は，これまで熟練技能者が手作業で作っていたが，現在では，3Dデータで設計した情報を3Dプリンターに流して原型を造形し，それから型を作り，実物を完成させるやり方を用いている。これにより，コピーを作るのが容易となるのみならず，細かな造形の精度もまた向上したとされている[93]。

　次に，3Dプリンターの代表的な造形法を時代別に整理しながら説明しよう。1980年代に開発された光造形法（Stereo Lithography：STL）は，最も古い3Dプリンター技術である。1987年，米国の3D Systems Corpが「SLA 1」として商品化したのが起源とされる。また，日本でも1990年，インクス（現ソライズ）が創業し，3D Systems社の光造形システムを導入して試作ビジネスを開始した[94]。光造形法は，光硬化性樹脂にレーザーを当てて硬化・積層する手法であり，別名，ラピッドプロトタイピング（Rapid Prototyping）と呼ばれる造形法である。これは，細かな造形に適している反面，長期間保存が困難

---

[93]　ダートマス大学タッグ・スクールのD'Aveni（2015）は，企業が3Dプリンティング技術を導入する場合，3つのアプローチがあると論じている。1つは，贅沢なハイエンド製品から着手するトリクルダウン（Trickle Down）である。2つ目は，付加製造へ切り換え可能なコンポーネントから着手し，その後，広げていくやり方を意味するスワップアウト（Swap Out）である。3つ目は，3Dプリンターの足掛かりとして，複数の製品に共通するコンポーネントから着手するカットアクロス（Cut Across）である。

[94]　山田（2003）。

である欠点を併せ持つ。

1990年代に開発された粉末焼結法（Selective Laser Sintering：SLS）は，敷き詰められた粉末上の材料にレーザーを当てて焼結させ積層する手法である。1987年，テキサス大学オースチン校の教授であるジョゼフ・ビーマン（Joseph J. Beaman）らがSLS装置を製造・販売するため，DTM社を設立したのが起源とされる。チタン，ナイロン，ステンレス，セラミックなど強度が大きい材料を使用できるため，医療や歯科の分野への導入が期待できる一方で，光造形に比べると細かな造形，機械装置の大型化，高価格となるという欠点が存在する。

同じく，1990年代に開発された押出法（Fused Deposition Modeling：FDM）は，「熱溶解積層法」とも呼ばれ，米国のStratasys社が1980年代後半に特許を取得し，1990年に実用化したのが起源とされている。押出法は，熱可塑性樹脂を高温で溶かし，ノズルから押し出して積層する手法である。構造がシンプルなので低価格，ABS樹脂を使用できるため強度があり，耐熱性に優れた造形物が作れる反面，積層段差が目立つという欠点を併せ持つ。

同じく，1990年代に開発されたシート積層法（Sheet Lamination）は，薄膜積層法（Laminated Object Manufacturing：LOM）とも呼ばれ，PVC（ポリ塩化ビニール）材質をシート状にした材料を成形し，これを接着して積層する手法である。精度の高い大きな造形物が作れる反面，材料のロスが大きいことが欠点とされている。

2000年代に開発されたインクジェット法（Ink Jet）は，液体状の光硬化性樹脂（紫外線に反応して硬化する樹脂）をノズルから吹きかけ，紫外線を照射して硬化・積層する手法である。その特徴は，細かな造形と滑らかな仕上げが可能である反面，欠点としては，長期間の保存は難しい点があげられる[95]。

95　ここで取り上げた以外にも，造形法は存在する。たとえば，2000年代に開発された粉末固着法は，「石膏積層法」とも呼ばれている。これは，石膏を使用した粉末状の材料を敷き詰め，バインダ（接着剤）を吹きかけて固着し，積層する手法である。材料コストが安いためランニングコストが低く，造形スピードが非常に速い反面，石膏を用いるため，造形物がとても脆く壊れやすい。

図表6-5　3Dプリンターの性能別違い

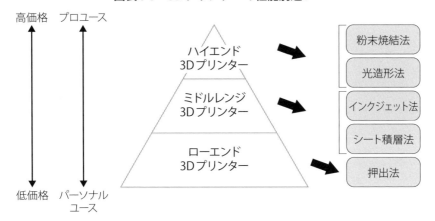

最後に，ここで取り上げた5つの3Dプリンターの性能別違いは，大きく3つのタイプに分けられる（図表6-5）。

3Dプリンターは，プロユース（専門家向け・業務向け）の高価格機からパーソナルユース（個人向け）の低価格機まで幅広く存在するが，まず，「ハイエンド（高機能）3Dプリンター」は，約2,000万円から1億円までの高価格帯に属し，ほとんどがプロユース用である。また，その主な用途先としては，金型，金属部品，試作品そして人工骨のような医療品の製作で利用されている。そして，同タイプに該当する造形法には，「粉末焼結法」と「光造形法」があげられる。

「ミドルレンジ（中機能）3Dプリンター」は，おおよそ10万円から1,000万円という広い中価格帯に位置し，プロとアマ両方向けがある。その主な用途は，試作モデルやデザインモデルの開発があげられる。このタイプの造形法には，「インクジェット法」と「シート積層法」が該当する。

「ローエンド（低機能）3Dプリンター」は，10万円以下の低価格帯に属し，ほとんどが個人向けである。その主な用途では，玩具や趣味品そして日曜大工品がこれに該当する。このタイプの造形法は，「押出法」があげられる。

6-2-5　日本における3Dプリンターの意義

　3Dプリンターは，従来の金型や鋳物など素形材技術を一変させるものである。加えて，3Dプリンターが持つ潜在能力や革新性を100％以上使いこなすためには，長年，培った高度なモノづくり技術の蓄積が何よりも不可欠とされ，その意味では，日本は卓越した技術蓄積とスキルワーカーが存在するため，3Dプリンターの活用を通じて，さらなる競争優位性の構築が可能だと考えられる。

　たとえば，自動車向け鋳造品の試作メーカーであるコイワイは，独自の積層砂型工法を開発し，一躍，世界で注目を集めるようになった[96]。というのも，これまで1ヶ月ほど時間を費やした試作品の開発期間をなんと3日ほどに短縮してしまったからである。通常，砂型の製作には，製図と呼ばれる顧客の立案図から木型の図面を作成し，職人が木どり，加工，組み立て，仕上げまでを手掛けて木型を起こす。その後，その木型を砂につめて形状を写し取って砂型が製作され，最後に，鋳造によって試作品は完成となる。製図から木型製作，砂型製作まで，職人の手作業による従来の工法では，どんなにがんばっても約1ヶ月の製作期間を必要とした。ところが，3次元CADでデータを作成し，それを3Dプリンターへ直接，情報として取り入れ，砂と樹脂を混ぜた厚さ0.2mm程度の砂の層にレーザーを照射させることで，その部分の樹脂が溶けて砂が固まる工程を何度も繰り返す積層砂型工法を導入すれば，最短3日程度で砂型製作を終えられ，時間とコストの両方を大幅に削減できるのである。コイワイが3Dプリンターの潜在能力を十二分に使いこなせる訳は，多湿な日本では砂が水分を含みやすく，このため，乾燥や混合などによって砂の密度や強度を安定させる温度調整法に関する知識・ノウハウを蓄積してきたからである。このように，3Dプリンターがどんなに優れたマシンだとしても，こうした下地となる知識・ノウハウが不在ならば，高い精度など決して出すことはで

96　コイワイとJAMPTは，JAXAが開発した日本初の月面着陸実証機（SLIM）の着陸脚を3日でプリント技術で開発し，2024年1月に月面着陸の成功に貢献した。

きないのである[97]。

6-3　デジタル・ファブリケーションのインパクト

　3Dプリンターに関する最後の記述として，デジタル・ファブリケーションについて触れてみよう。デジタル・ファブリケーション（Degital Fabrication）とは，3Dプリンター，レーザーカッター，ミリングマシン，3Dスキャナーのようなデジタル・ファブリケータ（デジタル工作機械）を使ったモノづくりを意味する。具体的に言うと，デジタル・データ（情報）からフィジカル（物質）へ，フィジカルからデジタル・データへ，自由に相互変換するための技術である[98]。図表6-6のとおり，3D CADでデジタル・データを作り，それを3Dプリンターに送って直接，フィジカルを作り出すこと，逆に3Dスキャナーを使ってフィジカルな造形物を測定してデジタル・データに変換するという双方向な取り組みを可能にする技術である。

　このようなデジタル・ファブリケーションによってもたらされる最大のインパクトは，「モノづくりの民主化」と「マス・カスタマイゼーション」である。まず，「モノづくりの民主化」とは，パーソナル・ファブリケーション（個人製造）を意味する。つまり，モノづくりという作業や行為が工場のものから，個人や少数の集団のものへと広がることである。マサチューセッツ工科大のニール・ガーシェンフェルド（Neil Gershenfeld）は，2005年，パーソナル・ファブリケーションとは，アトム（物質）とビット（デジタル）の境界がなくなり融合すると，製品仕様書をダウンロードして材料を3Dプリンターへ入れるだけで，個人で何でも作れてしまう世界であると説明している。また，前述のクリス・アンダーソンは個人のアイデアを大企業が具体化し，自社の巨大な工場で大量生産して数々の顧客へ提供するこれまでのやり方ではなく，ファ

97　日経産業新聞「スマートファクトリー（1）匠の技術，3Dと融合」2013年8月23日。
98　田中（2014）。

図表6-6　デジタル・ファブリケーション

デジタル・データ
（情報）

フィジカル
（造形物）

ブ・ラボ（Fab Lab）やメイカーズ（Makers）と呼ばれる自宅のガレージや市民工房で自分のほしいものを自分の手で作り出す産業革命前の家内工業の時代へ回帰すべきであると主張している。TIRコンサルティング・グループ代表のジェレミー・リフキン（Jeremy Rifkin）は，2014年，3Dプリンティングは，人手による製造を表す「マニュファクチャリング（Manufacturing）」ではない。なぜなら，これは，人手を伴わない作業だからである。つまり，3Dプリンティングとは，人手ではなく，情報による作業とも言え，したがって，情報による製造を意味する「インフォファクチャリング（Information+Manufacturing）」と呼べるものだと指摘している。ファブ社会の展望に関する検討会（2014）は，報告書の中で大型の計算機が「メインフレーム」→「ミニコンピュータ」→「パーソナルコンピュータ」の順に個人化したと同様に，工作機械もまた，「工場」→「工房」→「パーソナル・ファブリケータ」のように進化を遂げ，個人化することを明らかにしている。このようにモノづくりの民主化，パーソナル・ファブリケーションとは，自分がほしいものを自分でその場で生み出す行為であり，その意味では，自分でギターやピアノを演奏することや趣味で絵画を描くことと同様，自己表現のひとつのやり方であると考えてもよい。

　もうひとつのインパクトは，マス・カスタマイゼーションである。「マス・カスタマイゼーション（Mass Customization）」は，「個別最適生産」とも呼ばれ，その意味は，1人ひとりの個別ニーズを最適化した製品を低コストとスピードでもって大量生産することである。周知のとおり，生産方式とは，まず，注文が入ってから生産に取り掛かるやり方からスタートした。その後，ひとつの品物を大量に生産する「単品大量生産」へ移行した。たとえば，Ford

社によるＴ型フォードの大量生産がこれに該当する。それから，何種類もの製品を少しずつ生産する「多品種少量生産」へと変化した。たとえば，ソニーを含む日本企業が，機能や種類を多様化しバリエーションを増やしていった事例があげられる。そして，次に登場したやり方は，「少品種大量生産」であった。これは，ハードウエアの部分はシンプルに絞り込んで，ソフトウエアの部分で魅力を高めるやり方である。たとえば，Appleの製品は，バリエーションを絞り込み，自社工場を持たず，その代わりに海外のEMSを活用して大量生産する一方，ソフトウエアに関しては，多彩なアプリケーションを準備して魅力を高めるやり方を採用している。このように，従来までの生産方式は，「受注生産」→「単品大量生産」→「多品種少量生産」→「少品種大量生産」という変遷を辿ってきた。しかし，これからはデジタル・ファブリケーションの進歩により，「個別最適生産」，すなわち「マス・カスタマイゼーション」の方向へ進展する公算が高いと言えるだろう。

コラム
3Dプリンターは普及するのか？

　2012年，『メイカームーブメント』が出版され，世界中で3Dプリンターブームが巻き起こってから10年以上が経過した現在，ブームは終息してしまったと言われている。しかし，そうした見方は間違いであり，むしろ，従来とは異なる活用分野が生み出され，その実用化も進んでいるのが現状のようだ。但し，3Dプリンターの活用が加速している欧米と比べ，厳しい法規制などから日本における普及は遅れており，今後は，官民を挙げて3Dプリンターの国産化と利活用の拡大を進めていくことが必要とされている。たとえば，3Dプリンターを普及させるには，中学生レベルから3Dプリンターの活用を授業で扱うなどを通じて3Dプリンターを使う文化を地道に育成することが重要となる。また，日本の社会構造を揺るがす問題の中で，モノづくりを担う職人や熟練工そして建築現場の作業者の減少に対し，3Dプリン

ターの積極的な活用は，有効な解決策として数えられる[99]。

　それでは，現在の3Dプリンターのユニークな活用事例を紹介しよう。10年前は，アニメやおもちゃのフィギュア（人形）や試作向けに限定されていた3Dプリンターの主な用途は，現在，金型の製作から航空宇宙，医療，建設，住宅など様々な最終製品の分野まで広がりを見せている。たとえば，米国の宇宙ベンチャー企業では，エンジンやタンクなどロケットの主要部品の約80％を3Dプリンターで造形することで，製造期間の短縮，部品点数の削減，製造コストの削減を可能にしている[100]。また，バイオ3Dプリンターを使い，ケガや病気を治療する取り組みも国内外の大学や研究所で取り組まれている[101]。

　一方，現在，世界的に注目されている3Dプリンターの活用先として，セメント系の材料を使用し，積層造形によって建築物，土木構造物，外構を作り出してしまう「建設3Dプリンター」があげられる。たとえば，産業用のアーム型ロボットや門型3Dプリンターを使い，低価格な小型住宅，外構そして埋設型枠を印刷する取り組みが進んでいる。米国では，大型のプリンターによって住宅街を印刷するプロジェクトが実施されている[102]。また，日本では，スタートアップやコンクリート企業が24時間で建てられる低価格なプリンター住宅を展開し，特に所得が少なく持ち家に悩んでいる高齢者から人気があるという。

　最後に，3Dプリンターの新たな活用先として軍事技術への応用化が期待されている点は見逃せない。3Dプリンターは，低コストで複雑な形状物を作成でき，しかも必要な時に必要な数だけ部品をその場で製作し調達できる

99　日経ものづくり「競争力強化に必須 日本に3Dプリンターを」March，2023年，pp.5-8。

100　日経ものづくり「ほぼ3Dプリンター製ロケット 米宇宙ベンチャーが打ち上げ」June，2023年，pp.22-23。

101　日本経済新聞「3Dプリンター，体を再生京大，傷ついた指の神経治療 気道・心臓の一部も視野」2023年6月23日。

102　日経アーキテクチャ「建設3Dプリンターは普及する?」1-12，2023年，pp.28-29。

ため，すでに米国の海軍では，演習参加中の艦上で金属3Dプリンターを使用して各種部品を作成する試験・評価を実施しているという[103]。

103　防衛省『防衛白書』令和5年版。

第7章
IoT

7-1　IoTとは何か

　IoT（Internet of Things）の概念は，1991年，米ゼロックス社パロアルト研究所のマーク・ワイザー（Mark Weiser）によって提唱されたユビキタス・コンピューティング（Ubiquitous Computing）が起源だと言われている[104]。また，IoTという言葉は，1999年，マサチューセッツ工科大学Auto-IDセンターの共同創設者でRFID（Radio Frequency Identification）[105]やセンサーの国際標準を推進したケビン・アシュトン（Kevin Ashton）が初めて使った用語だと理解されている。IoTは，「モノのインターネット」と訳されるが，その意味や内容については，多様な定義がなされている。たとえば，「あらゆるモノをインターネットでつなげ，価値を創造するしくみ」，「モノ，ヒト，サービスのすべてを包括したインターネット化による価値創造[106]」，「あらゆるモノやコトの情報を，インターネットを介して収集・活用し，新たな価値を創出する[107]」などである。また，米国のシスコシステム社では，IoTよりさらに進んだしくみをIoE（Internet of Everything）と命名し，「ヒト・モノ・データ・プロセスを結び付け，これまで以上に密接で価値あるつながりを生みだすもの」と定義している[108]。

　このようにIoTについては，様々な定義がなされているが，どれも抽象的で漠然としたものが多く，その実態は理解しづらい。そこで，本書では，IoTを図表7-1のように捉える。

104　ユビキタスの意味は，「いたるところに，いつでもどこでも」と訳される。
105　微小な無線ICチップを使いモノや人物を識別・管理するしくみのこと。
106　みずほ情報総研・みずほ銀行（2015）。
107　山辺・北川・田中（2015）。
108　Cisco Systems社のHP及びシスコシステムズ合同会社IoTインキュベーションラボ（2013）。

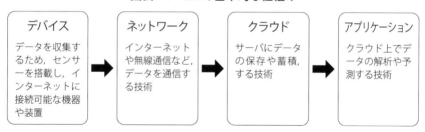

図表7-1 IoTの基本的な仕組み

IoTの基本的な仕組みは，大きく4つの段階から構成されている。第1段階の「デバイス」は，温度，湿度，光，音，圧力など各種センサーが組み込まれたスマートフォン，スマートウォッチ，ドローンそして知能ロボット等のインターネットに接続可能な機器または装置を指す「デバイス」がデータを収集する。第2段階の「ネットワーク」では，センサーやデバイスが集めた膨大なデータをインターネットやWi-Fi等の無線通信を経由して，クラウドへ送信する。第3段階の「クラウド」では，データの保存，記録，そして蓄積が行われる。クラウドは，「クラウド・コンピューティング」の略であり，クラウド事業者のサーバを借りてファイルを保存することである。たとえば，Gmailなどの Web メールや Amazon Web Services（AWS）がこれに該当する。クラウドサービスは，初期費用の削減やデータ消失のリスクを回避できる一方で，セキュリティやプライバシーに関する懸念という短所も併せ持つ。最後に，第4段階の「アプリケーション」では，クラウド上でたとえばAIを駆使しながらデータの解析や予測をおこない，スマホ，タブレット等のデバイスによって可視化する。アプリケーションとは，IoTデバイス上で作動するソフトウェアである。

　IoTの事例は，数多く存在する。たとえば，工場の稼働状況，鉄道や飛行機の運行状況があげられる。また，カメラやセンサーを搭載したウエラブル機器が利用者の健康情報を集め，ネットワークで記録・分析し，そのデータを再

度，利用者が受け取りチェックするケースもある[109]。ビニールハウスの中にセンサーを取り付け，湿度や温度などを随時計測し，送られてきたデータに合わせて空調や給水をコントロールするスマート農林水産業も見逃せない。そして，ヒトが外出先から遠隔操作で自宅のスマート家電にアクセスしてコントロールするケースもまたIoTの代表的事例である。

7-2 IoTによる価値創造

　IoT，すなわち，「モノのインターネット」に欠かせない背景または要素技術とは何か。それは，今後，インターネットに接続される機器数の爆発的な増大である。たとえば，総務省『令和5年版情報通信白書』によると，世界のIoTデバイス数は，2018年時点で208.7億台であったものが，2021年には292.7億台まで増加し，2024年の予測では世界人口の約5倍の相当する398.6億台まで拡大すると予測している。2022年の324.1億台の内訳として，スマートフォンや通信機器などの「通信」29.3％，スマート工場やスマートシティを意味する「産業用途」28.1％，スマート家電をはじめとする電子機器を指す「コンシューマ」28.0％であり，これらで全体のIoTデバイス全体の8割以上を占める[110]。

　また，世界の通信量は，今後，爆発的に増えることが予測されている点も見逃せない。電子情報技術産業協会（JEITA）によると，世界の通信量は，2028年に3万エクサバイト（Exabyte：EB）[111]を突破し，2030年には10年前の2020年に比べ，15倍に当たる6万エクサバイト近くになると推定されている[112]。そして，複数の光ファイバーを束ねて作られたインターネット通信に使われる海底ケーブルの総延長は，現在，地球30周分以上に相当する約130万

109　最近，これは「身体のインターネット（Internet of Body：IoB）」と呼ばれている。
110　総務省『情報通信白書』令和4年版。
111　エクサバイトとは，100京（1018）倍の単位。
112　日本経済新聞「IoT400億台：不測の事態備え」2022年12月3日。

キロメートルにも達し，今でも毎年，新しい海底ケーブルが増設されているという[113]。

　その一方で，IoTを導入する企業の実態はどうであろうか。独立行政法人情報処理推進機構（IPA）が刊行する『DX白書 2023』によると，IoTを全社または一部で導入している割合（「全社で導入している」「一部の部署で導入している」の合計）は，米国が48.4％，日本が23.3％にとどまる。また，総務省『令和3年版情報通信白書』によると，IoT・AI等のシステム・サービスを導入する企業と導入予定企業の割合は22.4％，それ以外の69.8％の企業はIoTなどを導入していない状況である[114]。『DX白書 2023』によると，「IoTに関する自社の理解が不足している」「人材の確保が難しい」「予算の確保が難しい」などの要因が日本のIoTの導入課題としてあげられている。

　次に，IoTの本質とはいったい何か。それは，主に2つの点をあげることができる。1つは，インターネットというネットワークの進化と考えるアプローチである。ヒトやモノがインターネットでつながると，そこで相乗効果が生じて大きな価値が生み出される。つまり，IoTとは，インターネットを巡る技術の向上そのものとして捉える見方である。もう1つは，インターネットに接続可能なデバイスの進化と考えるアプローチである。これは，ネットワークそのものより膨大な情報を収集する役割を果たす機器側のイノベーションこそがIoTの本質だとするものである。そして，今日，これら2つのアプローチのうち，インターネットの進化ではなく，機器やデバイスの変質と捉えるべきだと主張する論者の意見が大勢を占めている。

　たとえば，ハーバード大学ビジネス・スクールのPorterと米国ソフトウエア会社のPTCのHeppelmann（2014）は，IoTで重要なのは，モノを単にインターネットでつなぐことではなく，モノの本質が接続機能を持つスマート製品（Smart, Connected Products）へ変質し，こうした製品が収集する膨大なデー

113　日本経済新聞「海底ケーブル データ送信網，地球30周分」2023年6月24日。
114　総務省『情報通信白書』令和3年版。

タが新しい競争の時代を告げていることだと指摘している（7-4で詳述）。慶應義塾大学の村井（2015）もまた，IoTの真の意義は，ヒトやモノを単につなげるようなネットワークの形成ではなく，膨大な情報とデータから，社会整備基盤の充実，新しいビジネスモデルの創造，企業の競争戦略の構築等に結び付けるためのデバイスの革新と捉えるべきであると論じている。

　最後に，IoTによる価値創造とは何だろうか。みずほ情報総研・みずほ銀行（2015）は，IoTで得られる価値創造を4つに分類している。第1は，「オペレーション最適化」である。これは，データの分析から，需要予測の精度を高めることで調達・製造・販売・在庫計画の最適化である。また，業務プロセスの自動化・効率化が図られる。さらに，機器や装置の稼働状況の管理等である。第2は，「リスク管理」である。これは，機器や装置の遠隔監視と予防保全である。また，インフラ老朽化に事前検知等があげられる。第3は，「マーケティング戦略の高度化」である。これは，製品・サービスの付加価値向上である。また，顧客接点の強化等があげられる。第4は，「新規事業の創出」である。たとえば，シェアリング・エコノミーのような新しいビジネスモデルや新規事業の創造等である。

7-3　製造業の発展とIoT化

　製造業の産業革命の時代的変遷を遡ると，少なくとも4回の革命を経て，将来的には「第5次産業革命」の段階に突入することが予想される（図表7-2）。

　まず，18世紀後半より前の時代を指す「産業革命以前」は，手作業が中心であった。この時代，職人や工人らは，依頼者からの注文を受けて生産を実施した。また，当時の主要な動力源は，人力や役馬が主に活躍した時代であった。

　18世紀後半から19世紀前半に入ると，事態は一変した。それは，英国の地で産業革命（Industrial Revolution）が起こったことである。ここでは，その出来事を「第1次産業革命」と命名しよう。「第1次産業革命」の時代は，水

図表7-2　産業革命の時代的変遷

区　分	産業革命以前	第1次 産業革命 (インダストリー1.0)	第2次 産業革命 (インダストリー2.0)	第3次 産業革命 (インダストリー3.0)	第4次 産業革命 (インダストリー4.0)	第5次 産業革命 (インダストリー5.0)
時　代	～18世紀後半	18世紀後半 ～19世紀前半	19世紀前半 ～20世紀前半	1970年代	2010年代	2025年以降
台頭国		英　国	米　国	日　本	ドイツ	？
主な内容	手作業 人力・役馬 注文生産	水力・蒸気機関 軽工業 紡績機 機械化 専用機 大量生産	電気・石油の普及 重化学工業 自動化 高度化された専用機 ベルトコンベア方式 標準化 単品種の大量生産	IT・コンピュータの発達 自動制御装置 (PLC, CNC) 高度な自動化 汎用機 TPS（トヨタ生産システム) 多品種生産 ロボティクス	AI・ICT・IoT インターネット デジタル工作機械 3Dプリンター データアナリティクス 接続性 DX 個別最適生産	高度化したAI・ICT・IoT ゲノムの解説と編集 バイオテクノロジー マスカスタマイゼーション

力や蒸気機関のパワーが生み出され，軽工業が発達した。また，モノづくりに関する機械化が一気に進み，数多くの専用機が発明された結果，大量生産が実現された。

　「第2次産業革命」は，19世紀前半から20世紀前半に電気や石油によるパワーが拡大した結果，重化学工業の普及と自動化による大量生産が可能となった。また，専用機が高度化され，ベルトコンベア方式や部品の規格が標準化されたことで互換性という考え方が促進した。そして，「第2次産業革命」の推進国は，英国から米国へ移行した。たとえば，米国のフォード・モーターでは，創立者であるヘンリーフォードが世界で初めてベルトコンベアによるライン作業を導入し，黒一色の「T型フォード」モデルと呼ばれる単品機種の大量生産に成功した。

　「第3次産業革命」は，1970年代に東洋の地，日本で起こった。IT技術やコンピュータ等の電子機器類が発達する一方で，プログラマブル・ロジック・コントローラー（Programmable Logic Controller：PLC）やCNC（Computerized Numerical Control）と呼ばれる自動制御装置が開発され，生産システムの高度な自動化と複合機が開発された。また，消費者ニーズの多様化に伴い，

単品種の大量生産では対応できなくなった。そこで，汎用機を活用した多品種生産が大きく前進したが，多品種生産の課題はコストの上昇であり，これを抑制するため，絶え間のないカイゼンや5S（整理，整頓，清掃，清潔，躾）運動，系列や部品在庫を圧縮して効率化を図るジャスト・イン・タイム（Just in Time：JIT）方式など，いわゆるTPS（トヨタ生産システム）が生み出された。そして，これらの生産性の向上や効率化の取り組みを発案したのは，主にトヨタ自動車であり，日本車の価値を高めるのに重要な功績を残した。

　「第4次産業革命」は，2010年代に起こった「パワー革命」から「知能革命」へのダイナミックなシフトのように表現される。その背景は，まず，AIやICT（Information, Communication and Technology）そしてIoT技術という接続性が飛躍的に進歩した。また，3Dプリンターや3Dスキャナーのようなデジタル工作機械を利用する「デジタル・ファブリケーション」や「パーソナル・ファブリケーション」も本格化した。さらに，要素技術の進化を通じて，より自由度の増したロボティクス技術の進化等も知能革命を推進する重要な原動力となった。「第4次産業革命」のもとでは，個人の嗜好や要求に合わせて手を加えるオーダーメイドのモノづくりが可能となる。これは「マス・カスタマイゼーション」または「パーソナライゼーション」とも呼ばれている。また，インターネット（クラウド）上から必要なソフトウエアやデータを利用するしくみであるクラウド・コンピューティング，ITを活用して現実と仮想（サイバー）の空間を結合するサイバー・フィジカル・システム（Cyber Physical System：CPS）及びモノのインターネット（Internet of Things：IoT）は，個別最適生産を可能にする「第4次産業革命」の主な要因に数えられる。この「第4次産業革命」の取り組みでは，ドイツが世界に先駆けてインダストリー4.0構想を掲げ，政府，産業界，学会が一体となった国家プロジェクトを推進した。

　こうした紆余曲折を経て，現在は「第5次産業革命」または「インダストリー5.0」への移行が指摘されるようになってきた。ChatGPTなど高度化したAI，進化したICT，さらにコネクトされたIoTがこれを牽引する技術とされ，

図表7-3　各国製造業の国際競争力比較

	日　本	米　国	欧　州	中　国
その国が生産する主要品目の総数	825個	576個	497個	474個
世界シェア60%以上の品目数	220個	99個	50個	44個
売上高1兆円以上の品目数	18個	33個	25個	28個

資料）経済産業省・厚生労働省・文部科学省『ものづくり白書』2023年版

ゲノムの解読や編集などバイオテクノロジーの進歩もまた，これを加速させる要因と言われている。

　次に，今日における各国製造業の国際競争力比較について触れてみよう。図表7-3は，世界市場規模と世界シェアのそれぞれのクロスから2020年に日本，米国，欧州そして中国の企業が生産した主要製品を表してまとめたものである。2023年版『ものづくり白書』によると，日本は，その国が生産する主要品目の総数が825個と最多を誇る。また，世界シェア60%以上の品目数も220個と最多であり，その約7割が「エレクトロニクス系」や自動車等の「部素材」が占める。これに対し，売上高1兆円以上の品目数は，18個と最少であり，主な品目は「自動車」と「HV車」があげられる。

　次に，米国は，その国が生産する主要品目の総数が576個と第2位である。世界シェア60%以上の品目数もまた99個と第2位であり，約4割がロジックICやMOS型マイコンなど，エレクトロニクス系の「部素材」が占める。一方，売上高1兆円以上の品目数は33個と最多を誇り，「医療用医薬品」「自動車」「携帯電話」「機体・部品」など複数の分野があげられる。

　欧州は，その国が生産する主要品目の総数が497個と第3位である。世界シェア60%以上の品目数もまた50個と第3位であり，このうち，18個が「自動車用素材製品」であり「航空機体」も含まれる。そして，売上高1兆円以上の品目数は25個と第3位であり，主な品目として，「自動車」「医療用医薬品」「炭素鋼」があげられる。

　最後に，中国は，その国が生産する主要品目の総数が474個と最少である。また，世界シェア60%以上の品目数もまた44個と最少であり，約半分は「エ

レクトロニクス系の部素材」が占める。これに対し，売上高1兆円以上の品目数は28個と日本や欧州を上回り，これには「炭素鋼」「自動車」「携帯電話」「電気自動車」「家庭用エアコン」「家庭用冷蔵庫」が含まれる。

　総括すると，日本は，エレクトロニクス系や自動車系の部素材系品目に強みがあるものの，売上高の大きい最終製品を見ると，自動車以外の分野が少なく，自動車産業に依存した構造であると結論付けられる。米国は，半導体などのエレクトロニクス系の部素材品目から複数の最終製品まで幅広い分野で強みを誇っている。欧州は，自動車や医療用医薬品そして炭素鋼の分野で強さを発揮している。中国は，自動車やエレクトロニクス系の最終製品で強みを発揮している。

　日本は，国際的にも自動車産業の競争力が高いことが分かった。そこで，製造業のIoT化として，自動車部品メーカー大手のデンソーによる「F-IoT（Factory Internet of Things）」を取り上げてみよう。同社では，2016年，「IoT推進部」を立ち上げ，グループ全体の生産性を向上させる目的として130の世界工場をIoTでつなぐ仕組みづくりにチャレンジした。F-IoTと命名されたその仕組みとは，世界の130工場をつなぎ，散在する多種・多様・多量な知恵や情報にアクセスまたはこれを有益な情報に変換してグローバルに利活用し，生産性を30％アップする「ダントツ工場」構想に基づくものであった。同社によると，F-IoTとは，世界で働く人，モノ，設備から得た「設備不具合の予兆」「熟練者のノウハウ」など，多くのデータや情報および工場にある様々なFA機器から収集したデータを一つのクラウドに蓄積し，データや情報を有益化し，その情報を欲しい人に欲しい時に欲しい形で提供することによって，改善活動の加速，人の成長に貢献するのが狙いだと論じている[115]。

115　デンソー「IoTへの取り組み」。

7-4　スマート・コネクティッド製品

　ハーバード大学ビジネス・スクールのポーター（M.E. Porter）と米国ソフトウエア会社のPTCのCEOであるヘプルマン（J.E. Heppelmann）は，2014年，ハーバード・ビジネス・レビューに「How Smart, Connected Products Are Transforming Competition（スマート・コネクティッド製品が競争をどう変えるのか）」を執筆し，大きな反響をよんだ。それによると，今日のIoTブームとは，実は，単純な製品が接続機能を持つ製品に進化を遂げた結果であり，すべての出発点は，複雑化した製品を起点とするものだと主張している。以下では，彼らによる一連の議論を手掛かりに，「スマート・コネクティッド製品」を巡る競争時代の到来について論じてみよう。最初に，図表7-4は，製品の本質の進化を示した図である。

　それによると，製品の本質とは，主に3段階に分けられる。最初の段階は，物理的な製品（Physical Products）であり，いわば，機械部品や電気部品から構成されたメカトロニクス製品である。「物理的な製品」は，接続機能を持たない孤立した製品を指す。次に，第2段階は，「物理的な製品」にソフトウエア，センサー，マイクロプロセッサー等の制御技術や機械（コンピュータ）と操作者との間を取り持つ拡張されたユーザーインターフェイスが搭載されたスマート製品（Smart Products）である。つまり，これはソフトウエアとハードウエアが統合した製品のことである。そして，第3段階は，「スマート製品」にさらに通信や接続機能を付加したスマート・コネクティッド製品（Smart, Connected Products）である。「スマート・コネクティッド製品」は，別名「接続可能なスマート製品」，「接続機能を有するスマート製品」とも呼ばれ，具体的には，従来の「スマート製品」に有線または無線を介してインターネットへの接続を可能にする機能を持つより複雑化した製品である。

　それでは，「スマート・コネクティッド製品」が持つ能力とは何か。それは，製品の稼働率や利用状況を監視し，そのデータに基づきながら製品を制御する。そして，これらを組み合わせて，製品の稼働率や利用方法等を向上させ，

図表7-4　スマート・コネクティッド製品への進化

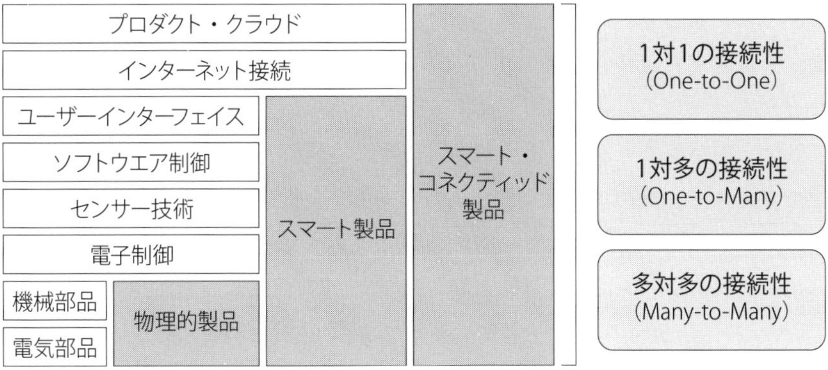

プロダクト・クラウド				
インターネット接続			
ユーザーインターフェイス			
ソフトウエア制御			
センサー技術			
電子制御			
機械部品 / 電気部品	物理的製品	スマート製品	スマート・コネクティッド製品

1対1の接続性（One-to-One）

1対多の接続性（One-to-Many）

多対多の接続性（Many-to-Many）

資料）PTC Japanをもとに作成

　製品の性能を最適化する。さらに，高い自律性を持った製品を生み出し，その他の自律的な製品とのコラボレーションを実現することである。

　次に，高いインテリジェンスと接続性を身に纏った「スマート・コネクティッド製品」の主な能力について，具体的に考察する。まず，センサーや外部データソースを駆使した，製品の状態，外部環境，製品の稼働状態や顧客の利用等の包括的な監視（Monitoring）である。また，製品や製品クラウド（メーカーやサード・パーティ）に搭載されたソフトウエアによって，製品機能のコントロール，ユーザー経験の個人化を可能にする制御（Control）である。そして，モニタリングや制御という能力をもとにアルゴリズムによって，製品パフォーマンスの向上，予防的な診断，サービスそして修理の実現をするため，製品の稼働と顧客の利用方法の最適化（Optimization）である。さらに，モニタリング，制御そして最適化を統合しながら，製品オペレーションの自動化，他の製品やシステムとのオペレーションを自己調整，製品の強化や個人化の自動化，自己診断とサービスを可能にする自律性（Autonomy）である。

　ポーターとヘプルマンは，「スマート・コネクティッド製品」の接続性（Connectivity）として，3つの形態をあげている。第1は，1対1（One-to-

One）の接続性パターンである。これは，個々の製品がポートや他のインターフェイスを通してユーザーやメーカーそして他の製品との接続である。たとえば，クルマが診断装置と連結するような2者間（Point-to-Point）のつながりなどがあげられる。第2は，1対多（One-to-Many）の接続パターンである。これは，中央システムが多くの製品に同時に連続的，断続的につながる，いわばハブ＆スポークのような接続である。第3は，多対多（Many-to-Many）の接続パターンである。これは，複数の製品がタイプの異なる多くの製品そして外部のデータソースに接続される網の目（Mesh）のようなつながりである。

　「スマート・コネクティッド製品」が切り開く可能性は，主に2つあげられる。1つは，「IoTの実現」であり，もう1つは「システム・オブ・システムズの足掛かり」である。

　まず，「スマート・コネクティッド製品」が普及すると，あらゆるモノやヒトをインターネットで相互に接続するIoTの実現が可能になる。すでに指摘したとおり，IoTとは，インターネット技術の進化から生み出された概念またはストーリーではなく，接続機能を持つスマート製品の登場によって，初めて実現された新しい変化のように考えるべきである。その意味では，IoTは，あらゆるモノやヒトをインターネットにつなげるだけの理念に過ぎない。ポーターとヘプルマンの議論に準拠すれば，IoTという言葉は，それほど重要な意味を持たない。大切なのは，「スマート・コネクティッド製品」の性能や能力のグレードアップであり，それが生み出す希少なデータや接続性こそが新たな競争優位の源泉となることである。

　次に，「スマート・コネクティッド製品」の普及は，その次の段階にあたる「システム・オブ・システムズ」という新しい次元へ歩みを進めるための足掛かりとなる。製品の進化は，「スマート・コネクティッド製品」の段階が終わりではない。実は，その上には，さらなる進化のステージが設定されている。たとえば，ポーターとヘプルマンは，「スマート・コネクティッド製品」の能力が向上するにつれ，業界内における競争が再編されるだけでなく，業界の境界もまた拡張されると論じている。すなわち，業界の境界とは，「製品」→

「スマート製品」→「スマート・コネクティッド製品」→「製品システム」→「システム・オブ・システムズ」のような5つの変遷として拡大するのである。したがって，「スマート・コネクティッド製品」は，製品の進化の視点で捉えると，ゴールにたどり着くまでのひとつの通過点に過ぎないことになる。

　ポーターとヘプルマンは，業界の境界が広がる最後のステップとして，システム・オブ・システムズ（System of Systems：SoS）の重要性について，こう説明している。SoSとは，個別製品の性能や能力ではなく，これらを統合したシステムの性能や能力として考える。SoSでは，個々の製品の性能や能力に焦点をあてると同時に，その他の関連製品とのつながりや相互適合性にも配慮する必要がある。つまり，SoSでは，個別最適（個々の製品）と全体最適（システム全体）の両立を図る視点が求められるのである。

　たとえば，SoSの分かりやすい事例として自動車産業を取り上げてみよう。自動車では，将来の新交通システムとして，知的道路交通システムが構想されている。知的道路交通システムは，ITS（Intelligent Transport Systems）と呼ばれ，人と道路と自動車の間で情報の受発信を行い，道路交通が抱える事故や渋滞，少エネや環境対策などの課題を解決する，あるいは，最先端の情報通信や制御技術を活用して道路交通の最適化を図る次世代交通システムである。それでは，どうすればITSの世界を実現できるだろうか。それは，自動運転車やコネクティッド・カーなど，進化した自動車の開発だけでは達成できない。なぜなら，自動車そのもののイノベーションとシステム全体の整合性が何よりも必要だからである。つまり，製品のイノベーションとシステムのイノベーションが，同じベクトル上に存在しない限り，ITSというシステム全体の最適化は獲得できないのである。こうした部分（点）と全体（面）の両方にフォーカスし，これらを統合するアプローチこそ，SoSという新しい考え方である。

7-5　IoTの残された課題

　しかしながら，IoT時代を迎えたからと言って，不用意にのめり込むべきで

はない。なぜなら，IoTには，ハッキングやサイバー攻撃に関するセキュリティ問題，個人の情報や権利利益を侵害するプライバシーの問題等の新たな課題が潜んでいるからである。

　トレンドマイクロ社が実施したWeb調査（n=1,903）の結果によると，IoT時代においてセキュリティ問題を懸念する人の割合は，全体の80％規模にも達する一方で，日本（83％）は，米国（75％）や欧米（82％）より高い割合となっている。おそらく，これは，欧米に比べると比較的治安がよく安全性も高い日本がセキュリティ問題を自分事として真剣に認識し，心配していることの表れだと考えられる。また，IoT利用時のプライバシーについて懸念すると答えた人は，全体の52％を占め，数多くの人が深刻な問題として受け取っている実態が明らかにされた。これを国別に見ると，日本（49％）は欧州（62％）よりも低く，米国（44％）より高い割合であった。欧州がプライバシーをもっとも重視する理由は，人権に対する意識の高さが考えられるのに対し，米国がプライバシーをあまり懸念しない理由は，根っからの楽観主義と建国の精神である自由と平等による影響が考えられる。

　次に，IoTが持つ様々な課題が今日懸念されている。たとえば，図表7-5のとおり，あらゆる家電や住宅設備がインターネットやクラウドにつながるスマートホームが実現されると，間違いなく生活の質は大幅に向上するものの，プライバシーの侵害や犯罪への悪用などの懸念は高まる。

　サイバー攻撃の件数は，ここ数年で爆発的な伸びを記録している。国立研究開発法人情報通信研究機構（NICT）によると，2022年は，IPアドレス1個当たり1,833,012件のサイバー攻撃関連通信を観測したことを明らかにしている。過去10年間の推移を見ても，2013年が63,682件，2017年は578,750件であり，ここ最近におけるサイバーアタックの膨張の様子が見て取れる（図表7-6）。さらに，先述したとおり，インターネットに接続されるデバイス数は，今後爆発的に拡大することが予想され，これらを考慮しても，サイバーアタックの危険性は募るばかりである。

　それでは，従来のサイバー攻撃とIoT時代のサイバー攻撃の違いとは，何だ

図表7-5　住宅IoTデータとプライバシー

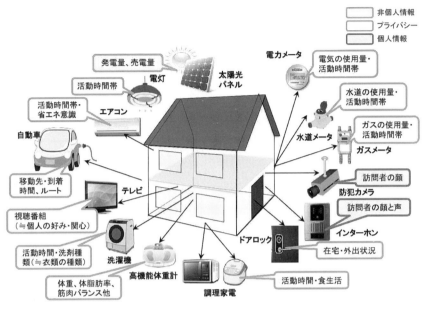

出所）一般社団法人電子情報技術産業協会（JEITA）

図表7-6　IPアドレス当たりの年間総観測パケット数（過去10年間）

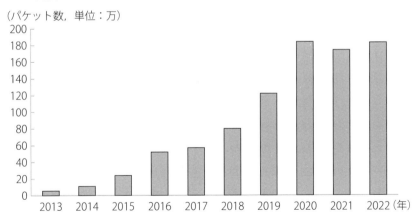

出所）国立研究開発法人情報通信研究機構（2023）「NICTER観測レポート2022」

ろうか。これまでは，たとえサイバー攻撃を受けても，データの流失や漏えいという限定的な被害だけで済んだ。ところが，あらゆるヒトとモノがつながるIoT環境下では，サイバー空間を飛び出し，フィジカル空間に対する攻撃が可能となるため，想定される被害は甚大にのぼる。たとえば，ドア鍵の開錠をコントロールして家内に侵入し，自動運転車を遠隔操作して交通事故を引き起こす可能性があげられる。また，飛行している航空機をハッキングして墜落事故を発生させ，医療機器を誤作動させて医療機関をパニックに叩き落とす等，これまでSFアクション映画で鑑賞してきた世界が現実のものとなる危険性が浮上するのである。

　一方，IoTが本格化することで，個人のプライバシーが侵害される危険性も高まっている。たとえば，ウェアラブル機器内の個人の情報やデータ，スマートフォンやタブレット端末内にある記録やデータが盗まれ，電子マネーやポイントカードの使用履歴から生活情報の漏洩やソーシャル・ネットワーク・サービス（SNS）から交友関係や学歴・職歴などの個人情報等が悪用されることも懸念される。

　こうしてみると，IoTがもたらす影響とは，我々の生活の質を高めてくれるプラスの部分と同時に，我々の生活を悪化させるマイナスの部分という両面があることに深く留意しなければならない。我々は，IoT時代の到来を手放しに喜び導入に努めるのではなく，大きな落とし穴も潜んでいる可能性を十分自覚すべきである。そして，負の部分については，法律による規制やセキュリティ対策の強化等，迅速な対応が求められる。

コラム
コマツのスマート・コンストラクション戦略

　「スマート・コネクティッド製品」を利活用するビジネスモデルの代表的な事例として，ここでは，コマツの事例を取り上げてみたい。コマツは，他社に先駆けてIoTの概念を実践に移した先進企業であり，2015年には，世界の鉱山事業におけるビッグデータの共有と分析でGEと戦略提携を結ぶな

ど，パートナー関係を構築している。

　最初に，建設機械大手のコマツが導入した「スマート・コンストラクション」について触れてみよう。現在，国内の建設業界では，深刻な労働力不足に見舞われている。震災復興，国土強靭化計画，東京五輪，リニア中央新幹線，地方再生など，今日の日本では，公共投資や建設工事の必要性が高まる一方で，急速な少子高齢化の進展に伴う若年労働者や熟練作業者の不足が深刻な課題として浮上してきているからである。実際に日本建設業連合会（日建連）が取りまとめた「再生と進化に向けて：建設業の長期ビジョン」によると，2025年に293万〜315万人を必要とする労働需要に対し，確保可能な労働者数は216万人に止まるため，77万〜99万人の労働者が不足すると試算している[116]。こうした若年労働力不足，熟練作業者の喪失等を克服するため，女性労働者の育成と共に，自動化やロボット化などのイノベーションが急務な課題としてクローズアップされてきている。

　2015年，コマツは建設現場のスマート化を意味するスマート・コンストラクション（Smart Construction）を導入した。同社の自動化システムとは，デジタルカメラ，高感度センサー，通信システム，3次元データ処理等のデジタル技術を駆使しながら，建設作業の自動化を実現する画期的なビジネスモデルである。「スマート・コンストラクション」の一連の仕組みは，図表7-7のとおりである。

　まず，施工作業の現場を高性能なデジタルカメラを搭載したドローンを飛ばして数百万カ所のポイントを上空から撮影して高精度測量する。測量されたデータは，同社のクラウドである「KomConnect」へ送信され，具体的に解析された後，3次元データ測量図面が作られる。また，工事を進めるにあたり，変動要因となりうる現場の土質・埋設物等について事前の調査・解析を実施する。次に，3次元データ測量図面と3次元データ施工完成図面を照合しながら，その差異を導き出し，最適な施工プランを作成する。そして，

116　www.nikkenren.com/sougou/vision2015/pdf/vision2015.pdf

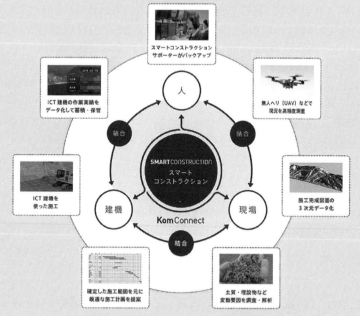

出所）http://smartconstruction.komatsu/index.html

生成された施工プランは，通信機能等が搭載されたICT建機へ3次元データとして送信される。ICT建機は，施工プランの指示に従い，掘削や整地作業等を行う。最後に，自動制御されたICT建機の作業データ等がKomConnectへ再送信され，情報やデータが蓄積される。

　コマツによる接続機能を持つスマート製品戦略の歴史は，2000年代まで遡ることができる。その当時，コマツでは，他社の追随を3年は許さない最新技術を搭載した機種を「ダントツ商品」と命名し，新製品の研究開発に取り組んだ。コマツによると，「ダントツ商品」の条件とは，①環境（排ガス，低燃費，低騒音など），②安全，③ITであり，これら各項目で圧倒的な特長を持つ商品として位置づけた。

　2001年，世界中で稼働する建機がどこでどのように使用されているのか

について，GPSや携帯電話，インターネット等のICT技術を活用してリアルタイムに情報提供する車両管理システムである「Komtrax」を開始した。この「Komtrax」の実用化を通じて，ユーザー側に対しては，部品交換や修理，盗難への対応，稼動データに基づく省燃費運転の支援等のダントツ・サービスを提供し，ユーザー・パフォーマンスに貢献する一方，コマツ側でも，需要予測や生産計画など経営能力を向上させることができた。コマツによると，機械稼働管理システムKomtrax搭載の累計配車台数は，2022年5月末の段階で約68万台に導入がなされている。

　2008年，コマツは，世界で初めてエンジンと電気モータを併用するハイブリッド油圧ショベルを市場へ導入した。これは，ハイブリッド・カーと同じように，自家発電する油圧ショベルであり，具体的には，旋回減速時の運動エネルギーを電気エネルギーに変換してキャパシタ（蓄電池）に蓄える一方，蓄えられた電気エネルギーを今度は旋回モータの駆動等に利用する仕組みである。コマツはまた，同年に世界で初めて主に鉱山で使用される無人ダンプトラック運行システムAHS（Autonomous Haulage System）の開発に成功した。2022年6月末現在における無人ダンプトラック運行システムAHSの累積配車台数は，541台に及んでいる。

　2015年，コマツは，別名「ダントツ・ソリューション」と銘打った建設現場ICTソリューション「スマート・コンストラクション」を導入した。詳しい内容については，すでに述べたとおりだが，このシステムは，2022年6月末現在，これまで20,000超の国内現場に導入されている[117]。

　2023年，コマツは，脱炭素社会に向けた対応として電動ショベルの投入を開始した。バッテリーを搭載した電動ショベルの特徴は，下記のとおりである。まず，メリットは，①排ガスがゼロとなり，騒音や振動も低減できる，②電気代は燃料代より安く運転費用を抑制できる，③オイル交換など手間のかかるエンジン関連の保守が不要になる。これに対し，デメリットは，

117　コマツ「Komatsu Report 2022」。

①価格はエンジン式の2～3倍まで跳ね上がる，②充電設備などのインフラ整備が必要となる，③大型機はリチウムイオン電池では出力確保が難しいことがあげられる[118]。

コラム

「情報セキュリティ10大脅威」と「システム障害のリスク」

　独立行政法人情報処理推進機構（Information-Technology Promotion Agency, Japan：IPA）では，その年の前年に発生した社会的に影響が大きかった情報セキュリティにおける事案から，脅威候補を選出し，情報セキュリティ分野の研究者，企業の実務担当者など約200名のメンバーからなる「10大脅威選考会」が審議・投票を行い，脅威の順序を決定している。図表7-8は，2023年の「情報セキュリティ 10大脅威 2023」における「個人」向け脅威と「組織」向け脅威のトップ10をまとめたものである。

　紙面の関係上，すべての項目を事細かに説明できないため，ここでは第1位の脅威だけについて説明する。

　まず，「個人」向け脅威の第1位には，組織的犯罪グループによる個人や組織を狙った「フィッシング（Phishing）詐欺」があげられた。これは，公的機関や金融機関，ショッピングサイト，宅配業者等の有名企業を語るメールやショートメッセージサービス（SMS）を送信し，正規のウェブサイトを模倣したフィッシングサイト（偽のウェブサイト）へ誘導して認証情報やクレジットカード情報，個人情報を入力させ詐取する手口である。フィッシング対策協議会による「フィッシング報告状況」によると，フィッシング報告件数は，2017年が9,812件，2018年が19,960件，2019年が55,787件，2020年が224,676件，2021年が526,504件と年々増加し，2022年には，さらに968,832件となった。そして，2023年は，1,196,390件の大台に達し，

118　日本経済新聞「コマツ，主力中型建機も電動化　脱炭素にらみ欧州投入」2022年10月23日。

図表7-8　「個人」向け脅威と「組織」向け脅威のトップ10

「個人」向け脅威	順位	「組織」向け脅威
フィッシングによる個人情報等の詐取	1	ランサムウェアによる被害
ネット上の誹謗・中傷・デマ	2	サプライチェーンの弱点を悪用した攻撃
メールやSMS等を使った脅迫・詐欺の手口による金銭要求	3	標的型攻撃による機密情報の窃取
クレジットカード情報の不正利用	4	内部不正による情報漏えい
スマホ決済の不正利用	5	テレワーク等のニューノーマルな働き方を狙った攻撃
不正アプリによるスマートフォン利用者への被害	6	修正プログラムの公開前を狙う攻撃（ゼロデイ攻撃）
偽警告によるインターネット詐欺	7	ビジネスメール詐欺による金銭被害
インターネット上のサービスからの個人情報の窃取	8	脆弱性対策情報の公開に伴う悪用増加
インターネット上のサービスへの不正ログイン	9	不注意による情報漏えい等の被害
ワンクリック請求等の不当請求による金銭被害	10	犯罪のビジネス化（アンダーグラウンドサービス）

出所）独立行政法人情報処理推進機構（IPA）

その深刻さが手に取るようにわかる[119]。

　一方，「組織」向け脅威の第1位には，組織的犯行グループや犯罪者による組織や個人を標的する「ランサムウェア（Ransomware）による被害」があげられた。これは，ランサムウェアと呼ばれるウイルスにPCやサーバーが感染すると，端末のロックやデータの暗号化が行われ，その復旧と引き換えに金銭を要求される。また，重要な情報を窃取され，その情報を公開すると脅かされる手口である。警察庁「令和4年におけるサイバー空間をめぐる脅威の情勢等について」によると，ランサムウェアの被害相談件数は，2020年4～12月まで僅か23件だったものが，2021年は146件まで増加し，2022年はさらに230件まで急増している[120]。

119　フィッシング対策協議会「フィッシング報告状況」月次報告書。
120　警察庁「令和4年におけるサイバー空間をめぐる脅威の情勢等について」令和5年3月16日。

IoTデバイスが増大すればするほど，「システム障害のリスク」が高まることを忘れてはならない。たとえば，太陽の表面で爆発が起こる「太陽フレア」は，電磁波を引き起こし，人工衛星やIoTデバイスに影響を及ぼす。宇宙ゴミを指す「スペースデブリ」が約2,000基にも及ぶ人工衛星に衝突し，IoTデバイスのGPSを使えなくする問題もある。"負のうるう秒""2038年問題"など「時刻システムの障害」は，IoTデバイスの不具合や誤作動を引き起こす。IoTデバイスには，こうしたリスクの可能性もあげられ，注意が必要である[121]。

121　日本経済新聞「IoT400億台　不測の事態備え」2022年12月13日。

第8章
アナリティクス

8-1　直観力 vs 分析力

　経営の戦略には，主に2つの考え方がある。1つは，経験や勘に基づくやり方であり，ここでは「直観力による経営」と呼ぶ。もう1つは，データの収集や分析に基づくやり方であり，これを「分析力による経営」と名付ける。果たして，どちらのやり方が優れているのか。

　マギル大学のヘンリー・ミンツバーグ（Henry Mintzberg）は，1987年，プランニング（計画すること，作られること）とクラフティング（創作すること，生まれること）という2つの戦略アプローチのうち，クラフティングの重要性を強調している。プランニングとは，マーケティング・スキルや統計学の知識をフルに活用して企業を取り巻く内部・外部環境を詳細に分析し，そこで収集されたデータをもとに体系的で綿密な計画を策定するアプローチである。このため，戦略担当者には，計算機のような正確さと物事を合理的・論理的に捉える思考能力が要求される。一方，クラフティングとは，戦略を立案する過程で発生する偶然などを加えた結果，予期せず生まれる戦略を重視するアプローチである。このため，戦略担当者には，いわば，泥にまみれながら粘土を捏ね，徐々にカタチのあるものに創り上げていく工芸家（陶芸家）のような創発能力が要求される。ミンツバーグはこのように述べながら，プランニング戦略（Planning Strategy）より，クラフティング戦略（Crafting Strategy）の方が優れていると指摘する。なぜなら，経営の本質とは，初めから意図して計画できるものではなく，偶然に発見され，自然発生的に生み出されるものだからである。つまり，経営とは，途中で修正を加え，書き換えるなど試行錯誤しな

がら，じっくりと練り上げる工芸的な性格を多分に含んでいるのである[122]。

一方，バブソン大学のトーマス・ダベンポート（Thomas H. Davenport）とアクセンチュアのジェニー・ハリス（Jeanne Harris）は，2007年，「分析力を武器に戦う企業（Analytics Competitors）」の重要性を主張している。今日の多くの企業は，同じような製品や技術で競争を繰り広げているため，差別化や独自技術をテコに競争優位性の構築が難しくなってきた。このため，激化する企業間競争に勝利するには，最適な意思決定を下す能力や業務プロセスの効率化を図る能力など，いわゆる分析力をテコに競争に挑むやり方が求められると指摘している（8-4にて詳述）。

「直観力による経営」を支持するミンツバーグ，そして「分析力による経営」を唱えるダベンポートなど，これら相反する2つの戦略アナロジーが存在するなか，果たしてどちらのアプローチの方が正しいのだろうか。もちろん，両方のアプローチは，それぞれ一長一短あり，簡単に白黒をつけられないことは事実としてあるが，とはいえ，近年の動向を考察すると，「分析力による経営」の方がより支持されているのが現実のようだ。その理由の1つは，企業経営を取り巻く環境の変化である。たとえば，直観やひらめきに基づく意思決定は，将来を展望しやすい比較的安定した環境下では，確かに有効に機能した。たとえ下した意思決定の結果が間違っていたとしても，世の中や市場全体の活力がそれを覆い隠すようなある種の許容力が働いたからである。このため，高度成長時代の日本企業では，詳細なデータ分析を基準とした意思決定よりも，経験や勘そしてひらめきに比重が置かれた意思決定が採用された可能性が高い。ところが，最近の先の見えない不安定な環境下で，仮に経験や勘に基づく意思決定が失敗した場合，それは，裏付けのない無謀な行動として強く非難される。なぜなら，低成長期における企業は，予算や計画そして市場全体が厳しい状態

---

122 Mintzberg（2005）は，マネジメントの3要素として，アート（=直観），クラフト（=経験），サイエンス（= 分析）を取り上げ，MBA教育が過度にサイエンスに偏重している功罪を指摘すると共に，サイエンスよりアート，それ以上にクラフト（行動してから考える）の側面の重要性を指摘している。

なため，"えいやー"で意思決定する行為は，あまりにも科学的合理性を欠き，知恵のない行動として映るからである。そのため，低成長期における競争では，情報やデータを集め，統計学やマーケティング・サイエンスを駆使しながら，分析戦略に基づく意思決定が強く求められるのである。

　もう1つの理由は，半導体やコンピュータなど急速な技術進歩から，これまで以上にきめ細かなデータ収集，膨大なデータ処理，精度の高い解析等が可能となった影響が「分析力による経営」の水準を飛躍的に向上させた可能性である。すでに論じたように，人工知能やロボティクスそしてコンピュータ等のハイテクノロジーは，指数関数的な進化を遂げており，2045年には，人間の能力をこれらハイテク技術の能力が上回る「シンギュラリティ」の到来もまた，かなりの確率で現実化する方向で進んでいる。また，熟練工や職人の高齢化に伴う減少から，彼らに体化した暗黙知の消滅を防ぐため，コンピュータへの置き換えやライブラリー化する意義や必要性が急務な課題として浮上していることも，データ分析に基づく経営の台頭に影響を及ぼしていると言えるだろう。

　従って，今日，「直観力による経営」から「分析力による経営」へ大きくシフトが進んでいるのは，世の中が低成長経済に突入し，不確実性が高まる状況の中で，いわば神頼みに近い「直観」を総動員して意思決定する行為そのものに限界が見えてきた結果，このような高まる不確実性をなるべく削減するため，データ分析を駆使した意思決定に注目が集まっていると考えられる。また，デジタルやネットワークの急速な技術進歩から，従来，精度や能力そして処理スピード等が不十分であったコンピュータやハイテクマシンの性能が飛躍的に向上した結果，これまで以上に高い生産性の実現や意思決定支援のための有力な武器として使える目途が立ってきた事実もまた，「分析力による経営」を促進する原動力として作用している。

8-2　アナリティクス3.0

　アナリティクス（Analytics）とは，数学，統計学，機械学習，深層学習な

どを駆使してデータの中から有意なパターンや知識を発見し，解釈を与え，共有することであるが，一般には，表計算ソフトのExcelを使用してデータ分析を行うことも，機械学習や深層学習などを駆使して予測や意思決定をすることも，同じアナリティクスであると受け取られている。

　米国のICTリサーチ＆アドバイザリ企業であるGartnerは，それぞれのレベルに応じてアナリティクスを4つのタイプに分類している[123]。

　記述的アナリティクス（Descriptive Analytics）は，何が起きたのか（What happened?）を知るため，シンプルな計算方法によって，過去のデータから平均値を求めたり，変化した割合等を導き出すことであり，アナリティクスの段階で言うと，ちょうどその出発点に当たるレベルである。

　診断的アナリティクス（Diagnostic Analytics）は，なぜ起こったのか（Why did it happened?）を知るため，相関関係や因果関係の手法を用いて，過去のデータを深く掘り下げ，根本原因を特定することであり，記述的よりも1ランク上の分析レベルである。

　予測的アナリティクス（Predictive Analytics）とは，次に何が起きるのか（What will happen next?）を知るため，機械学習や深層学習などを用いて，過去のデータから次に来る未来を予測することである。このため，アナリティクスの段階では，先に述べた2つのタイプより高いレベルの手法に該当する。

　最後に，処方的アナリティクス（Prescriptive Analytics）は，我々はどう対処すべきか（What action should we take?）を知るため，これまで述べた3つのアナリティクスで得られた結果をもとに，高度な分析ツールを駆使してあらゆる可能性を見極め，最適な処方箋を描き出すことであり，これは，最も価値が高く，より複雑さを伴うアナリティクスの最終段階のレベルとして位置付けられる。

　アナリティクスに必要な構成要素とは何か。先述したダベンポートとハリス，そしてテクノロジー研究者のロバート・モリソン（Robert Morison）は，

123　https://www.gartner.co.jp/ja/topics/data-and-analytics

2010年，「データ」，「エンタープライズ」，「リーダーシップ」，「ターゲット」，「アナリスト」という5つの項目を取り上げ，これらの頭文字から，これを「DELTAモデル」と呼んでいる。以下では，「DELTAモデル」の内容を一つ一つ取り上げて説明しよう。アナリティクスの最初の構成要素は，データ（Data）である。周知のとおり，データ分析には，質の高いデータの確保が何よりも要求される。もし，データの質が著しく低ければ，たとえ詳細に分析しても有効にはならないからである。このため，良いデータかどうかを見極める尺度として，データの構造（性質），独自性，統合（とりまとめ），質（信頼性），アクセス性，プライバシー（個人情報の保護），ガバナンス（責任の所在）の各視点から，情報の良し悪しを見極めることが大切である。

　第2は，エンタープライズ（Enterprise）である。これは，部分的な取り組みではなく，組織をあげてデータを収集して分析戦略を実施する試みである。つまり，全社を挙げたCIO（Chief Information Officers）やIT部門の設置，IT基盤やインフラの整備，アナリストの確保等を図ることである。

　第3は，リーダーシップ（Leadership）である。これは，分析力を重視し，推進するリーダーの存在であり，分析力を通じて企業が競争優位性を構築するための重要なカギを握っている。分析力を推進するリーダーの行動とは，コミュニケーション能力，データに基づく意思決定，有能な人材の採用と評価，模範を示す，結果に責任を持つ，教える，戦略を立案し目標を掲げる，効果の高いプロジェクトの選択，粘り強さ，ネットワーク組織化，多面的な取り組み，限界を知ること等である。

　第4は，ターゲット（Target）である。これは，分析する対象の絞り込みである。1つは，大きな枠組みで捉えること，もう1つは，網羅的な棚卸しを行うことが重要とされている。

　第5は，アナリスト（Analyst）であり，データ分析の専門家の存在である。分析力に優れた企業は，テクニカル能力，ビジネス知識，コミュニケーション能力，コーチング能力などの分析スキルを兼ね備えた人材が豊富に存在している。

そして，アナリティクスに成功する企業とは，5つの基本的な構成要素を兼ね備えているのに対し，上手く機能していない企業は，5つの構成要素のどれかが不足しているか，それとも，5つの要素はそろっているが，どれも中途半端な状態にある企業だと考えられる。

次に，ダベンポートは，2014年，3段階からなるアナリティクスの進化モデルを提唱している（図表8-1）。それによると，現在の進化レベルとは，アナリティクス3.0（Analytics 3.0）の段階に達しているという。

図表8-1のとおり，ビジネスの世界に初めてアナリティクスが導入されたのは，おおよそ1950年代の半ばまで遡ることが出来る。1954年，米国の大手物流企業であるUPS（United Parcel Service）が社内に「アナリティクス・グループ」を設置したのが最初だと言われている。この「アナリティクス1.0」の段階の特徴は，まず，データが小さく構造化されていた。また，データソースの多くは，社内に存在した。そして，分析業務は，記述による分析かレポート作成であった。最後に，実際の分析作業には，多くの時間が費やされた。このため，「アナリティクス1.0」の時代は，データ分析を武器に競争を挑む企業がほとんど存在せず，データ分析の戦略的重要性もまた僅かなものでしかない時代であった。

その後，「アナリティクス1.0」の段階に大きな転機が訪れる。それは，2000年代の初めにビッグデータが立ち上がり，シリコンバレーにあるグーグル，ヤフー，イーベイのようなインターネット企業やソーシャル・ネットワーキング企業がデータの収集と分析に乗り出したことである。この時代は「アナリティクス2.0」のように区別され，その主な特徴として，分析の目的が社内の意思決定支援でなく，新製品や新サービスの開発まで拡大した。また，データは，小規模から大規模な非構造化データに変わった。そして，データソースは，外部に存在する一方，分析業務は，過去に起こった出来事を説明する記述型や過去のデータから未来を予見する予測型となった。最後に，分析と製品・サービス化の架け橋のような役割を果たす「データ・サイエンティスト」が登場した。

図表8-1　データ分析の3世代

世代	アナリティクス1.0	アナリティクス2.0	アナリティクス3.0
企業の種類	大企業	スタートアップとネット企業	あらゆる企業（データ・エコノミーの到来）
分析の目的	社内の意思決定の支援	新製品/サービスの開発	意思決定支援と新製品/サービス開発
データの種類	小規模な構造化データ	大規模な非構造化データ	あらゆる種類を統合して使用
モデル構築	バッチ型（構造サイクルが長い）	アジャイル型（構造サイクルが短い）	アジャイル型（構造サイクルが短い）
主な技術	ソフトウエア・パッケージ	オープンソース	様々な技術の組み合わせ
主な分析タイプ	記述型	記述型もしくは予測型	指示型
担当する組織	バックオフィス	分析部門と業務部門の連携	複数の組織間のコラボレーション

出所）Davenport（2014）

　さて，今日の特に米国の大企業は，「アナリティクス3.0」の段階にすでに移行している。その主な特徴とは，まず，インターネットやソーシャル・ネットワーキング等の企業だけでなく，銀行やメーカー，小売りや医療等，あらゆる業界の企業まで対象が拡大した。また，分析の目的は，社内の意思決定支援と新製品・新サービス開発の両方に変化した。そして，データの種類は，文章だけでなく，音声，画像，映像など，あらゆる種類のデータを統合して使用する段階に突入した。さらに，分析業務は，これまでの記述型や予測型から，社内外の多様なデータから最も望ましい行動を判断して各部署に伝達する指示型へと大きく舵を切った。

8-3　アナリティクスで競争する企業への発展段階

　先述したダベンポートとハリスは，2007年，これからのビジネスについて，戦略の中心に「分析」があると言及している。その背景には，情報通信技術（Information, Communication and Technology：ICT）が単なるツールから，競争優位のための重要な武器へ昇華したことと，膨大なデータとデータクラン

チャー（優秀なコンピュータ）が進歩した影響からである。そのうえで，アナリティクスで競争する企業（Competing of Analytics）へ向けた発展過程を次のような5段階に分類し説明している（図表8-2）。

　まず，第1段階は，アナリティクスに劣る企業（Analytically Impaired）である。この段階の企業は，組織戦略として分析はほとんど行われていない。企業全体にデータ・アレルギーが蔓延し，直観に頼る企業文化が広く浸透している。このため，データ・アナリストのようなスキル人材は存在しない。

　第2段階は，アナリティクスの活用が限定的な企業（Localized Analytics）である。この段階の企業とは，ごく狭い範囲か場当たり的にデータ収集や分析が行われている。また，客観的なデータを必要とする企業文化が生まれる。そして，一部の部門では分析力に対する関心が高まり，アナリストが生まれる。

　第3段階は，アナリティクスの組織的な強化に取り組む企業（Analytical Aspirations）である。この段階の企業は，組織的にデータの収集や分析を行っており，データ分析を通じて事業機会を探ろうとしている。一部の経営幹部が分析力を競争優位の武器にしようと関心を持ち始めた段階である。そして，ネットワーク化されていないアナリストが各部門に存在している。

　第4段階は，アナリティクスはあるが決定打に至らない企業（Analytical Companies）である。この段階の企業は，データ分析が業務プロセスまで組み込まれるなど，組織として分析力を身に着けている。また，企業文化として，事実に基づく意思決定の浸透を図っている。さらに，データの精度も高く，全社的なアナリティクス戦略や分析環境もまた整備されている。

　第5段階は，アナリティクスで競争する企業（Analytical Competitors）である。このタイプの特徴は，データ分析が組織に定着し，高度に統合化されている。企業文化として，事実に基づく意思決定が浸透している。CEOを筆頭に経営幹部が積極的にアナリティクス戦略へ取り組んでいる。このため，高度なスキルと意欲の高いデータ・サイエンティストが揃っている。

　それでは，第5段階に到達した企業とは，どんな企業なのか。ダベンポートとハリスは，最終段階に位置する「分析力を武器にする企業」の主な特徴とし

図表8-2　アナリティクスで競争するステージ・モデル

ステージ	組織戦略		人		企業文化	技術
	目標	現状	スキル	経営陣のコミットメント		
1 分析力に劣る企業	顧客・市場・競合について知る	分析はほとんど行われていない	なし	なし	データ・アレルギー、直感に頼る	データがない、精度が低い、定義が曖昧、システムはばらばら
2 分析力の活用が限定的な企業	データ分析の経験を自主的に蓄積し、トップの関心を引く	ごく狭い範囲でしかデータ収集・分析が行われていない	一部の部門にアナリストがいるが孤立している	特定事業や戦術的な対応に限られている	客観的なデータが必要と感じている、一部の部門では関心が高まっている	各事業ばらばらにデータを収集しているが、重要なデータが欠落している、システムが統合されていない
3 分析力の組織的な強化に取り組む企業	組織横断型でデータ収集・分析を行う、全社共通の業績評価指標を設定する、データ分析で事業機会を探す	分析プロセスは各部門不統一である	多くの部門にアナリストがいるが、ネットワーク化されていない	分析力を競争優位にすることに一部の幹部が興味を持ち始めた	経営陣は事実を重んじる姿勢を打ち出しているが、抵抗に遭っている	システムやソフトウエアは整い、データ・ウエアハウスも拡張中
4 分析力はあるが決定打に至らない企業	組織横断型の分析プラットフォームを構築し、組織として分析力を身につける	データ分析がある程度まで業績プロセスに組み込まれている	スキル開発は行われているが、まだ水準に達していない、または適材適所でない	経営陣のサポートが得られている	事実に基づく意思決定の浸透を図っている	データの精度は高く、全社的な分析戦略もある、分析環境は整っている
5 分析力を武器とする企業	データ分析から多くの事実を導き出し、継続的にデータシステムの改善を図る	データ分析が定着し、高度に統合化されている	高度なスキルを備え、意欲のある専門家がそろっている、周辺業務はアウトソースされている	CEOを筆頭に経営陣が積極的に取り組んでいる	事実に基づいて意思決定を下す、実験し学習する姿勢が浸透している	組織横断型のシステムが整備・運用されている

出所）Davenport and Harris（2007）

て，4つの点をあげている。第1は，分析力が戦略的優位性のベースになっている。第2は，組織をあげて分析に取り組んでいる。第3は，経営幹部が分析力の活用に熱心である。第4は，分析力に社運を賭けている。そして，これら4つの特徴のなかで，経営幹部の熱意と後押しがもっとも重要だと指摘している。経営幹部が率先してアナリティクス戦略へ取り組む意志がなければ，分析力による経営や企業文化の創造は不可能だからである。

　それでは，日本企業は，現在どの段階に位置付けられるのだろうか。経済産業省が毎年発表する「ものづくり白書」に取り上げられた，データ分析の活用に関心を持つ日本企業を対象にしたアンケート調査によると，2014年当時，分析力の組織的な強化に取り組む企業（第3段階）以上に該当する企業は全体の約35％。そして，第5段階の分析力を武器にする企業の割合は，約5％に過ぎないという結果がすでに得られている。また，総務省が発表した令和2年度「情報通信白書」によると，日米独3カ国におけるデータの活用状況の調査では，日本企業の3割程度が「活用している」または「検討中」と回答したのに対し，米国やドイツは，6割を超える企業が「活用している」と回答している。これらの各データから見ても，今日の日本企業が「アナリティクスで競争する企業」まで到達していないことは明らかである。

　では，どうすれば「アナリティクスを武器にする企業」を作れるだろうか。第1は，経営陣の後押し（CEO自身が分析の重要性を認識している）が必要である。第2は，企業文化（数字を重視する文化を創る）の形成である。第3は，有能な人材の確保（数学者などの登用）が重要である。

8-4　アナリティクスを武器に競争する日本企業

8-4-1　セブン＆アイ・ホールディングス

データ分析を武器に競争する日本企業と聞いて，すぐさまセブン−イレブン・ジャパン（以下，セブン−イレブン）を頭に思い浮かべる読者は，少なくないだろう。セブン＆アイ・ホールディングスの完全子会社であるセブン−イ

レブンは，同社のホームページによると，創業当時（1973年），国内チェーン全店売上高7億円，国内店舗数は15店に過ぎなかった。ところが，2022年の現在，国内チェーン全店売上高5兆1,487億円，国内店舗数は累計21,402店と大きな飛躍を遂げている。同社が成長を持続するその背景には，創業者のリーダーシップ，独自のフランチャイズ・システム，ドミナント（高密度集中出店）方式，物流システム，PB（Private Brand）戦略など，幾つものユニークな戦略や手法があげられるが，なかでも見逃せない取り組みとして，データ重視のマーケティングがあげられる。セブン－イレブンは，1982年，世界で初めてマーチャンダイズ・マーケティングにPOSシステムを導入した企業である。POS（Point of Sales）は「販売時点購買管理」と訳され，その仕組みは，金額や商品名など商品を販売した時点のデータが中央のコンピュータへ送信され，そのデータを分析して売れ筋商品の探索に伴う商品発注，場所や時間帯など販売履歴情報に基づいたマーケティング戦略の策定がなされるものである[124]。

　セブン＆アイ・ホールディングスの元CEOである鈴木敏文（2014）によると，セブン－イレブンがPOSシステムという単品管理，データ分析の戦略的活用に踏み切ったそもそもの理由とは，マーケットが売り手市場から買い手市場へ転換したことであった。つまり，成長期にあるマーケットで売り手市場である場合は，どんな商品をどれだけ作ったとしても，消費者はドンドン買ってくれた。ところが，マーケットが成熟期にさしかかり，買い手市場へ変化すると消費者の眼が厳しくなり，魅力的な商品しか売れなかったり，売れる予定だった商品が売れ残ったり，逆に，売れないと思われた商品が沢山売れるような予測不可能な現象が次々に発生した。このため，買い手市場の段階では，ただ漫然と商品を作りそして売り続けることはできない。そこで，POSシステムを活用して過去から現在までの消費者心理や購買行動を精査し，得られた分析データを手掛かりに仮説を立て，それを実証するシステムを開発したのであ

124　POSシステムは，もともと米国で店員の不正を防止するために考案されたシステムである。

る。

　次に，セブン-イレブンのPOSシステムの活用のしかたについて触れてみよう。まず，同社のPOSデータは，単品ごとの販売数と推移，ランキング，導入率等を自店，地区，地域，全国別にチェックできるしくみとなっている。しかも，カラフルな折れ線グラフや円グラフ，棒グラフや表などを駆使して，見やすく分かり易い工夫が随所に施されている。その結果，たとえば，自店で売れてない商品が同地区の他の店舗で売れているのであれば，今の売り方を変えてみたり，あるいは，自店で取り扱っていない商品が他の店舗で売れていれば，自店でも発注を検討してみる等，セブン-イレブンが掲げる「仮説・実行・検証」のサイクルをグルグル回すことができる。また，専門知識や事業経験が乏しいパートやアルバイトのスタッフでも，積極的に発注業務を任せることができる。実際，1日，400万個以上も売れる「おにぎり」のような最重要商品を除く，それ以外の商品については，パートやアルバイトが自らの考えで発注まで行うことが許されているという[125]。

　こうしてセブン-イレブンの各店舗では，POSシステムから得られた希少なデータを駆使し，売れ筋商品の探索や発注分担を実行した。そして，その成果は，ライバル店舗との平均日販の違いとして表れた。2023年3～8月の1店舗当たりの売上高（全店平均日販）は，70万1,000円であったのに対し，ファミリーマートは55万4,000円（対セブンに比べ−14万7,000円），ローソンは55万1,000円（対セブンに比べ−15万円），ミニストップは43万3,000円（対セブンに比べ−26万8,000円）と，セブン-イレブンの各店舗の競争優位性や収益性の高さがより際立っているのが分かる[126]。

　セブン-イレブンの事例は，ビッグデータ分析やそれへの投資の重要性について直接触れた話ではない。しかし，同社は，店長からパート，アルバイトまでデータを利活用し，顧客の好みに合わせた発注を行い，マーチャンダイジン

125　国友（2013）。
126　日本経済新聞「セブン，日販初の70万円超え　コンビニ3社3～8月最高益」2023年
　　　10月23日。

グの最適化を達成した先駆け的な企業であり，「根拠に基づく意思決定という文化」をいち早く身に付けたアナリティクス企業として，高く賞賛されるべきだろう[127]。

8-4-2　旭酒造

　読者の皆さんは，漫画家の尾瀬あきらによる「夏子の酒」という作品をご存知だろうか。以前，テレビドラマ化されるなど，巷の話題をさらったが，この漫画を読めば，酒造りが職人のなせる業であり，素人が絶対に手を出せない世界であることが分かる。すなわち，酒造りとは，卓越した経験と技能を有する杜氏と蔵人たちが生み出す世界であり，彼らの技と力量がすべてを決めてしまう。こうした杜氏を中心とした専門の職人集団による旧来からの慣習や先入観の殻を打ち破り，経営者と社員の手による酒造りという全く新しいビジネスモデルに挑戦し，それを成功させたのが旭酒造である。

　旭酒造株式会社は，1770年に創業された山口県岩国市にある人里離れた山奥にある酒蔵である。その小さな酒蔵が純米大吟醸酒『獺祭』を大ヒットさせ，世界から注目を集めている。旭酒造の『獺祭』は，醸造用玄米（酒米）の山田錦を77％も磨き上げて造った1本3万円の値段がついた最高級ランクの純米大吟醸酒にもかかわらず，消費者の熱いハートをとらえ，会社の売上高は，1984年当時の1億円から，2022年は164億4,900万円まで拡大を果たしている。

　旭酒造が従来までの杜氏制度と決別したのは，1999年まで遡ることができる。直接のキッカケとなった出来事は，その当時，焼酎ブームが訪れたことであり，これにより日本酒の低迷は鮮明となった。そこで，旭酒造では，新たな稼ぎ頭として，地ビールの生産やレストラン経営等の新事業へ積極的に進出した。しかし，どの事業も経験不足が祟って失敗に終わり，約2億円もの損失を計上する一方，さらなる試練として，酒造りの最高責任者である杜氏にも，愛

127　Ross., Beath and Quaadgras（2013）。

想を尽かされ逃げられてしまった。このようなアクシデントに見舞われたにもかかわらず，旭酒造は，経営者と社員がプラス思考の発想で英知を結集し，業界の常識を打ち破る画期的なアイデアを思い付いた。それは，エクセルを利用した数値管理そして統計学や分析力等を駆使し，杜氏のいない穴を埋めるという驚くべき発想であった。旭酒造は，蔵内を年中摂氏5度に保つ空調設備を導入し「四季醸造」を実施している。普通の蔵では，冬場の一回だけ酒の仕込みをする。このため，年間でタンク5〜6本の純米大吟醸酒しか造らない。ところが，旭酒造は，1年間を通して酒を生産する。年間で約1,000本も造るため，現場の若手社員は，普通のベテラン杜氏以上に酒造りの経験を研鑽できるだけでなく，その結果，「考える現場」が生まれたという。

　また，旭酒造では，科学的な酒造りのため，徹底した「数値化」と「見える化」を行っている。たとえば，毎日，日本酒度，アルコール度数，アミノ酸度，グルコース濃度，投入している麹のアルファアミラーゼ，グルコアミラーゼを測定して分析し，時間や温度など次の日どう管理するのか決めている[128]。また，発酵中の米の温度や水分含有率を含む酒造りのすべての工程で詳細なデータの収集を行っている。さらに，契約農家と協力して気温や土壌の状態などのデータを蓄積し，刈り取りのタイミングなどのノウハウを抽出するなど，数値管理に基づく包括的な酒造りに取り組んでいる。

　このような旭酒造の取り組みは，伝統的な杜氏を中心としたシステムや経験と勘による酒造りの世界に対し，たとえ杜氏不在でも情報やデータを駆使すれば，それを超える素晴らしい酒造りができることを証明した稀有な事例と言えるだろう。

8-4-3　ワークマン

　1982年，群馬のスーパーマーケットチェーン・いせや（現ベイシア）の衣料部門から独立して創業したワークマン（Workman）は，「職人の店」として

128　桜井（2014）。

建設現場の作業員など職人向けの作業服を中心に売り上げを伸ばし，最近では，スポーツウエアやアウトドア部門に進出し，成功を収める日本で最も勢いのある企業の一社に数えられる。

　ワークマンは，物販・サービス企業11社と流通サービス企業19社，計30社から構成されたベイシアグループの主力メンバーである。同グループは，ショッピングセンターの「ベイシア」，作業服大手の「ワークマン」，ホームセンター大手の「カインズ」，生活雑貨の「（東急）ハンズ」などを展開し，グループの総売上高は1兆円を超える。

　ここ5年間におけるワークマンの売上高は，コロナショックやウクライナ侵攻によるコストプッシュ・インフレ下にもかかわらず，右肩上がりで推移している。同社のHPおよび有価証券報告書によると，直営店舗とフランチャイズ・ストアを含むチェーン全店の売上高は，2019年は93,039百万円だったものが2023年は1.83倍に相当する169,856百万円となり，2024年の予測では，180,980百万円まで拡大する見込みである。一方，2023年の169,856百万円の主な内訳としては，作業ジャンパーやズボン，つなぎ服，鳶衣料，アウトドアウエアなどの「ワーキングウエア」が全体の29.7％を占める。次いで，軍手，皮手袋，加工手袋，レインウエア，ヘルメット，ベルト，キャンプギアなど「作業用品」が23.6％，安全靴，セーフティシューズ，地下足袋，長靴，布靴などの「履物」が15.9％，ポロシャツ，Tシャツ，ハイネックシャツ，ブルゾン，スポーツウエアなどの「カジュアルウエア」が14.5％となっている[129]。

　これまで作業服関連市場で圧倒的なシェアを占めてきたワークマンだが，すでに同市場の規模は限界を迎えつつある。このため，2018年，作業服関連で培ったノウハウとブランドそして高機能だが低価格であることを武器にアウトドアやスポーツウエアなどファッション性の高いアパレル市場へフォーカスした「ワークマンプラス」事業を展開し，人気を博している（図表8-3）。

　また，2020年になると女性向けのアウトドア衣料店「#ワークマン女子」を

---

[129]　ワークマン「2023年3月期 決算短信」。

図表8-3　ワークマンプラスの事業ドメイン

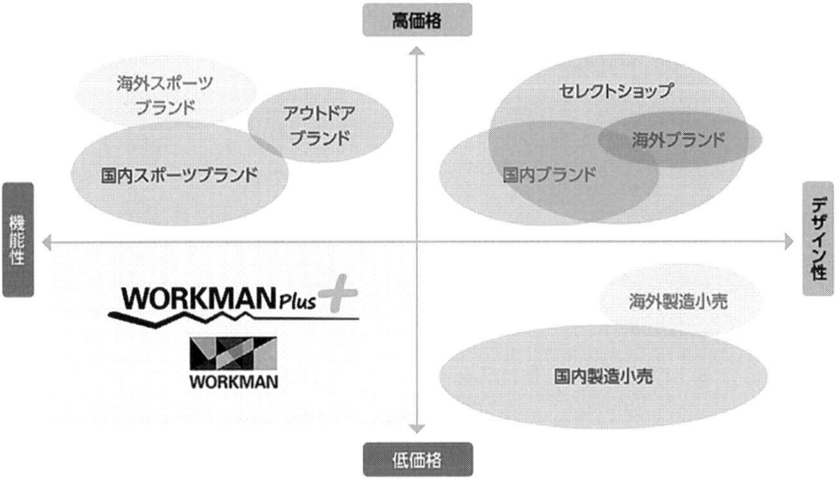

高価格

海外スポーツ
ブランド

アウトドア
ブランド

セレクトショップ

海外ブランド

国内スポーツブランド

国内ブランド

機能性

デザイン性

WORKMAN Plus +

WORKMAN

海外製造小売

国内製造小売

低価格

出所）ワークマン　ホームページ

立ち上げた。「#ワークマン女子」の主な特徴は，その名の通り，「女性客」主体の店舗であり，インスタ世代の顧客を取り込むため，SNSとリアル店舗の一体化を図る"つながるストア"なことである。さらに，勢いに乗るワークマンでは，2023年に情緒的で衝動的な「かわいい」や「かっこいい」など，機能よりもデザインを重視する新業態「ワークマン・カラーズ」に乗り出し，インバウンドなど新たな顧客の拡大に取り組んでいる。

　ワークマンによるこれら一連の取り組みの中で特筆すべき点は，多額の広告宣伝費を投入して企業や商品をPRするのではなく，同社の商品を愛用するユーチューバーやブログを持つファンを「公式アンバサダー」として約50名認定し，これらアンバサダーがSNSによる商品情報の発信（販促），共同による商品開発を無償で実施していることである。そして，アンバサダーのなかで，強力なインフルエンサーとして実績が評価された場合，同社の社外取締役として会社経営にも参加してもらう体制を整えている。

　ワークマンでは，「しない経営」と「エクセル経営」をクルマの両輪のよう

に位置付けている。同社の土屋（2020；2022）によると，「しない経営」とは「価値を生まない無駄なことはしない」「ワークマンらしくないことはしない」「社員のストレスになることはしない」から構成されている[130]。まず，「価値を生まない無駄なことはしない」とは，具体的に，社内行事をしない，会議を極力しない，経営幹部は極力出社しない，幹部は思いつきでアイデアを口にしないなど，余計なことは極力すべきではないとする考えである。次に，「ワークマンらしくないことはしない」とは，アパレル業の戦略はマネしない，他社と競争しない，値引きをしない，デザインを変えない，顧客管理をしない，加盟店は対面販売をしない，閉店後にレジを締めない，ノルマもないなど，同社の事業ドメインは他社とは異なるため，追従すべきではないとするアプローチである。最後に，「社員のストレスになることはしない」とは，具体的に，仕事の期限を設けない，ノルマと短期目標を設定しない，残業しない，頑張らない，頑張ってできても意味がないなど，会社は個人の頑張りには頼らないという理解である。

　もうひとつの柱である「エクセル経営」は，データを活用することで全社員が経営に参画するしくみである。すなわち，「しない経営」を実現するには，経験と勘による意思決定を排除し，部下が上司に忖度しない経営が求められる。そこで，データを活用して社員が自分の頭で考えることに主眼を置いたのである。ワークマンでは，高度なAIやデータ・サイエンティストを使わず，エクセルをベースに業務改善に取り組んでいる。エクセルは，特殊なツールではないため，データ活用を全社員に浸透させられる。また，高度なデータ分析の導入は，確かに効果的かもしれないが，主観性を失いプロセスが見えづらいという欠点がある。自らエクセルを使い分析することで，自分で主体的に考え，実験するマインドを育むことができる。そのため，ワークマンでは，全社員を対象に基本的なエクセルの表計算や関数等を使ってデータ分析できる教育研修を実施している。こうした取り組みの成果として，同社では，①全社員の

130　土屋（2020；2022）。

意識が変わり主体性が向上した，②品揃えや陳列等，加盟店を巡回し支援するスーパーバイザー（Supervisor）の提案力が変わった，③データに基づき考え，改革・改善するという，データを利活用する企業文化が生まれた。「エクセル経営」を通じて現場で生まれた改革・改善を全体へ波及させ成長するビジネスモデルこそ，同社が成功した秘密である。

コラム

スポーツの世界で広がりを見せるアナリティクス

　アナリティクスは，様々な業界でその普及が進んでいるが，スポーツ界，なかでもプロスポーツの世界における広がりは，目覚ましいものがある。なぜなら，今日のアスリートの世界は，データ分析力の質と量で勝敗が決定されてしまう時代が到来しているからである。2014年，競技の枠組みを超えたスポーツ・アナリストの連携強化及び促進する団体として，一般社団法人日本スポーツ・アナリスト協会（Japan Sports Analyst Association：JSAA）が設立されたが，これは，スポーツ全体でデータの収集と分析の必要性が定着している事実を如実に物語っている。

　このようにアナリティクスは，今日，プロやアマを問わず，あらゆるスポーツの世界で勝利するために必要なツールとなっているが，その先鞭をつけたのは，2001年，大リーグ球団のOakland Athletics（OAK）が導入したアナリティクス，通称，"マネーボール"だろう。この物語は，2003年に，ベストセラー作家であるマイケル・ルイス（Michael Lewis）が出版した"Moneyball：The Art of Winning an Unfair Game"（不利な試合で勝利するためのアート[131]）が全米でベストセラーとなり，2011年には，ブラット・ピット主演による「Moneyball」として映画化され，世界中で話題を呼んだことは記憶に新しい。

　2000年初めのOAKは，ワールド・チャンピオンになるには程遠いチーム

131　邦文タイトルは，『マネーボール：奇跡のチームをつくった男』である。

状態で，しかも優秀な選手を雇えない貧乏球団であった。そんな中，球団の新オーナーに抜擢されたビリー・ビーンGM（ゼネラル・マネジャー）は，低予算で強いチームを作り上げるため，"マネーボール"と呼ばれる独自の理論を実践した。これは，ベースボールの世界にコンピュータによる統計分析を武器に持ち込み挑むやり方であり，具体的には，統計学を駆使し選手の能力を客観的に評価したり，試合における有利な戦い方を考える手法であった。OAKは，マネーボール理論に基づく球団経営を推し進めた結果，傾いた経営危機を乗り越えるだけでなく，全MLB球団中，最低ランクの選手平均年俸で地区優勝と4年連続プレーオフ進出を成し遂げ，一躍，強豪チームの一員として仲間入りを果たし，檜舞台に躍り出たのである[132]。

　OAKの革新的成功に触発されたメジャーリーグでは，その後，データ・アナリティクスが次々に導入されることとなった。そして，今日では，「セイバーメトリクス（Sabermetrics）」と呼ばれる分析手法が確立された。セイバーメトリクスは，米野球学会の略称（SABR）＋「基準」を意味するメトリクスの合成語とされ，たとえば，攻撃ではいかにアウトを取られないか，守備ではいかにアウトを取るか，打者は打率よりも出塁率や長打率を重視，投手は防御率よりも奪三振率や与四球率を尊重するなど，データに基づき野球をより客観的に分析する試みとして，広く利用が進んでいる。

　ところで，アナリティクスは，野球以外のスポーツでも普及と導入が進んでいる。次に，紹介するのは，全日本女子バレーボール代表チームのケースである。言うまでもなく，バレーボールという競技は，身長の格差やパワーの有無等が勝敗を大きく左右するスポーツである。このため，世界に比べ，小柄で貧弱な全日本女子は，戦う前から圧倒的に不利な状況に立たされてい

132　元プロ野球選手で監督も務めた野村克也氏は，データ重視（Important Data：ID）野球を掲げ，数々の弱小球団を優勝へ導いた。それは，従来のような経験や勘に頼らず，データを集めて科学的に分析してチームを作り上げ勝利するやり方である。マネーボールは，統計学の考え方を応用した手法であるのに対し，ID野球とは，打球カウント別の打者・投手・捕手心理等について野村氏が直接，ホワイトボードに板書し，選手はノート・テイキングする講義形式で進められるため，その進め方や内容は異なるようだ。

た。たとえば，ロンドン・オリンピックに出場した12ヵ国中，日本チーム
の身長は，最下位であった。トップのロシアチームと日本の身長差は，なん
と13.4cmというハンディキャップが存在した。こうした身体的能力に圧倒
的な差がある日本チームが世界のチームと互角に戦うための打開策として
導入したのが，"データバレー"であった。日本代表監督を務める眞鍋政義
とそのスタッフは，圧倒的な身長差というハンディキャップを克服し，日本
人が有する性格や能力を最大限生かすことができる戦い方として，データ・
アナリティクスを導入した。つまり，身長差や体格差を認めつつ，「和」，
「器用さ」，「緻密さ」という日本人が持つ優れた精密力を引き出すため，
データの利活用を採用したのである。たとえば，試合前は，「相手チームの
解析」，「対抗するための戦術」を練るためにデータを利用する。試合中は，
刻々と変化する状況を正確に分析し，iPadでリアルタイムに伝え，采配に
活かす。試合後は，チームの分析や課題の発見そして戦術の検証などについ
てデータを活用するものである[133]。こうした取り組みによって，全日本女子
は，長い間続いた低迷を克服し，世界のトッレベルに返り咲くことができ
た。

　もう1つの事例として，ラグビーワールドカップ2015において圧倒的な
体格差を跳ね除け，ニュージーランドと共に世界屈指の強豪チームと称され
る南アフリカ共和国を打ち破り，奇跡の勝利を収めたラグビーワールドカッ
プ日本代表を取り上げてみよう。周知のとおり，日本は，これまでラグビー
弱小国であった。フィジカルやスピードの圧倒的な違いから，ニュージーラ
ンドで開催された前回大会までのラグビーワールドカップにおける通算成
績は，1勝21敗2分と惨敗状態であった。また，国内における人気度も野球
やサッカーなどに押され，マイナーなスポーツとして理解されてきた。こう
した低迷する日本代表のヘッドコーチ（HC）にオーストラリア人のエディ・
ジョーンズ（Eddie Jones）氏が招かれたのは，2012年であった。4年後の

133　眞鍋（2011）。

イギリス大会に向けてエディ・ジョーンズHCが目指したのは，「アタッキング・ラグビー」であった。その意味は，日本人の強みである真面目で忍耐力を活かすラグビーを指し，全選手が忍者のような身体を持ち，狭いスペースの中で素早く動けるスモール・ラグビーを確立することであった。その目標を達成するため，同HCが取り組んだのは，①10人の外国出身選手を登用した「サイズアップ」，②早朝5時から夜までトレーニングを行う「ハードワーク」，③外国から専門家を招聘して身体能力を高める「フィットネス＆ストレングス」，④ハイテク機器を導入する「科学的なアプローチ」であった。なかでもユニークな取り組みは，「科学的なアプローチ」であり，たとえば，GPSを装着したユニホームを着てトレーニングすることで走行距離の測定，ドローンを飛ばして上空から各選手の動きの把握や攻撃スタイルの高度化，空気抵抗から負荷を作り出すワットバイク（Wattbike）と呼ばれるマシンを使い，ペダリングの解析や左右差の確認など，選手一人ひとりのデータを徹底的に集め，対戦相手のプレースタイルや戦力と比較・分析することで個力とチーム力の向上に努めた。さらに，天候や風向きの変化，ピッチの状態，レフェリーの情報まで徹底的に調べ上げるなど，対戦相手を想定したすべての諸要因をあぶり出し，詳細なデータ分析を行うことで「アタッキング・ラグビー」の完成度を高める取り組みを実施した。こうした4年間の地道な成果は，本番に表れた。まず，フィジカル面では，第1回ワールドカップ日本代表の平均身長179cm，平均体重87kgに対し，今回の日本代表は，平均身長188cm，平均体重105kgと，身長+9cm，体重はなんと+18kgもサイズアップを果たした。但し，南アフリカ代表は，平均身長193cm，平均体重115kgであり，日本代表とのフィジカル面の格差は，身長5cm，体重10kgの違いが残された。にもかかわらず，ラグビーワールドカップ日本代表は，本番のビックゲームでジャイアント・キリング（番狂わせ）を実現し，過去，通算で1勝しかできなかったワールドカップで3勝1敗という好成績を収めたが，残念ながら，決勝トーナメント進出までには至らなかった。しかし，このような日本代表の活躍に対して，世界からは「スポー

ツ史上最高の快挙」,「史上最強の敗者」という称賛の声が巻き起こった[134]。

　最後に, 野球やサッカー, バレーボールやラグビーなど, 今日のあらゆる
スポーツの世界では, 必ずと言ってよいほど「分析アナリスト」が存在し,
監督やコーチそしてアスリートたちを影で支えている。たとえば, 全日本女
子バレーボールチームでは, 情報戦略担当（チームアナリスト）が試合中,
バレーボールのコート近くに設置されたスカウティングエリア（統計席）か
ら, サーブ, レシーブ, スパイクそしてブロック等に関する情報をコン
ピュータへ素早く打ち込み, 意思決定者へ有益な情報を迅速に提供すること
で世界と戦っている。図表8-4は, 一般社団法人日本スポーツ・アナリスト
協会がリリースしているデータ・サイエンティストの基本的な仕事を示し
たものである。

　まず, スポーツにおけるデータ・サイエンティストの仕事プロセスには,
①データ収集, ②仮説の構築, ③データ分析, ④データ検証, ⑤データ伝達
という5段階に分けられる。そして, これらは,「労働集約型処理」,「知的
集約型処理（インテリジェンス）」,「伝達処理」という3つの処理に分類さ
れる。一方, 情報は, データ収集からデータ伝達へ進むほど, 情報量は減り
その質が拡大する。これに対し, 仕事のプロセスが進むほど, 確実性は高く
なる。

　ここで, スポーツ・アナリストの事例として, 先にあげた全日本女子バ
レーボールのチーム・アナリストの事例を取り上げてみよう。渡辺（2013）
によると, アナリストとは, 有益な情報を意思決定者に戦略的に提供する専
門家であり, 具体的には, データの「収集」,「分析」,「伝達」が最大の作業
だと指摘している[135]。まず, データを武器に世界と戦うために必要な作業の
ひとつとして, データを「収集」するミソとは, キーボードへの入力スピー

134　エディ・ジョーンズHCによると, 勝利するチームの条件として価値観の共有が大
　　切である。また, これを養うため, 出身国を問わず円陣を組んで全員が国家（君が代）
　　を歌うことを大切にしている。
135　渡辺（2013）。

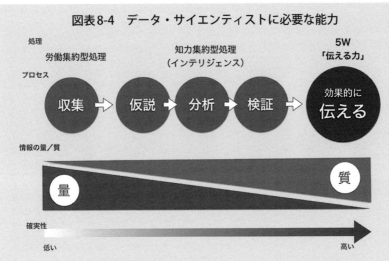

図表8-4　データ・サイエンティストに必要な能力

出所）一般社団法人　日本スポーツ・アナリスト協会

ドの速さと正確さ，プレーの観察や判定する力などであり，これらを向上さ
せることでデータの質を高められる。次に，データを「分析」するミソは，
データの数値化である。プレーや能力を数値に置き換えることで，初めて客
観的に状況や内容を具体的に把握することができる。最後に，データを「伝
達」するミソとは，分かりやすい言葉や円グラフや棒グラフ等を用いて視覚
的に訴えることで，選手や意思決定者がはっきりイメージしやすいよう工夫
が必要である。また，データを伝える（提案する）のではなく，伝えたい人
物にデータを提供することが大切な考え方であり，それには，数字をそのま
ま伝えるのでは意味がなく，現場が行動や実践につなげられるよう，上記の
ような工夫を凝らす心構えが肝要だと指摘している。

第9章
データ・ドリブン経営

9-1　なぜデータなのか

　経験や勘に頼るのではなく，自社内外に蓄積されたデータを活用した問題発見・解決を行うデータ・ドリブン（駆動）経営が広まりつつある。本章では，なぜデータに基づくのかその背景について言及した後，一般的な問題発見・解決のアプローチといくつかのデータ・ドリブン経営の実践例を紹介し，その実践のために求められる人材について言及する。

　ノーベル経済学賞は賞金がノーベル財団ではなくスウェーデン国立銀行によって支払われる賞で，正式名称は「アルフレッド・ノーベル記念経済学スウェーデン銀行賞」という。また経済学賞は正確には経済科学（Economic Science）に与えられる賞で，その選考対象は狭い意味での経済学にとどまらず隣接する社会科学まで含むことが1995年に決定され，政治学，社会学，心理学，歴史学なども選考対象になりうるという学際的な特徴を持っている。これまで経済学賞の大半は，理論や手法への貢献に対して与えられてきた（安田，2017）。

　しかし，最近は実証研究が受賞するようになってきている。2019年の受賞は，世界の貧困削減への実験的アプローチに関する功績をたたえ，アビジット・V・バナジー（Abhijit Vinayak Banerjee）氏，エステル・デュフロ（Esther Duflo）氏とマイケル・クレーマー（Michael Robert Kremer）氏の3氏に贈られた。3氏はランダム化比較試験（RCT：Randomized Controlled Trial）と呼ばれる手法を活用し，開発援助一般が役に立つかどうかについて個別具体的なプロジェクトに注目し，それが望ましい結果を生んだかどうかを科学的かつ厳密に検証した。そして様々な国，様々なプロジェクトの効果を検証することにより効果的な開発政策のあり方について議論した（會田，2019）。2021年の受賞は，半分が労働経済学の実証分析への貢献でデヴィット・カート

（David Edward Card）氏，残る半分は労働経済学に深く関係した計量経済学の方法論への貢献でヨシュア・アングリスト（Joshua David Angrist）氏とグイド・インベンス（Guido Wilhelmus Imbens）氏に贈られた。いずれも社会制度や歴史的な偶然からあたかも原因が操作されたかのような状況を用いて因果関係を推定する手法である自然実験を用いて最低賃金と雇用の関係などの因果関係を明らかにした。この受賞の影響は大きく，どのような仕組みで因果関係が推定されているかを明確に議論せずに実験経済学の論文を執筆しても主要な学術誌には掲載されなくなった（川口，2021）。2023年の受賞は，労働市場におけるジェンダー間の格差の主な要因を明らかにしたクラウディア・ゴールディン（Claudia Dale Goldin）氏が受賞した。Nobel Prize Organization（2023）のプレスリリースには「女性は世界の労働市場で圧倒的に過小評価されており，働いても男性よりも収入が少ない。クラウディア・ゴールディンは米国の200年以上前からのアーカイブ・データを収集し，収入と雇用率における男女差が時間の経過とともにどのように，そしてなぜ変化したのかを実証した」とある。これら受賞はいずれも実証研究の成果である。実証研究にはデータが必要であるが，経済学においてデータが重視されるようになったのは1990年以降の傾向で，個人や企業の詳細なデータを大量に使う研究が急増し研究スタイルが様変わりしていることが指摘されている（小塩，2017）。

　この傾向は，経営学においても同様である。山野井（2021）は，変数間の因果関係に関する測定と分析を主目的とする定量的研究について，Academy of Management Journal（AMJ），Organization Science（OS）およびAdministrative Science Quarterly（ASQ）に2020年に掲載された170本の論文をレビューし，実際のデータに対して定量的研究手法を用いた分析が115本（約70％）であることから，定量的研究が経営学研究の主流となっている状況が変わっていないことを述べている。日本学術会議経営委員会においては研究業績評価に関する分科会が設置され，科学的頑健性を重視する実証研究が経営学の世界でも必要であるが，他方でグランド・セオリーを意識した体系的な研究が失われてもよいとはいえないことから科学的頑健性と体系性との整合性を保

ちながら，日本の人文・社会科学をいかに進展させるかを検討している（たとえば，日本学術会議経営委員会（2015））。この検討は簡潔に述べると実証研究というグローバルな潮流の中で日本の伝統的な規範的研究をどう守っていくかという議論ではないかと考えられる。裏を返せば，データに基づいた実証研究の潮流がいかに大きいかを反映していると考えられる。

　自然科学や工学・医学の分野では，基より実証研究が主流であり，データの活用が古くより行われてきた。たとえば，先にあげたRCTは臨床医学の分野でA/Bテストとして薬剤の効用の評価などで古くより行われてきた分析手法である。現在ではICT業界などでWebページのパフォーマンス評価などで当たり前のように活用されている。このように科学と付く研究分野においては実証分析およびそのためのデータの利活用は必須のアイテムとなっている。社会科学系で学ぶ学生といえどもデータの利活用は，必要不可欠になったということである。

　一方，ビジネス分野はどうであろうか。後続の図表9-2にて実例をあげたとおりに，DXの推進に当たってはデータの利活用が企業活動の基盤になっており，企業活動を行う上で必要不可欠な要素となっている。

　こうした状況下，日本政府はAI戦略2019（令和元年6月統合イノベーション戦略推進会議決定）を定めた（内閣府，2019）。そこには，AI×データを取り巻く国際的な競争の激しさをふまえて，日本がSociety5.0を目指し，世界規模の課題（SDGs）の解決に貢献するための戦略が述べられている。人口比ベースで世界で最もAI時代に対応した人材育成を行い，世界から人材を呼び込む国になること，さらに，それを持続的に実現するための仕組みが構築されることを戦略目標1として掲げている。

【大目標】

　デジタル社会の基礎知識（いわゆる「読み・書き・そろばん」的な素養）である「数理・データサイエンス・AI」に関する知識・技能，新たな社会の在り方や製品・サービスをデザインするために必要な基礎力など，持続可能な社

会の創り手として必要な力を全ての国民が育み，社会のあらゆる分野で人材が活躍することを目指し，2025年の実現を念頭に今後の教育に以下の目標を設定した。

● 全ての高等学校卒業生が「数理・データサイエンス・AI」に関する基礎的なリテラシーを習得。また，新たな社会の在り方や製品・サービスのデザイン等に向けた問題発見・解決学習の体験等を通じた創造性の涵養
● データサイエンス・AIを理解し，各専門分野で応用できる人材を育成（約25万人/年）
● データサイエンス・AIを駆使してイノベーションを創出し，世界で活躍できるレベルの人材の発掘・育成（約2,000人/年，そのうちトップクラス約100人/年）
● 数理・データサイエンス・AIを育むリカレント教育を多くの社会人（約100万人/年）に実施（女性の社会参加を促進するリカレント教育を含む）
● 留学生がデータサイエンス・AIなどを学ぶ機会を促進

そして，高等学校を対象に，次の具体目標が掲げられた。

【具体目標】

すべての高等学校卒業生（約100万人卒/年）が，データサイエンス・AIの基礎となる数理素養や基本的情報知識を習得。また，人文学・社会科学系の知識，新たな社会の在り方や製品・サービスのデザイン等に向けた問題発見・解決学習を体験。

さらに，大学・高専・社会人を対象に，次の具体目標が掲げられた。大学ではデータサイエンス学部やその学科・コースなどの新設が相次いでおり，リテラシーレベルならびに専門課程の設置認証も行われている。政府の目標達成および社会の要請に応えるべく，これからは多くの専門家が育っていくものと見

込まれる。

〈具体目標1〉

文理を問わず，全ての大学・高専生（約50万人卒/年）が，課程にて初級レベルの数理・データサイエンス・AIを習得。

〈具体目標2〉

多くの社会人（約100万人/年）が，基本的情報知識と，データサイエンス・AI等の実践的活用スキルを習得できる機会をあらゆる手段を用いて提供。

〈具体目標3〉

大学生，社会人に対するリベラルアーツ教育の充実（一面的なデータ解析の結果やAIを鵜呑みにしないための批判的思考力の養成も含む）。

大学の卒業者数は年間60万人弱であるから，ほとんどの学生が数理・データサイエンス・AIリテラシーを身につけるということになる。この方針はAI戦略2021（内閣府，2021）およびAI戦略2022（内閣府，2022）に引き継がれている。

こうした戦略と連動し文部科学省は，高校の教科「情報Ⅰ」を2022年度より必修科目とし，2025年度入試から共通テストの必須科目とすることを定めた。さらに教科「情報Ⅱ」にデータサイエンスを加えた。教科「情報Ⅱ」は，大きく5つの内容から構成される（文部科学省，2020）。

第1章　情報社会の進展と情報技術
第2章　コミュニケーションとコンテンツ
第3章　情報とデータサイエンス
第4章　情報システムとプログラミング
第5章　情報と情報技術を活用した問題発見・解決の探究

文部科学省（2019）を見ると，教科「情報Ⅰ」の数理・データサイエンス・AIに関する内容は初歩的な内容にとどまっているのに対し，教科「情報Ⅱ」の「第3章　情報とデータサイエンス」は相当に踏み込んだ内容となっている。

具体的には，「情報の科学的な見方・考え方を働かせて問題を明確にし，分析方針を立て，社会の様々なデータ，情報システムや情報通信ネットワークに接続された情報機器により生産されているデータについて，整理，整形，分析などを行う。また，その結果を考察する学習活動を通して，社会や身近な生活の中でデータサイエンスに関する多様な知識や技術を用いて，人工知能による画像認識，自動翻訳など，機械学習を活用した様々な製品やサービスが開発されたり，新たな知見が生み出されたりしていることを理解するようにする。更に，不確実な事象を予測するなどの問題発見・解決を行うために，データの収集，整理，整形，モデル化，可視化，分析，評価，実行，効果検証など各過程における方法を理解し，必要な技能を身に付け，データに基づいて科学的に考えることにより問題解決に取り組む力を養う。」ことが全体目標として掲げられ，データと関係データベース，大量のデータの収集と整理・整形といったデータエンジニアリング能力養成と重回帰分析とモデルの決定，主成分分析による次元削減，分類による予測，クラスタリングによる分類，ニューラル・ネットワークとその仕組み，テキストマイニングと画像認識といったデータサイエンス能力養成のための学修内容となっている。実習内容もExcelのほかPythonやRのプログラムを用いてのデータ処理となっている。これは従来のほとんどの大学の文系学部では科目設置がない内容であり，専門学部・専門学科にて取り上げていた内容である。しかし，教科「情報II」はWeb上の各種調査結果を概観すると，開講している高校は全体の2割にとどかないようであり，上記内容は，今後も大学にて取り上げていかなければならない内容と認識される。

　大学に対しては，文部科学省は数理・データサイエンス・AI教育認定制度を定め，その促進を図る事業を行っている。主な取り組みは，（1）トップ人材の育成・学位のブランド化，（2）コンソーシアム活動，（3）認定制度の構築・運用である。大学の数理・データサイエンス・教育に関する正規課程教育のうち，一定の要件を満たした教育プログラムを政府が認定し，多くの大学が数理・データサイエンス・AI教育に取り組むことを後押ししている。政府の

図表9-1　数理・データサイエンス・AI教育認証とモデルカリキュラム

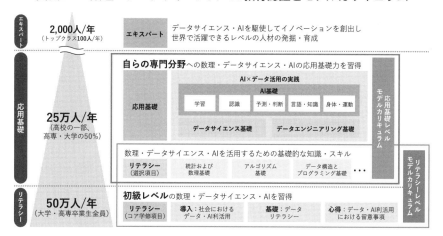

出所）文部科学省（2023a）

AI戦略2019との関係で図示すると，図表9-1のようになる（文部科学省，2023a）。

　リテラシーレベルはDX時代の読み書きそろばんとして大学生全員がその対象に想定されている。応用基礎レベルは自らの専門分野において数理・データサイエンス・AIを応用・活用することができる応用基礎力を習得する学生が想定されている。2023年8月25日現在，リテラシーレベルは382件，応用基礎レベルは147件（大学等単位59件，学部・学科等単位88件）の認証を大学等が受けている。これらは全大学の中でリテラシーレベルは約30％，応用基礎レベルは約10％に相当する（文部科学省，2023b）。

　文部科学省が推進する数理・データサイエンス・AI教育の全国展開事業の中で，リテラシーレベル・応用基礎レベルのモデルカリキュラムや各大学等の成果を全国へ普及・展開させるためのコンソーシアム活動等が実施され，それぞれのモデルカリキュラムが提示されている。リテラシーレベルにおいて，数理・データサイエンス・AI教育を活用するための基礎的な知識・スキルとして統計および数理基礎，アルゴリズム基礎，データ構造とプログラミング基礎

図表9-2　日本政府のデジタル人材の育成・確保目標（5年間の人材育成目標）

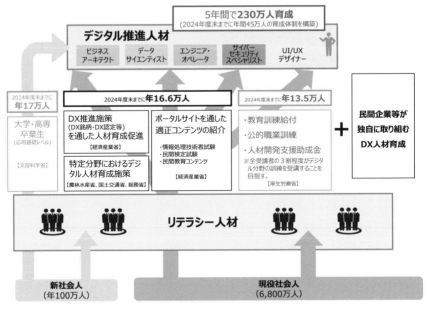

出所）文部科学省（2023a）

などが列挙されているが，選択科目となっており，導入，基礎，心得からなるリテラシーのみ必須としてプログラムが組まれている。リテラシーレベルの認証取得は難易度としてはそれほど高くないように設定されている。これら詳細なモデルカリキュラムは，リテラシーレベルは数理・データサイエンス教育強化拠点コンソーシアム（2020）に，応用基礎レベルは数理・データサイエンス教育強化拠点コンソーシアム（2021）にそれぞれ紹介されている。

こうした文部科学省による数理・データサイエンス・AI教育の推進は，小中高・大学などの教育機関に大きな変革を伴う一大事業であるが，日本政府が推進するデジタル人材を育成する構想から見ると，全体の1/3程度の人材育成ということになる（図表9-2）。

9-2　データに基づいた問題解決

　大学生が経済的に自立した社会人となるために身につけるべき能力の1つとして問題発見・解決能力がある。データ・サイエンティストはデータサイエンス能力やデータエンジニアリング能力を備えた専門家という認識もあるが，ビジネスの課題に対してデータ分析やAIとITスキルを駆使して解決する人材（塚本・山田・大澤，2021）という定義もある。つまり，ビジネスの問題発見・解決を担う人材である。

　この問題発見・解決は時代とともに変化するものではなく，その大局的アプローチは大きくは変化していない。ある種普遍的な取り組みである。たとえば，1980年発刊のオペレーションズ・リサーチ（OR）の教科書（真壁ほか，1980）を参照すると，意思決定者に問題解決のための有効な情報を提供することがORの目的であり，①問題の明確化，②調査（データの収集・加工，要因相互間の関連性分析と代替案の列挙），③分析（モデル作成とモデルによる代替案の費用・便益の比較），④解釈と評価までの手順に従って分析作業が行われ有効な答えが導き出されると記載されている。有効な答えが導き出されるまで（答えが希求水準へ到達するまで）反復的に検討が繰り返されるプロセスとして定義されている。

　本節の主題とするデータに基づいた問題解決は，こうした従来から普遍的に存在する問題解決プロセスについて，データ・ドリブンを前提としたプロセスと認識することができる。IoTやICTの発展に伴うビッグデータによってデータの収集・加工の方法の変化やAIの登場による分析手法の高度化といった問題解決プロセスの内部のアプローチが大きく変化したということであろう。具体的には，社会科学系分野にて研究対象となるデータは，①ソーシャルメディアデータ（SNSへの書き込みなど），②マルチメディアデータ（Web配信サイトから提供される画像・音声・動画など），③ウェブサイトデータ（ECサイトなどに蓄積される購入履歴など），④顧客データ（CRMシステムなどによって収集される顧客情報），⑤センサーデータ（センサーによって収集される各

種データ）, ⑥業務データ（業務で作成される文書やメールなど）, ⑦ログデータ（Webサーバーに自動生成されるログなど）, ⑧オペレーションデータ（各種業務システムに蓄積される取引データなど）, ⑨その他データ（課題に応じて実施されるアンケートなど）などがあるが, これらデータの特徴として①〜⑧はビッグデータとなる場合が大半であることがあげられる（佐藤, 2022）。

このようなビッグデータを取り扱うために新たにAIアプローチが取り入れられるようになった。機械学習によって学習させたモデルに自動で予測を行わせるなどの取り組みが新たに加わった。従来からの因果関係を人間が理解しやすい形でモデル化するデータ分析のアプローチに加え, 従来のデータ分析よりも高い予測能力を有する機械学習が活用されるようになったのが現在のデータ・ドリブンな問題解決のアプローチということになる。

データ・ドリブンな問題解決プロセスとして多方面で引用されているのは, ハーバード大学のデータサイエンス・コース教材として作成された図表9-3のプロセスである。

ステージ1：質問する
専門知識や経験, チームでの協議, 専門家からのアドバイスなどにより問題を明確化する。

ステージ2：データを取得する
自社に蓄えられたデータベースやWebスクレイピングなどにより外部データを入手し, データ・クリーニングを行う。

ステージ3：データを探索する
基本集計などによりデータを調べ仮説やパターンを構築・認識する。

ステージ4：データのモデル化
回帰モデルによる因果関係の把握や機械学習による予測などのモデル化や推定・検証を行う。

ステージ5：データを伝達する
データを可視化するなどし, 結果を評価する。

図表9-3　データ・サイエンスのプロセス

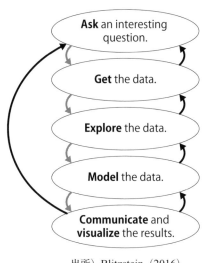

出所）Blitzstein（2016）

　ステップ1からステップ5までウォーターフォール型に流れるプロセスではなく，各ステップ間および全体が反復的に連結している点が特徴である。明確化した問題に取り組むためのデータが存在しない場合は問題の設定を再考する，データを調べた結果，問題があればデータの収集をやり直す，モデル化やデータの可視化ステップで問題があれば前にフィードバックしてデータセットの再作成やモデル化をやり直す，ステップ5を通過したとしても，ステップ1の問題の明確化にて設定した目標に到達していなければもう一度データの入手からやり直すといったフィードバックがある。PDCAサイクルのようなサイクリックなプロセスとして理解される。

9-3　企業によるデータ利活用の実際

　企業ではどのようなデータ・ドリブン経営が行われているのであろうか。まず思いつくのは世界をリードする巨大IT企業のGAFAM（Google, Apple,

Facebook（Meta），Amazon，Microsoft）である。Googleなどは創業者らが考案したページランク・アルゴリズムに基づき情報検索サイトを立ち上げたのがきっかけである。Amazonのリコメンデーション・システムも当初より取り入れられていた。まさしくデータ・ドリブン経営の申し子たちといってよいであろう。

　一方，最近の日本企業はどうであろうか。富士通はスーパーコンピュータ「富岳」などにより誰もが知っている日本を代表する企業の1つである。日本のものづくり産業は，今後，中長期的な視点で，世界での競争力低下が懸念され，その要因として，新型コロナウイルス感染症（COVID-19）をはじめとした不確実な要素への対応力の不足，ものづくりに必要な原材料価格の高騰・半導体などの部素材不足，そして少子高齢化によるものづくり人材の不足などがあげられている。これからの日本のものづくりには，上記の問題に加え，地球温暖化への責任という要素も加わり，（1）サプライチェーンの強靭化，（2）カーボンニュートラルへの対応，（3）DXによる競争力向上を課題としてあげている。富士通はこれら課題に対してデータ・ドリブンな取り組みを行っている（図表9-4）。たとえば，データ・ドリブンな部品管理による在庫最適化，カーボンニュートラルに向けた投資計画最適化，AIモデルのライフサイクルマネジメントによる製造品質向上などである。保守部品の物流費・余剰在庫削減，脱炭素化に向けた最適投資計画の策定，従来の抜取り検査をAI技術により外観検査を自動化・省力化した全数検査とするなど効果をあげている（石田ほか，2023）。

　ガラス，電子，化学品，セラミックなどの事業をグローバルに展開するAGCは売上高1兆5,000億円超を誇るメーカーであるが，経済産業省と東京証券取引所が選定するDX銘柄に選ばれている先進企業である。AGCはデータサイエンスの活用において後発企業であったとのことで，導入の当初よりビジネスを重視する姿勢で取り組んだとのことである（小野，2020）。AGCでは因果連鎖分析という分析手法を確立し，個々人の経験や勘に基づく言語化できていない暗黙知を含めて課題解決に結びつく可能性のある諸要因を因果の連鎖

図表9-4　富士通AIモデルのライフサイクルマネジメント

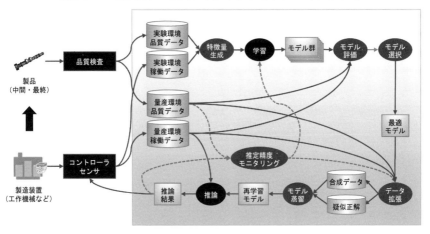

出所）石田ほか（2023）

という視点から整理し可視化するものである。諸要因の関係性が可視化されることでビジネス課題の設定に向けた合意形成が進めやすく分析対象とすべきデータも明確になるとのことである。その結果，図表9-5のようなビジネス課題の設定からデータの活用，さらには課題解決に向けた具体的な改善の実施まで一連のデータサイエンスのプロセスをブラックボックス化することなく納得性の高い成果に結びつけ，製造不良をほぼゼロにした事例やeコマースでの売上高を大幅に増やした事例など様々な成果を表出している（AGC, 2019）。

　日経クロストレンド（2019）は株式時価総額上位300社を対象に財務データと個人投資家のアンケートからイノベーション企業300社ランキングを行った。1位に選ばれたのは，FAセンサーなど検出・計測制御機器大手のキーエンスである。キーエンスは業績を反映させた給与体系を採用し，営業利益率は50％，社員平均年収は2,000万円を超える企業としても有名であるが，その原動力にデータ・ドリブン経営がある。

　キーエンスの強みは営業力・提案力，世界初を生み出す製品開発力，自前の工場を持たないファブレス体制，代理店に頼らない直販体制ならではの当日出

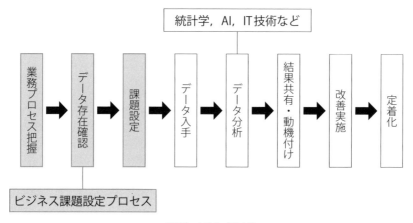

図表9-5　AGCのデータ・サイエンス活用プロセス

統計学，AI，IT技術など

業務プロセス把握 → データ存在確認 → 課題設定 → データ入手 → データ分析 → 結果共有・動機付け → 改善実施 → 定着化

ビジネス課題設定プロセス

出所）AGC（2019）

荷などがよくあげられるが，それらを効果的に可能にしているのが徹底した営業・マーケティングデータの活用にある。顧客のWebカタログ閲覧状況から最適なタイミングで最適なアプローチをするほか，過去の購買・引き合いデータから成約に至りやすい商談と至りにくい商談の差異を分析し，成約予測と成約率向上の策を見出だし営業展開している。これらデータ活用方法はデータ・ドリブン経営の新たなコンサルティング事業としても立ち上げている。たとえば，京都中央信用金庫は2021年からキーエンスのデータ分析ソフトウェア「K1シリーズ」を活用し投資信託の販売や融資契約につながる営業先を絞る顧客ターゲティングに活用し成果をあげている。コンビニ大手のローソンは2021年からK1シリーズを導入し，全国約14,500店に設置しているロッピーなど約20種類の機器を正常稼働させるため，故障に対応するコールセンターのスタッフが記録した文字情報からPOSに日販数値，各種端末のバッテリー残量まであらゆるデータを集めて機械学習させ，故障が多い店舗や時間帯などの特徴を抽出し機会損失を防ぐのに役立てている（西岡，2022）。

9-4　求められるデータ・サイエンス人材

　ダベンポートとデータ・サイエンティストのパティル（D.J. Patil）は，2012年，ハーバード・ビジネス・レビューへ投稿した論文のタイトル名として，"データ・サイエンティストは21世紀における最高にセクシーな仕事である"（Data Scientist：The Sexiest Job of the 21st Century）と綴ったとおり，近年，膨大なデータを分析する専門家であるデータ・サイエンティストの育成と活用に注目が集まっている。まず，データ・サイエンティストは，どのように定義されるだろうか。一般社団法人コンピュータソフトウェア協会（CSAJ）によると，「ビジネスにおいて，競争優位性をもたらすために，データの収集・加工・分析に優れた専門性を発揮し知見を引き出す人材」のように規定している。

　次に，何故データ・サイエンティストの需要が高まっているのか。それは，言うまでもなく，データ流通量が急増しているからである。図表9-6は，エリクソン（スウェーデン）が公表した「Ericsson Mobility Report」をもとに総務省がまとめた世界のモバイル端末経由でのデータトラヒックの予測である。それによると，2022年末で90.1エクサバイト/月であったものが，2028年には324.8エクサバイト/月にまで拡大すると予測されている。

　さて，データ・サイエンティスト人材を国際比較すると，日本の状況はどうだろうか。McKinsey Global Instituteの調査レポートによると，日本におけるデータ・サイエンティストの数は，世界各国に比べ著しく少ない。データ分析の才能を有する人材（すなわち，データ・サイエンティスト）の推移を見ると，人材豊富なアメリカや中国では，その数が年々増加しているのに対し，日本は，逆に低下傾向にあり，しかも統計で示された国々のなかで，最低レベルの国であるという驚くべき実態が明らかにされている。つまり，データ・サイエンティストの現状は，21世紀の最高にセクシーな仕事であると指摘されているにもかかわらず，日本は，他国に比べ，その数が圧倒的に不足しており，大きく遅れていると言わざるを得ない状況なのである。

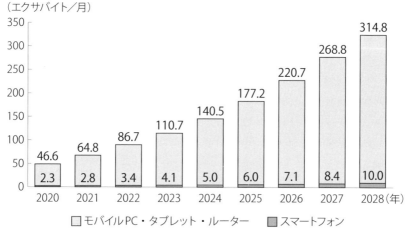

図表9-6　世界のモバイルデータトラヒックの予測（デバイス別）

（エクサバイト／月）

出所）総務省『情報通信白書 令和5年版』

　データ・サイエンティストの主要な仕事とは何か。一般社団法人コンピュータソフトウェア協会（CSAJ）によると，データ・サイエンティストの業務範囲とは，「データ収集」，「データ管理」，「データ設計」，「データ加工」に加え，「得られたデータ分析や活用」までを含むとしている。すなわち，データ・サイエンティストとは，データを設計するデータ・アーキテクト（Data Architect），データを収集するデータ・スチュアート（Data Steward），データを分析するデータ・アナリスト（Data Analyst）という3つの職務を包括する人材と位置付けている。

　最後に，浦本（2019）はデータ・ドリブン経営における新たな2つのリスクを指摘している。デジタル技術の急速な進化とともに技術が複雑化し，その詳細を理解することが難しくなってきていること，および，ソフトウエアの振舞いが人間の直感と合わなくなってきていることである。前者は多層ニューラル・ネットワークを用いる深層学習においては得られた出力の根拠を理解することが難しいことなど人間の認知的限界による。後者は敵対的サンプル，学習モデルの解釈性，フェイクニュース，ソフトウェアライフサイクルの変化など

による。健全なデータ・ドリブン経営を行っていくためには，これらリスクを正しく計量し認識していく能力も必要になると考えられる。

第10章
デジタル化と雇用

10-1 現代の雇用の変化

10-1-1 正規中心主義から非正規活用主義へ

　本節では，機械技術の飛躍的な進歩とそれによる人的失業の可能性や雇用創造に焦点を当てるが，その議論に入る前に，まず，近年における雇用の変化について，詳しく触れておきたい。図表10-1は，1985年から2022年までの37年間における正規職員・従業員数と非正規職員・従業員数の推移を表したものである。

　これを見ると，正規と非正規の職員・従業員数の変遷がまさしく手に取るように分かる。まず，正規の職員・従業員数の推移は，1985年の3,343万人から徐々に増加し，1995年には，対85年比436万人増に当たる3,779万人規模まで拡大した。しかし，その後は，緩やかな右肩下がりで低下を続け，2015年には，対95年比462万人減にあたる3,317万人まで縮小し，過去最低を記録した。そして，2022年には，正規の職員・従業員数は，対15年比271万人増の3,588万人まで回復してきている。

　これに対し，非正規社員数の推移は，年々，拡大の一途を辿っている。1985年当時の非正規社員数は，僅か656万人であったものが，その後，毎年，右肩上がりで増加を続け，2015年には，対85年比1,330万人増にあたる1,986万人まで拡大した。そして，2022年は，対15年比115万人増にあたる2,101万人となり，今後とも，その伸びは止まらないと予測されている。

　このように正規の職員・従業員数は，3,500万人前後でほとんど変わらず推移しているのに比べ，非正規の職員・従業員数は，この37年間で3倍以上も拡大しており，2,000万人の大台に乗せているのが現状である。

　次に，役員を除く雇用者計に占める正規と非正規の職員・従業員の伸び率の変化はどうだろうか。図表10-2は，その伸び率を時系列に比較したものであ

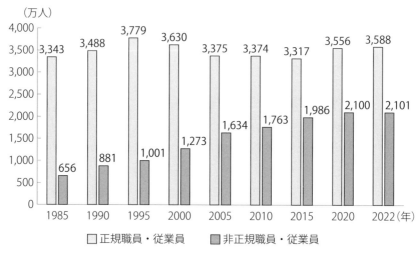

図表10-1　正規・非正規の職員・従業員数の推移

（万人）

凡例）□ 正規職員・従業員　■ 非正規職員・従業員

資料）「労働力調査特別調査」及び「労働力調査年報」をもとに作成

る。まず，1985年当時，全体の83.6％を占めていた正規の職員・従業員の割合は，その後，緩やかに減少し，2022年には，20.5ポイント減に相当する63.1％まで低下した。逆に，当時，16.4％に過ぎなかった非正規の職員・従業員の割合は急激に増加しており，2022年の数字を見ると，20.5ポイント増にあたる36.9％まで拡大している。

　このように正規と非正規の職員・従業員の割合変化を見ると，明らかに非正規が増え，正規が減っている様子が見て取れるが，これは，自然現象のように発生したのではなく，むしろ，人為的に引き起こされた可能性が高い。それを証明するため，この35年間における経済状況と打ち出された雇用政策を5年単位に小分けしながら振り返ってみよう。

　1980年代後半は，「プラザ合意」（1985年）が交わされて円高が進んだが，その後，景気が回復してバブル景気となった時代であった。当時の雇用政策は，女性労働者の地位や立場を認める「男女雇用機会均等法」（1986年）や設計業務など13業務について労働者派遣を解禁する「労働者派遣法」（1986年）

図表10-2　正規・非正規の職員・従業員の伸び率変化

資料）「労働力調査特別調査」及び「労働力調査」をもとに作成

　が施行され，その結果，正規社員数，非正規社員（パート・アルバイト）数は
共に大幅に増加した。

　1990年代前半になると，バブルの崩壊と円高に伴い，景気は大きく後退し
たが，この間，正規社員と非正規社員は，引き続き共に増加の一途を遂げた。
一方，1995年に経団連（日本経営者連盟）が『新時代の「日本的経営」』を取
りまとめて発表した。そこでは，従業員のタイプを「長期蓄積型」，「高度専門
型」，「雇用柔軟型」という3つに分類する雇用のポートフォリオが打ち出され
た。

　1990年代後半に入ると，相次いで金融機関が破たんした。たとえば，1997
年，北海道拓殖銀行，1998年，日本長期信用銀行と日本債券信用銀行など，
その他多くの地銀が債務超過に陥り，破たんした結果，日本経済は不況に陥っ
た。また，1996年，「労働者派遣法」が一部改正し，派遣対象業務が26業務
に拡大される一方で，1999年には，医療や製造業など5業務を除き，原則自
由化された。その影響によって正規社員数が減少する一方，非正規社員（パー

ト・アルバイト）が大幅に増加した。

　2000年代前半となり，インターネット・バブル（ITバブル）の崩壊に伴い，不況が強まり雇用情勢は，悪化の一途を辿った。このため，正規社員の雇用は，大きく減少する一方で，非正規社員の雇用は，2004年，製造業への派遣労働が解禁された影響から，従来のパート・アルバイト以外の派遣社員そして契約社員が増加した。

　2000年代後半になると，正規社員の雇用は，2008年に起こったリーマン・ショックの影響により一気に悪化に転じたが，この5年間で比較して見ると，やや減少に止まった。これに対し，非正規社員の雇用は，相変わらず派遣社員や契約社員の雇用が増加し，その結果，より一層の拡大を示した。

　2010年代前半に入ると，2011年，東北地方を中心に東日本大震災が発生し，国土が壊滅的な打撃を受けた。そして，2012年，安倍政権が成立し，「大胆な金融政策」，「機動的な財政政策」，「民間投資を刺激する成長戦略」から構成された「アベノミクス」が実行された。こうした歴史的なアクシデントやデフレ経済を克服するために打ち出された政府の諸政策を通じて，全体の仕事量は拡大したものの，賃金の節約を願う経営者側の意向から，正規社員の雇用は，なるべく抑えられる一方で，経営者側にとって都合のよいパート・アルバイト，派遣社員そして契約社員は，高齢化社会に伴う豊富な高齢労働者の存在や仕事を求める女子労働者そして行き場を失った若年労働者にも助けられ，過去，最高の割合を占めるに至った。

　そして，2010年代後半に入ると，2016年，九州の熊本で巨大地震が起こり，家屋の倒壊や土砂災害による死傷者を招いた。こうしたなか，2015年10月，派遣労働者の雇用の安定を守る目的から「改訂労働者派遣法」が施行された。これは，派遣社員の派遣できる期間（派遣可能期間）がこれまでの1年から3年へ延長されたこと，そして，派遣会社が無期雇用した社員の場合，派遣期間制限は設けないとする改訂である。2019年末，中国の武漢でコロナウイルスが発生し，2020年1月，国内でも感染者が確認された。2月には，大型クルーズ船ダイヤモンド・プリンセス号内で乗客・乗員がコロナウイルスに感染し

た。その後，感染は全国各地に広がり，政府は数回にわたる「緊急事態宣言」を発令し，外出の自粛，店舗の臨時休業を要求した。一方，新型コロナウイルス感染症の拡大による影響から，在宅勤務やリモートワークなどテレワークという働き方改革が一気に広まった。その一方で，少子高齢化による人手不足は深刻化し，このため，高齢者雇用や外国人雇用の拡大に加え，人間の仕事をロボットやAIに代行・代替する取り組みが並行して進んだ。さらに，新型コロナウイルスの影響から感染者が増大したにもかかわらず，15〜64歳までの生産労働年齢に該当する女性たちが医療福祉や介護関連の仕事に就くことで，2020年以降，あらかじめ落ち込むことが予想されていた正規社員の数が横ばいとなった。併せて，非正規社員についても，2020年4月（中小企業は2021年4月），正規社員とパートタイム労働者・有期雇用労働者（非正規社員）との間で存在する賃金や手当，福利厚生や教育訓練など，あらゆる不合理な待遇差を設けることを禁止する，同一労働同一賃金と呼ばれる「パートタイム・有期雇用労働法」が施行され，非正規社員のさらなる拡大に弾みをつける結果となった。

　このように日本における雇用の歴史とは，おおよそ次のように整理することが可能である。1つは，少なくとも1980年代後半から1990年代前半までは，好景気と不景気が繰り返し発生したり，「労働者派遣法」が施行されるなど，いくつかの出来事があったとはいえ，雇用政策の狙いは，「正規中心主義」であった。当時を振り返ると，1980年代に日本企業による日本的経営を礼賛する調査や主張が特にアメリカの識者から数多く発信された。たとえば，ハーバード大学のエズラ・ボーゲル（Ezra Vogel）は，1979年，日本がアメリカを追い越し追い抜き，名実ともに一番となったと論じた"Japan as Number One：Lessons for America"を執筆し，当時，ベストセラーとなった。また，ボストン・コンサルティング・グループのジェームス・アベグレン（James C. Abegglen）とジョージ・スターク・ジュニア（George Stalk, Jr.）は，1985年，"Kaisha：The Japanese Corporation"を出版し，日本企業の経営方法や効率的な生産システムに関する詳細を浮き彫りにした。そして，マサチューセッツ工

科大学（MIT）産業生産性調査委員会のマイケル・ダートゾス（Michael L Dertouzos）らは，1989年，"Made in America：Regaining the Productive Edge"を取りまとめ，日本的方法が成功を収め，逆にアメリカの産業競争力が衰退するなか，米日欧の産業比較調査を行い，自国の国際競争力低下の真因を探り出し，再び，繁栄するための処方箋を探り出す取組を明らかにした。さらに，国境を超えた国際自動車研究プログラム（IMVP）の中心メンバーであるマサチューセッツ工科大学のジェームズ・ウォマック（James P. Womack）とダニエル・ルース（Daniel Roos）そしてサセックス大学のダニエル・ジョーンズ（Daniel Jones）は，1990年，"The Machine that Changed the World"を取りまとめた。それによると，ヘンリーフォードが生み出した米国流の大量生産方式に対し，日本的なシステムであるリーン（Lean）生産方式がこれに取って代わる優れたシステムであり，世界の自動車産業が目指すべき方向性であるとの見解をまとめた。

　これら日本的経営や日本型生産方式を手放しに称賛する議論に横たわる共通点とは，経営者のマネジメント能力よりも，むしろ，現場で働く勤勉な働き手に注目が寄せられたことであった。つまり，優秀な現場力が日本企業の強みであり，逆に外国企業の弱みであるという主張である。それでは，なぜ，日本では優れた現場力が生まれたのだろうか。それは，独自の雇用システムにあると言われている。日本企業は，終身（長期）雇用や年功序列賃金など日本的経営を推進する一方，毎年，新卒者の大量一括採用が実施した。その主な目的とは，未経験な彼ら彼女らをOJT（On the Job Training）という手段を用いて，社内で戦力として育てあげることであった。そして，社内外で人脈ネットワークの構築，多種多様な知識や経験を研鑽するゼネラリストを養成するため，複数の部門や部署を定期的に異動する頻繁な配置転換（Job Rotation）が実施された。こうして豊富な人脈や経験，幅広い見識を身に着けた選りすぐりの内部昇進者の中から，将来の幹部候補者が選抜されたのである。つまり，このような手厚い人材育成政策の結果，企業に対する社員らの帰属意識や忠誠心が高まり，自己都合で辞める者を除くと，そのほとんどは定年を迎えるまで同一企業

内に留まり働き続け，そして退職を迎えるスタイルがスタンダードとなり，このため，社員の定着率は安定したのである。また，付け加えるならば，当時の日本社会では，最初に入社した会社を途中で辞めたり，会社から会社へ渡り歩く発想や行動は決して望ましい行為とは見なされず，むしろ，タブー視する傾向が強かった。こうした根強いメンタリティーが強く作用した点も正規社員が温存される動機として働いたものと考えられる。

　しかしながら，根強い正規中心主義は，他方において深刻な組織的弊害を生み出す元凶でもあったことを忘れてはならない。たとえば，職務能力の有無よりも単なる年齢の高さや上司または会社に対する歪んだ忠誠心（ゴマすり）等を通じて，重要な人事や昇進が決定される「ぬるま湯体質」という不健全化が生産され組織全体に蔓延した。また，軽率な行動から仕事で失敗しても，無罪放免に済まされる信賞必罰の不在や大きな失敗を回避するため，積極的な発言や行動を避け，只々，上司からの指示に従い続ける「指示待ち人間」を生み出す原因にもつながった。

　もう1つは，1990年代後半あたりから今日まで，徐々に正規中心主義がほころびを見せ始める一方で，非正規社員の活用が急速に台頭してきたことである。それまで日本企業は，松下幸之助の事例にもあるとおり，どんなに厳しい不況に陥っても，雇用には手を付けず，ひたすら赤字を耐え忍び，好景気が訪れるまで我慢する経営を繰り返し何とか歩んできた。そして，社員の雇用を最優先する哲学こそ，日本企業が内包する美徳とされてきた。ところが，一向に不景気が回復せず，これが長期化してくると，経営者と社員がひたすら赤字を耐え忍び，不景気をやり過ごす対処療法は，もはや通用しなくなる。そこで，経営者は，いよいよ正規社員を対象としたダウン・サイジングや非正規社員の積極的な採用の拡大など，抜本的な対策を講じる必要に迫られたのである。つまり，長引く経済不況，政府の規制緩和，法律の制定や改正，少子高齢化社会の到来，女性労働力の活用，正規社員の解雇規制の強さ，外国人持ち株比率の向上など，これら時代の流れや変化を受けて雇用の論理もまた転換を余儀なくされたのである。

さて，日本企業が働き手優先の時代から会社都合優先の時代へシフトした現在，「非正規活用主義」のメリットとデメリットには，どんな項目をあげることができるだろうか。まず，メリットとしては，人件費の節約と抑制があげられる。また，必要な時に調達し不要な時に切り取るような需給の変動に対する弾力的な対抗策としても利用できる。逆に，そのデメリットとしては，会社に対する忠誠心の欠如や一体感の喪失を生み出す危険性があげられる。また，当事者側から見ても，低賃金問題に加え，いつ雇用を打ち切られるのかわからず，不安定を余儀なくされる精神的ストレスをあげることができる。

10-1-2　機械中心主義の到来

周知のとおり，日本企業の雇用は，過去，正規社員が議論の中心であった。ところが，現在では，非正規社員の戦略的活用に焦点が移っている。このため，雇用保障が手厚い正規社員とそれがリーズナブルな非正規社員との間で格差をなくすこと，そして，コストの高い正規社員を抑制しコストを抑えられる非正規社員の割合を拡大することに注目が集まっている。このように従来までの雇用問題の主役とは，正規社員か，非正規社員かというヒト（人間）がその大きな対象であった。

ところが，これからは，必ずしも人間だけが雇用問題の主役とは限らない。むしろ，将来的には，雇用の関心がヒトから機械へ移行し，その主役がヒトから機械へ取って代わられる可能性や危険性に関する議論が次第に高まりつつあるのが現状だ。もちろん，ヒトの仕事が機械に代替されたことは，これまでも製造業のモノづくりで頻繁に起こってきた。たとえば，自動車の溶接や塗装の各工程は，当初，ブルーカラーと呼ばれるヒトの手で作業がなされてきた。ところが，あまりにも過酷で危険なため，今では，専用のロボットが導入され，自動化されている。同じく，組立工程でも，ブルーカラーの作業者が効率的に作業しやすいよう，足・腰をサポートする支援型ロボットや組み立てロボットが活躍している。

一方，これから機械がヒトの雇用を奪うその対象は，従来までのブルーカ

ラーではなく，ホワイトカラーであるという指摘がなされるようになってきた。過去，ヒト（人間）が独占してきたホワイトカラーの仕事のうち，比較的マニュアル化に近いオフィスワークやルーチンワークについて急速な機械化の波が押し寄せてきているのである。但し，こうした展開は，所詮，機械がヒトの下請けとして機能するだけに過ぎず，その意味では，機械による真のヒトの代替とは言えるものではない。

　しかし，2045年頃には，ロボットや人工知能そして自動化等の各種テクノロジーが飛躍的な進化を遂げることが予想されている。これは，「シンギュラリティ」と呼ばれる現象であり，人工知能の精度やソフトウエアの性能が格段に向上し，その結果，機械が主体的に考え，行動できる時代がやってくるという未来予想である。そして，機械がヒトに追いつき，それ以上の存在になると，今度はヒトが機械の下請けとして機能する時代が到来する。そうなると，単純労働のみならず熟練労働もまた機械や自動化の餌食となり，労働者はかつてないほどのプレッシャーに晒されることが予想され，いよいよテクノロジー失業が深刻な社会問題を巻き起こすことになるのである[136]。

　次に，テクノロジー失業について，テクノロジーの代替がすでに進んでいる仕事とこれから進む可能性の高い仕事に分け，思いつくまま綴ってみよう。まず，今日，すでにテクノロジーの代替が進んでいる主な仕事とは何か。交通機関を対象にした場合，たとえば，駅の改札切符切りは，自動改札機に代替され，今ではほとんどいなくなってしまった。路線バスの車掌は，自動音声案内装置に取って代わられ，今日の運行バスはワンマンカーが主流である。大型旅客機のエンジンや機体，燃料系統を点検し，安全なフライトを確保する航空機関士の仕事は，すでに精巧なコンピュータ・システムに置き換えられており，現在は，機長と副操縦士による2人体制が主流となっている[137]。また，それ以外にも，温泉地に行くと良くいたマッサージ師の仕事は，高機能なマッサー

136　Bryniolfsson and McAfee（2014）。
137　日経プラスワン「コンピュータが雇用奪う?」2014年3月15日。

ジ・マシンの導入により減少の一途を辿っている。回転寿司店では，お米の炊きだしから巻きや握りそしてカットまでを自動的で行う寿司ロボットが開発されたことで，未経験なパート・アルバイトでも簡単にお寿司を作れるようになり，寿司職人をすっかり代替してしまった。日本のガソリン・スタンドでは，もともと給油作業中に給油員が窓ふきや車両の点検などを無料でサービスしてくれた。ところが，今では，人件費を削減して値段を安くするという理由から，ドライバー自らが給油作業を行うセルフ・スタンドがあっという間に普及し，給油員らの仕事が奪われるだけでなく，有人スタンドの数もまた年々減少の一途を辿っている。今後，全自動給油装置等が開発され，オートマティック・スタンドが登場すれば，給油員の必要性は全く不要となり，既存の給油スタンドは，もはや消滅してしまうことも考えられる。家庭の（専業）主婦の仕事もまた，アイロボット社がお掃除ロボット「ルンバ」を開発したことで，お掃除の負荷から解放され，その分を余暇の充実に回すことができるようになった。接客の仕事では，たとえば，三菱UFJ銀行が特定の店舗に対し，ヒトの代わりにAIを搭載したヒューマノイド・ロボット「NAO」を導入して人間の仕事を減らしている。このロボットは，単なる接客案内をするだけでなく，たとえば，フランス語で問われたらフランス語で返答するなど，19か国語の言葉にも対応できるように作られているという。ソフトバンク・ロボティクスが開発したヒューマノイド・ロボット「Pepper」もまた，相手の声や表情から感情を認識できるAI機能を持ち，顧客との対話や商品提案などの仕事をこなすことが可能な知的ロボットとして，店舗の案内や接客の仕事を奪い取ろうとしている。最後に，薬剤師の仕事で病院内に薬剤を運ぶような業務は，すでに松下記念病院で地下の薬剤部から各病棟そして救急外来に薬剤を無人搬送する病院内自律搬送ロボット「ホスピー」が稼働し，院内業務の効率化に加え，ヒトの作業を代替している。

　一方，これからテクノロジーによる代替が進むであろう主な仕事とは何か。たとえば，美容師の洗髪の仕事は，パナソニックによる頭皮ケア機能が充実した洗髪ロボット「ヘッドケアロボット」が試行運用されており，将来的には，

代替されるかもしれない。警備員の仕事は，最近，綜合警備保障（ALSOK）がセンサーとクラウドを連携させた自立走行型警備・案内ロボットを開発した結果，近い将来，完全にロボットへ代替されてしまう可能性が高くなった。熟練技術を必要とする大工の仕事も近い将来，機械に代替されるのかもしれない。愛知県の宮川工機は，「匠の技」を再現する加工機を開発し，世間から注目を集めている。そして，AIの飛躍的な進歩により，あと数十年すると，自動翻訳・自動通訳が実現するとも言われている。もしそうなると，通訳の仕事が機械に取って代わられる一方で，言語障壁が取り除かれるため，日本企業のグローバル化は格段に加速すると共に，事業の立ち上げ段階から世界市場を狙うボーン・グローバル・カンパニーもまた拡大するかもしれない。

　このように，幅広い領域において，ヒトからマシンへの代替がすでに進んでいる。我々は，テクノロジー失業について，今まで以上に真剣な議論を交わすべき時代が到来したことを強く認識する必要がある。

10-2　機械化を巡る日本と西洋の違い

10-2-1　抵抗感の低い日本

　西洋に比べ，日本は機械化に対する抵抗感が低いと言われる。よくロボットのケースが取り上げられるが，それもそのはずで，日本は，2022年の段階で世界の産業用ロボット稼働台数（マニピュレーティング・ロボットのみ）の約11％を占める中国に次ぐ第2位のロボット大国である。また，世界に先駆けて二足歩行型ロボットを開発したのは，自動車メーカーのホンダである。そして，ペット型ロボットとして犬型ロボットを開発し実用化させたのは，AVメーカーのソニーである。さらに，世界初のサイボーグ型ロボット「HAL」を開発したのは，筑波大学発ベンチャー企業であるサイバーダインである。

　日本は，ロボットの分野で世界最高の技術水準と輝かしいロボット開発を成し遂げてきた国であるが，それでは，なぜ，日本が世界有数のロボット大国になれたのだろうか。それは，オタクなど若者文化を意味するサブカルチャーの

影響が大きいと指摘する論者は多い。つまり，幼少期におけるサブカルチャーの影響がロボットに対する親近感を高め，ロボットの開発を促進する原動力となっているのである。たとえば，日本人技術者にロボット研究のモチベーションについて聞いて見ると，一様に子供の頃見たマンガのキャラクターを再現するためだと答えるそうだ[138]。日本人は，子供の頃から大人になるまで漫画やアニメ，ゲームやアイドルに関心を持ち，そこで登場するキャラクターに強い影響を受けるのである。それでは，年代別に人気を博した代表的キャラクターをあげてみよう。

　まず，1950年代は，「鉄腕アトム」「ゴジラ」が登場した。1960年代は，「ジャングル大帝」「ウルトラマン」「明日のジョー」「天才バカボン」「ゲゲゲの鬼太郎」「巨人の星」そして「ドラえもん」が人気を得た。1970年代に入ると，「マジンガーZ」「宇宙戦艦ヤマト」「銀河鉄道999」「ルパン3世」が登場した。1980年代は，「機動戦士ガンダム」「キャプテン翼」が一世を風靡した。1990年代になると，「スラムダンク」「ワンピース」「新世紀エヴァンゲリオン」「ポケットモンスター」「もののけ姫」「名探偵コナン」が注目された。2000年代は，「千と千尋の神隠し」「初音ミク」に人気が集まった。そして，2010年代には，「鬼滅の刃」「君の名は」「進撃の巨人」がヒットした。

　日本人は，幼少期の段階からこうしたキャラクターに親しみながら成長するため，現実を離れて夢や空想にひたる傾向が強く，こうしたロマンチシズムによって機械やロボットに対する愛着（Attachment）が人一倍高くなるのである。

　次に，日本が機械やロボットに対する愛着の強さを証明する調査とその実態について触れてみよう。ある調査によると，日本人の生活者を対象に「暮らしでロボットをもっと使いたいか」と聞くと，47％の人がイエスと回答している[139]。つまり，日本人の2人に1人がロボットと一緒に暮らすことに抵抗感を

138　Kaplan（2011）。
139　日本経済新聞「サーベイロボット」2015年2月8日。

抱いていないことになる。また，日本では，相手が機械だと分かっていても，意外にも古風な名前をつけて大事にする傾向が強い。乗用四輪駆動雑草刈り機に「草刈機まさお」，乗用四輪駆動芝刈り機に「芝耕作」と名前をつけて販売するなど，その独特な感性は他に例を見ないものがある。

　それでは，日本人がアニメや漫画に親しみ，仕事に使用するマシンにも愛らしい名前をつけて大切にするそのメンタリティーの奥底には，いったいどんな理由が隠されているか考えてみよう。アーサー・D・リトルの川口（2007）によると，日本人の機械やロボットに対する愛着の深さは，道具や製品に情が移りやすく，擬人化を好むためであると分析している。つまり，日本では，ひとつの道具を長く使っているうちに情が起こり，魂を込めるという精神文化がある[140]。そして，生き物や機械まであらゆるモノをヒトと重ね合わせ擬人化してしまう。さらに，日本には女性的な細やかさと子供のような好奇心，ファンタジー的な世界観がその下地にあると指摘している。図表10-3は，機械化の背後にある気質について国際比較したものである[141]。

　川口によると，日本人は，女性的で子供っぽいカワイイ気質を備え，協調的で感性を大切にする精神風土が根付いている。こうした気質こそがどんなロボットやマシンにもヒトの名前をつけ，あたかも人間と同じように大切に扱う日本人の振る舞いの背景に隠れている理由である。また，鉄腕アトムのようなヒューマノイド・ロボットやハイブリッド・カーのプリウスが人気を博している理由についても，これらが子供っぽくて何だかカワイイ要素を多分に含んで

140　日本人のスポーツ選手や職人の世界では，道具を体の一部として大切に扱う考え方がある。

141　本田（2014）によると，日本は，大学の研究室から企業へ入社するパターンが多く，企業へ入社後も同じ研究室出身の技術者がその枠を超えて横につながるケースが多い（Closed Innovation）。しかし，同じ研究文化を共有しているため，突出したアイデアに乏しく，画期的なものが生まれにくい。一方，海外は，ワールドワイドに人材をかき集めてくるので異質性が高く，このため，革新的なアイデアが生起されやすい（Open Innovation）。

図表10-3　機械化の背後にある気質の国際比較

	子供っぽい（感性）	大人っぽい（理性）
男性的（競争）	アメリカ（パワー） （ムスタング）	ドイツ（質実剛健） （ベンツ，BMW）
女性的（協調）	日本（カワイイ） （プリウス）	フランス・イタリア（エレガント） （フェラーリ）

出所）川口（2007）に基づき作成

いるからである[142]。これに対し，ドイツは，男性的で大人っぽい質実剛健な気質を好み，競争的で理性を大切にする精神風土がある。たとえば，ドライバーにとってはステータス・シンボルであるベンツやBMWがハイエンド（高級車）なクルマ作りを愚直に追求することがその典型である。一方，アメリカは，男性的で子供っぽい気質とされ，競争的で感性を大切にする精神風土をもっている。つまり，競争好きのパワー志向であり，自動車で言うと，排気量が大きいムスタングがアメリカの気質そのものを表現している。最後に，フランス，イタリアは，女性的だが大人っぽいラテン気質を持ち，協調的で理性を大切にする精神風土を有している。たとえば，フェラーリのようなエレガントなクルマは，これらの国の気質を象徴している。

142　櫻井（2010）によると，日本のアニメの特徴として，①手書きなこと，②週刊マンガ誌という世界にはない強固な原作を生み出す母体があること，③脚本やキャラクターの設定が深く，先のストーリーが読めないこと，④制作上のタブーが少ないこと，⑤アニメは子供が見るものという世界の常識を無視して作られていることをあげている。

10-2-2　抵抗感の高い西洋

　西洋では，「ロボットは怪物である」という特有の恐怖観が存在する。たとえば，アメリカの俳優シュワルツェネッガーが主演した人気映画「ターミネーター」に登場するヒューマノイド・ロボットは，未来からやってきた殺し屋を演じているが，西洋では，機械化のような科学技術に対する警戒心がひと際強い。というのも，西洋の宗教では，ヒトは神によって創造されたという宗教上の理由から，人間の創造物は，生みの親である神に対抗する意味となるため，自然の秩序に挑んだ罰を受けることになると考えるからである[143]。

　また，1960年代，アメリカは世界で初めて産業用ロボットを開発した国である（1961年，Unimation社がユニメートの開発に成功した）にもかかわらず，労働機会が失われると強く主張する労働組合との軋轢が解消されなかったことも，国内市場における普及が延々として進まなかった理由にあげられる[144]。

　ここで，ヒト型ロボットに対する西洋の抵抗感を物語る有名なエピソードを2つ紹介しよう。1つは，チェコの作家であるカレル・チャペック（Karel Capek）が書いた戯曲『R.U.R.（Rossum's Universal Robots：ロッサム万能ロボット会社)』である。この戯曲は，人間より安価で効率的に労働する人造人間を生産する工場で生み出されたロボットがやがて団結して反乱を起こし，最後は，ロボットを作り出した人類そのものを抹殺してしまう話であり，ロボットが人間に近づくほど，人間そのものを脅かす危険な存在となることを如実に示す西洋特有の考え方である。

　もう1つは，自動車メーカーのホンダが二足歩行型ヒューマノイド・ロボットを公開する際，ホンダの幹部がキリスト教の指導的立場にあるバチカンのローマ教皇庁を訪問し，その是非を問うた話である。キリスト教社会である欧米では，人間は神が創造されたものであり，このため，ヒト型ロボットの開発は神への冒につながる懸念があった。そこで，ホンダはバチカンを訪れ，お伺

143　Kaplan（2011）。
144　楠田（2004）。

いを立てたところ，バチカンの反応は「ヒト型ロボットが作られたことは神が
せしめたこと。それもまた神の行為の1つ」という好意的なものであった。こ
うしてホンダは，ローマ教皇庁からお墨付きを頂くことができ，その後，ヒト
型ロボットの開発は，急ピッチで進展したのである。

10-3　テクノロジーによる雇用崩壊

10-3-1　3つの波

　歴史を紐解くと，テクノロジーの進歩を通じてヒトの雇用が失われていく現
象は，少なくともこれまで3度ほど観察されている（図表10-4）。

　まず，第1の波は，18世紀後半から19世紀前半にかけて起こった産業革命
である。イギリスで起こった産業革命から織物機械や脱穀機械など数々の自動
化機械が発明され，その結果，ヒトの仕事が機械に奪われ，深刻な失業問題に
発展した。1811年，職人や労働者は，機械に仕事を奪われるとして立ち上が
り，これらの機械を破壊するラッダイト運動（Luddite Movement）が世間を
騒がしたことは，あまりにも有名である。

　その一方で，産業革命ではヒト以外にも失業したものが存在する。それは労
役を担う馬である。イギリスにおける役馬の数は，1901年の段階では325万
頭いたものが，1924年には，200万頭を下回るまで減少した[145]。これは，馬に
よる長距離輸送力が列車に代わり，駆動力が蒸気機関に代替されたことに加
え，船の牽引，炭鉱の力仕事，戦場への武器の運搬等が内燃機関に取って代わ
られたからであり，役馬という労働力が急速な機械化の犠牲になったのであ
る[146]。

　第2の波は，20世紀に起こったコンピュータ革命である。とりわけ，企業
の生産現場で産業用ロボットや工作機械が導入され，自動化が進んだ。産業用

145　Thompson（1976）。
146　Clark（2007）。

図表10-4　テクノロジー失業の3つの波

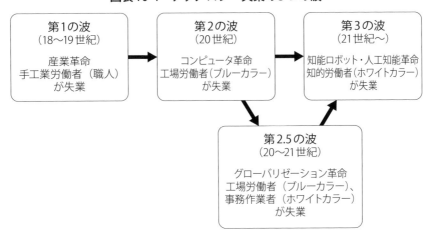

ロボットは，主に自動車の塗装・溶接工程，家電の組立工程や搬送工程そして半導体のウエハ搬送や基板実装のクリーン工程等で導入が進む一方で，ロボットを制御するため，PLC装置が開発された。また，工作機械でも，マシンをコンピュータで制御するCNC装置が開発され，これらコンピュータの普及と発展から現場の作業者（ブルーカラー層）レベルの失業が深刻な問題となった。

　ところで，同時代，ヒトから雇用を奪い取る重要な原動力として，グローバリゼーション革命が起こったことも付け加えなければならない。これは，第2の波に対し，第2.5の波と呼べるものである。具体的には，インドや中国を対象としたオフショアリング（海外業務委託），国内外の受託業者へのアウトソーシング（外部委託）そして台湾のフォックスコン・テクノロジーグループ（鴻海科技集団/富士康科技集団）を代表とするEMS（Electronics Manufacturing Service：電子機器の受託生産を行うサービス）の台頭から，グローバリゼーションが拡大し，その結果，国内の単純作業者の仕事や会社のバックオフィスを担う事務作業者（ホワイトカラー）の仕事が次々に海外へ流れ出し，彼らの失業問題が顕在化したことである。

このように，第1の波では，機械の進歩が職人たちの雇用を奪った。第2の波では，コンピュータの発達が主に工場作業者たちの雇用を奪った。併せて，第2.5の波では，グローバリゼーションが工場の単純作業者とバックオフィス業務を担う事務作業者たちの雇用を奪い取る原動力として作用した。それでは，これから到来する第3の波とは，いったいどんなものだろうか。それは，近年，国内外で盛んに指摘がなされている知能ロボットや人工知能の革命である。知能ロボットや人工知能に加え，ナノテクや遺伝子などの先端的テクノロジーが飛躍的に進歩を遂げる結果，そう遠くない未来，画期的な自動化技術が開発され，職人や単純作業者のみならず，知的労働者レベルの仕事でさえ，機械に置き換わってしまう危険性が広く語られるようになった。たとえば，弁護士や放射線医師という高度な知的労働者ほど，機械化のターゲットになりやすいとの指摘もなされている。未来学者のマーティン・フォード（Martin Ford）は，2009年，膨大な知識をアルゴリズムとして数値データ化したり，データベースに蓄積する作業は，それほど途方もなく難しいことではない。加えて，これらの職業は，設備投資が不要なため，相対的に自動化しやすいことに加え，機械化して人件費を削減するインセンティブが非常に高いと指摘している。このように第3の波といううねりは，従来とは異なる抜本的な変質を意味するものである。2011年のマサチューセッツ工科大学のエリック・ブリニョルフソン（Erik Brynjolfsson）とアンドリュー・マカフィー（Andrew McAfee）の言葉を借りれば，我々は，今，大再構築（Great Restructuring）に直面しているのである。

　歴史的に見ると，テクノロジーの進歩は，ラッダイト運動に象徴されるとおり，ヒトの雇用を破壊するトリガーである危険性が高いとの見方がどうやら一般的のようである。現に，将来的にも，重要な意思決定を担う知的労働者レベルの雇用についても，進化するテクノロジーの手によって奪われてしまうとする意見が大勢を占めている。それでは，次に，テクノロジーによる失業の危険性を主張するその主な論者たちの意見を取り上げてみよう。

10-3-2　テクノロジー失業に関する見解

　ロボットや人工知能など機械技術の進化は，「テクノロジー失業」という深刻な問題を引き起こす可能性が高い。このような主張をいち早く打ち出した人物は，おそらく，イギリスの著明な経済学者であるデビッド・リカードに違いない。デビッド・リカード（David Ricardo）は，1821年，著書『経済学および課税の原理（On the Principles of Political Economy, and Taxation）』第3版のチャプター31に該当する「機械について（On Machinery）」の中で，次のような言葉を残している。「機械を人間労働に代用することが労働階級の利益にとって極めて有害である」。また，「労働階級は，機械の使用が彼らの不利であるという意見を抱いているが，この意見は，偏見や誤りに基づくものではなく，経済学の正しい原理に合致する」とも論じており，技術革新によって失業が発生する可能性を示唆している。

　同じく，イギリスの世界的な経済学者として有名なジョン・メイナード・ケインズ（John Maynard Keynes）は，1930年，「我々の孫のための経済的可能性（Economic possibilities for our grandchildren）」と題するエッセイのなかで，次のような記述を残している。「私たちは，新しい病に苦しめられようとしている。それは，多くの読者が名前さえ聞いたことがないことだが，数年後にはすごい勢いで聞かれるようになるだろう。すなわち，それは技術的失業（Technological Unemployment）である」。

　こうしたリカードの見解やケインズの予言以降，今日に至るまでテクノロジー失業を巡る問題は，著名な数学者，物理学者，工学者，経済学者そして発明家や未来技術ジャーナリスト，さらに民間または公的なシンクタンクまでが競ってこれを取り上げ，繰り返し議論がなされてきた。そこで，下記では，過去から現在に至るまでの代表的な論者の指摘を紹介しよう。果たして，機械技術の進歩によってヒトの仕事は奪われてしまうのか。

　まず，ノーベル経済学賞を受賞した経済学者のワシーリー・レオンチェフ（Wassily Leontief）は，1983年，次のように論じている。「生産の最も重要な要素としての人間の役割は，減少する運命にある。それは，ちょうど農業の生

産において，役馬の役割が最初に減少され，そして，それからトラクターの導入によって排除されたように」と指摘し，労働者の仕事が機械に取って代わられる可能性を示唆している。

　日本のルポライターでジャーナリストでもある鎌田（1983）は，生産性の向上や労働環境の改善を目的として，工場の作業現場へ自動化ロボットが次々に導入されたり，なかにはファナックのように完全無人化工場まで出現する現状を踏まえ，こうした変化は，労働者を駆逐または排除する何物でもないと指摘し，「ロボット絶望工場」とは，すなわち「人間絶滅工場」であるという批判的な見解を示している。

　世界的にも有名な文明評論家であり，1980年代に『エントロピーの法則』を執筆して反響をよんだジェレミー・リフキン（Jeremy Rifkin）は，1995年，テクノロジーの導入に積極的な論者の意見は，総じて「トリクルダウン効果」が得られるからだと指摘している。「トリクルダウン効果」とは，テクノロジーの進歩と導入によって生産性が向上した結果，商品価格が下がり，購買力が上昇して雇用を拡大するシナリオである。また，テクノロジーの積極的な導入によって大規模な雇用削減が一時的に発生しても，別の産業や新たに生まれた産業が余剰労働力を吸収するため，テクノロジー失業は，いずれ終息に向かうだろうと信じられてきたが，実際には，あらゆる産業部門で機械が人間に取って代わり，リストラや自動化の餌食になってしまっていると主張している。

　さて，今世紀に入り，テクノロジー失業と雇用を巡る検討は，ますます本格化する様相を強めている。というのも，不況が世界中を駆け巡り，どの国でも失業問題が深刻な命題として持ち上がり，その結果，その本質的な理由を解明する必要性が強まったからである。たとえば，マサチューセッツ工科大学のフランク・レヴィ（Frank Levy）とハーバード大学のリチャード・マーネイン（Richard Murnane）は，2004年，簡単にコンピュータへ取って代わられることのない仕事や人材として，身体知や経験から学んだ専門的な思考（Expert Thinking）と微妙なニュアンスを読み取り伝える複雑なコミュニケーション

（Complex Communication）を具備した人材と職業だけが将来有望であると論じている。

　マーケット・スペース社のジェフリー・レイポート（Jeffrey F. Rayport）とバーナード・ジャウォルスキー（Bernard J. Jaworski）は，2005年，今日の企業のバックオフィス部門（製造活動や販売活動，そして，管理，人事，財務など，製造や販売を支える機能）では，急速なグローバル化の波が押し寄せているのに対し，企業のフロントオフィス部門（マーケティング，営業，販売チャネル，技術管理，顧客サービスなど）では，急速な機械化（自動化）の波が押し寄せてきており，これを「フロントオフィスのリエンジニアリング」と命名している。そして，フロントオフィス革命の構成要素のタイプに，営業・サービススタッフなど人間が主体となる「人間特化型」，ATMや自動販売機など機械が主体となる「機械特化型」，そして旅行代理店の予約システムなど人間と機械の双方が主体となる「混成型」という3つのアプローチがあると説明している。

　ロンドン・ビジネススクールで組織行動を教えるリンダ・グラットン（Lynda Gratton）は，2011年，2025年の働き方を形成する要因として，①テクノロジーの進化，②グローバル化の進展，③人口構成の変化と長寿化，④社会の変化，⑤エネルギー・環境問題の深刻化を取り上げ，なかでも，「テクノロジーの進化」が人間の仕事を代替し始めたこと強調している。そして，このようなテクノロジーが発達する世界において仕事を得るためには，高いレベルの専門技能が必要であり，具体的には，①知的資本（知識と知的思考力），②人間関係資本（人的ネットワーク），③情緒的資本という3つの専門技能を強化する重要性を指摘している。

　国立情報学研究所の数学者である新井（2010）は，今後，コンピュータが得意とするスキルをヒトが身に着けても，職業として活かせる可能性は低いため，これからは，コンピュータは不得意だけど，ヒトは身に着けることができるスキルを獲得するのが大切であると主張している。また，併せて，コンピュータは，何が得意で何が不得意なのかをきちんと把握することが肝要であ

ると論じている。

　クリントン政権で労働長官を務め，今はカリフォルニア大学バークレー校で教鞭をとるロバート・ライシュ（Robert B. Reish）は，2010年，アメリカ経済が生み出した利益のうち，95％は上位1％の富裕層が手に入れているとおり，富の集中に伴い，格差の拡大が深刻化しているが，その主因として，テクノロジー革新の可能性が高いと論じている。つまり，企業は，ヒトを雇用する代わりに生産拠点の海外移転（グローバル化）と共に，生産ラインの自動化を積極的に進めた結果，失業問題が顕在化したと結論付けている。

　先述したマサチューセッツ工科大学のブリニョルフソンとマカフィーは，2011年，今日のアメリカにおける失業問題の理由として，①景気循環（不況）によるもの，②アウトソーシングやオフショアリングといったグローバル化による影響，③画期的なイノベーションの不在等が考えられるが，しかし，ここで見逃されている大きな理由は，テクノロジーの加速と高度化であると論じている。つまり，アメリカの失業問題とは，イノベーションのスピードが鈍化したからではなく，それを上回る速さでテクノロジーが飛躍的に進歩しているため，ヒトの仕事が機械に奪われてしまったのである。そして，機械とヒトが競争してヒトが機械に負け始めると，高い専門的スキルを持ったヒト，あるいは機械化が難しい仕事に従事するヒトには有利となり，汎用的なスキルを持つヒト，反復的な仕事に携わるヒトは，ますます，仕事を機械に奪われる危険性が高くなると言及している。

　ジョージ・メイソン大学で経済学を教えるタイラー・コーエン（Tyler Cowen）は，2013年，テクノロジーの進歩が我々の所得を決め，中間層を縮小させて「平均の終焉」をもたらし，労働の現場や市場に大きな影響を及ぼすようになったと論じている。そして，これからは，サイエンス，テクノロジー，エンジニアリング，数学などを身に着け，機械技術を使いこなせる人が高い所得と地位を獲得できるものと主張している。

　MITテクノロジー・レビューの編集者であるデビット・ロットマン（David Rotman）は，2013年，テクノロジー失業について，その信憑性を疑う意見も

存在するが，しかし，テクノロジーに精通するものとそうではないものとの間で，所得格差が広がっていると指摘する人々の警告を無視することはできないと論じている[147]。

次に，テクノロジーの進化によって，おおよそどれだけの雇用が失われると予測されるのか。そして，将来的に機械化されてしまう仕事や職種とは，具体的にどのようなものがあげられるのだろうか。

未来学者のマーティン・フォード（Martin Ford）は，2009年，今後，テクノロジーの進歩によって，少なくとも4分の3に相当する雇用が機械に取って代わられる（つまり，失業率75％）と主張し，問題の深刻さに警鐘を鳴らしている。

日経ビジネス（2013）によると，今後とも機械化されず，人間の手に残る仕事とは，第1に，職人や工芸家，お笑いタレント，宮大工，落語家など，ロボットによる代替が難しい仕事であり，その主な理由として，①経験に裏打ちされた勘を持ち合わせていない，②環境の変化に柔軟に対応できない，③規格が非統一の素材やパーツを扱えない，④微妙な力加減を調整できない，⑤人間の感情を読めないことをあげている。第2に，冒険家，力士，政治家，プロスポーツ選手など，もともと自動化のニーズがない仕事である。第3に，コンピュータやロボットの技術者・研究員のような機械化社会の維持に必要な仕事である。第4に，医師，美容師，保育士，臨床心理士，ケア・マネジャーのようなロボットにはやってもらいたくない仕事をあげている。

ダビンチ・インスティチュートの創業者で未来学者であるトーマス・フレイ

147　Rotman（2013）は，Brynjolfssonand McAfeeが強調したアメリカの生産性と雇用者数の推移を引き合いに出してこれを説明した。それによると，1947年の値を100した場合，近年までの生産性と雇用の指数は，共に手を取り合うように伸長してきた。つまり，端的に言えば，生産性が高まると雇用者もまた増加してきたのである。ところが，2000年当たりから，状況が一変した。それは，生産性が向上しても，雇用者数は横ばいかそれとも減少するようになったことである。雇用の伸びが突然緩やかになる一方で，生産性は堅調に成長を続けた2000年から2011年までの間に起きたこのような隔たりをBryn-jolfsson and McAfeeは，大断絶（Great Decoupling）と命名し，その主な理由として，テクノロジーの進歩が雇用を奪い取る可能性を示唆した。

（Thomas Frey）は，2013年，さらに刺激的な主張をしている。それは，2030年までに地球上のすべての職業のざっと50％，20億人以上の仕事が消滅するだろうと指摘している。

　他方，オックスフォード大学マーチンスクールのカール・フレイ（Carl Benedikt Frey）とマイケル・オズボーン（Michael A. Osborne）は，2013年，「雇用の未来」と銘打った調査結果の中で，今後20年で，アメリカにおける雇用者の47％の仕事がコンピュータに取って代わられる（つまり，2人に1人は失業者となる）危険性が高いと指摘している。彼らはまた，コンピュータに代替される可能性の高い職種と低い職種そしてその確率をアメリカ労働省が分類する702職業について，指先の器用さ，オリジナリティ，交渉力，社会的知覚，説得力など，コンピュータ化を妨げる（Bottleneck）計9つの変数から，これを明らかにしている。まず，コンピュータ化のリスクが低いベスト20の職種では，セラピスト，ソーシャルワーカー，監督者，責任者，訓練士，療法士，振付師，セールス・エンジニア，教師など，主にヒトを相手とし，高い職務能力と円滑なコミュニケーションを必要とする仕事は，コンピュータ化のリスクが低い。また，内科医，外科医，歯科医など患者を治療するため，高いスキルと経験が要求される仕事もまた，コンピュータ化されるリスクが低いと指摘している。一方，コンピュータ化のリスクが高いワースト20の職種では，オペレーター，窓口係，受注係，一般事務員，代行者，データ入力作業員，補助員，テレマーケターなど，ヒトを相手にするものの，高い職務能力や経験知が必要とされない仕事は，コンピュータ化のリスクが高い。また，スポーツの審判員，融資担当者，組立・調整工，現像技術者，権利証書の審査官・調査官など，ある程度の職務能力や経験が要求される仕事であるにもかかわらず，AIやデジタル技術の進歩によって，これまで人が担ってきた作業そのものが喪失し，コンピュータに代替されてしまうという意味でリスクが高いと指摘している。

　アメリカのシンクタンクであるPew Research Center（2014）は，「AI, Robotics, and the Future of Jobs」と題する調査レポートを取りまとめた。それに

よると，2025年にネットワーク，自動化，人口知能そしてロボットの進化によって，ブルーカラー，ホワイトカラー両方の仕事がこれに取って代わられる割合は，全体の48％，技術によってヒトの仕事が代替されない割合は，全体の52％であることを明らかにし，おおよそ2人に1人の仕事が奪われる危険性について，これを明らかにした。

　世界的な会計監査法人のDeloitte（2014）は，イギリスのオックスフォード大学マーチンスクールのフレイ＆オズボーンと協力して，イギリスにおける自動化のリスクと題した調査報告書をまとめた。それによると，次の20年間で，新しいコンピュータやロボット技術によってイギリス人の仕事が取って代わられるリスクは，35％（ロンドンに限ると30％）であるのに対し，取って代わられるリスクが低いかそれともリスクはないと回答した割合は，43％（ロンドンの場合は51％）であると発表した。

　さて，アメリカでは労働者全体の2人に1人，イギリスでは3人に1人の仕事が今後，自動化によって奪われてしまうとするショッキングな調査結果が欧米から発表されているのに対し，日本では，この種の実証研究がこれまで実施されてこなかった[148]。おそらく，その理由は，日本では，ロボットや人工知能の進化より非正規雇用の問題がひと際クローズアップされてきたこと，そして，産業用ロボットの導入や利用において日本は，すでに世界トップクラスを誇り，しかも，ヒトと機械のインターフェイスがすでによく機能しているため，今更，機械がヒトの仕事を奪う等という命題をことさら取り上げる必要性はないとする楽観的な見方がその背後に潜んでいたと考えられる。ところが，最近，大手シンクタンクの野村総合研究所は，先述のフレイ＆オズボーンと共同研究を実施し，その結果，国内の601種類の職業に関する人工知能やロボット等で代替される確率を試算した結果を発表した。それによると，10〜20年後には，日本の労働人口の約49％に相当する職業が代替される可能性が

148　近年，2025年には，米国で1億人分の職がロボットに取って替わられるというショッキングな指摘もなされている（Davidow and Malone, 2014）。

高いという驚くべき結果が得られた一方で，日本は，英国（35％）や米国（47％）の割合に比べ，もっとも高い代替率となっており，国際的にも，テクノロジー失業の問題がより深刻な課題であることが浮き彫りにされた。

また，同資料では，人工知能やロボットによる代替可能性が高い100種の職業と低い100種の職業について，それぞれ取り上げている。まず，代替可能性が高い100種の職業を見ると，研削盤工，旋盤工，組立工，研磨工，塗装工，鋳物工，製造工，熱処理工，プレス工，検査工，鍛造工，成形工など，従来モノづくりに必要不可欠とされた職人の仕事が目立つ。また，スーパーの店員，新聞配達員，宝くじ販売人，レジ係，配達員，窓口係，データ入力係などの軽作業や単純作業の仕事が多い。そして，測量士，通関士，電車運転士などの国家試験資格者の仕事もこれに含まれる（図表10-5①）。

一方，代替可能性が低い100種の職業を見ると，アナウンサー，ケアマネージャー，経営コンサルタント，スタイリスト，テレビタレント，プロデューサー，報道カメラマン，美容師，助産師，声楽家など，プロフェッショナルな仕事が多い。また，医師，教員，学者など，教育や研究に従事する仕事が含まれる。そして，映画監督，作詞家，作曲家，ゲームクリエーター，ファッションデザイナー，インテリアコーディネーター，ミュージシャン，メイクアップアーティスト，マンガ家など，高い創造力が要求される仕事もまた含まれている（図表10-5②）。

10-3-3　U字曲線モデル

前項で触れた各論者の見解を踏まえながら，労働（仕事）タイプ別に見たテクノロジー失業の危険性について検討してみよう。図表10-6は，ヒトの仕事を，①肉体労働など低次（ローエンド）なスキルが求められる仕事，②最終的な意思決定を行う高次（ハイエンド）なスキルが要求される仕事，③高次でも低次でもない中程度（ミドルレンジ）なスキルが求められる仕事に大きく区別し，これらの仕事のなかでテクノロジーの進歩に伴い，機械（コンピュータ）化の方向へ押し潰される可能性の高い仕事について，トレースしたものであ

図表10-5①　人工知能やロボット等による代替可能性が高い100種の職業

IC生産オペレーター	ゴム製品成形工（タイヤ成形を除く）	電気通信技術者
一般事務員	こん包工	電算写植オペレーター
鋳物工	サッシ工	電子計算機保守員（IT保守員）
医療事務員	産業廃棄物収集運搬作業員	電子部品製造工
受付係	紙器製造工	電車運転士
AV・通信機器組立・修理工	自動車組立工	道路パトロール隊員
駅務員	自動車塗装工	日用品修理ショップ店員
NC研削盤工	出荷・発送係員	バイク便配達員
NC旋盤工	じんかい収集作業員	発電員
会計監査係員	人事係事務員	非破壊検査員
加工紙製造工	新聞配達員	ビル施設管理技術者
貸付係事務員	診療情報管理士	ビル清掃員
学校事務員	水産ねり製品製造工	物品購買事務員
カメラ組立工	スーパー店員	プラスチック製品成形工
機械木工	生産現場事務員	プロセス製版オペレーター
寄宿舎・寮・マンション管理人	製パン工	ボイラーオペレーター
CADオペレーター	製粉工	貿易事務員
給食調理人	製本作業員	包装作業員
教育・研修事務員	清涼飲料ルートセールス員	保管・管理係員
行政事務員（国）	石油精製オペレーター	保険事務員
行政事務員（県市町村）	セメント生産オペレーター	ホテル客室係
銀行窓口係	繊維製品検査工	マシニングセンター・オペレーター
金属加工・金属製品検査工	倉庫作業員	ミシン縫製工
金属研磨工	惣菜製造工	めっき工
金属材料製造検査工	測量士	めん類製造工
金属熱処理工	宝くじ販売人	郵便外務員
金属プレス工	タクシー運転者	郵便事務員
クリーニング取次店員	宅配便配達員	有料道路料金収受員
計器組立工	鍛造工	レジ係
警備員	駐車場管理人	列車清掃員
経理事務員	通関士	レンタカー営業所員
検収・検品係員	通信販売受付事務員	路線バス運転者
検針員	積卸作業員	
建設作業員	データ入力係	

資料）野村総合研究所（2015）

図表10-5② 人工知能やロボット等による代替可能性が低い100種の職業

アートディレクター	歯科医師	日本語教師
アウトドアインストラクター	児童厚生員	ネイル・アーティスト
アナウンサー	シナリオライター	バーテンダー
アロマセラピスト	社会学研究者	俳優
犬訓練士	社会教育主事	はり師・きゅう師
医療ソーシャルワーカー	社会福祉施設介護職員	美容師
インテリアコーディネーター	社会福祉施設指導員	評論家
インテリアデザイナー	獣医師	ファッションデザイナー
映画カメラマン	柔道整復師	フードコーディネーター
映画監督	ジュエリーデザイナー	舞台演出家
エコノミスト	小学校教員	舞台美術家
音楽教室講師	商業カメラマン	フラワーデザイナー
学芸員	小児科医	フリーライター
学校カウンセラー	商品開発部員	プロデューサー
観光バスガイド	助産師	ペンション経営者
教育カウンセラー	心理学研究者	保育士
クラシック演奏家	人類学者	放送記者
グラフィックデザイナー	スタイリスト	放送ディレクター
ケアマネージャー	スポーツインストラクター	報道カメラマン
経営コンサルタント	スポーツライター	法務教官
芸能マネージャー	声楽家	マーケティング・リサーチャー
ゲームクリエーター	精神科医	マンガ家
外科医	ソムリエ	ミュージシャン
言語聴覚士	大学・短期大学教員	メイクアップアーティスト
工業デザイナー	中学校教員	盲・ろう・養護学校教員
広告ディレクター	中小企業診断士	幼稚園教員
国際協力専門家	ツアーコンダクター	理学療法士
コピーライター	ディスクジョッキー	料理研究家
作業療法士	ディスプレイデザイナー	旅行会社カウンター係
作詞家	デスク	レコードプロデューサー
作曲家	テレビカメラマン	レストラン支配人
雑誌編集者	テレビタレント	録音エンジニア
産業カウンセラー	図書編集者	
産婦人科医	内科医	

資料）野村総合研究所（2015）

図表10-6　仕事別に見たテクノロジー失業の危険性

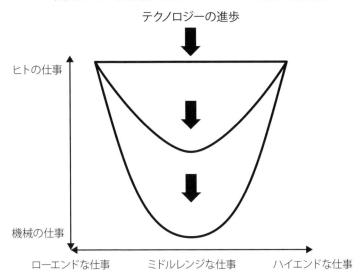

る。すると，今後ともヒトに残される仕事は，「ハイエンドな仕事」と「ローエンドな仕事」である一方，機械に取って代わられる危険性が高い仕事とは，「ミドルレンジの仕事」がその対象であることが分かる[149]。

　このU字曲線モデルが示す実に興味深い知見とは，低次な仕事ほど機械化されにくい点である。というのも，コンピュータは，膨大なデータを活用して高度な計算と暗記，パターン認識や推論は得意だが，生物が有する運動能力や感覚的スキルなど身体性を伴うことは，たとえ5歳児レベルだとしても難しいからである。この考え方は，カーネギーメロン大学ロボット工学研究所のハンス・モラベック（Hans Moravec）が提唱した「モラベック・パラドックス（Moravec's Paradox）」と呼ばれている。これは，五感（見る，聞く，嗅ぐ，味わう，触れる）を使った情報処理や組み合わせ，文脈理解やモデルの構築，コミュニケーションそして状況判断や常識的判断は，たとえヒトには容易で

149　Cowen（2013）もまた同様な指摘をしている。

も，コンピュータにとっては苦手な行為のため，機械化されにくいというものである[150]。また，低次な仕事が機械化されにくいのは，ヒトが機械の下請けとして働くような場合があげられる。経済学者でカリフォルニア大学のグレゴリー・クラーク（Gregory Clark）は，2007年，ファストフードで肉を焼く作業やパンの上にのせる仕事，庭の草取り，スーパーマーケットの陳列やレジ打ちそして袋詰めなど，頭を使わない単純作業や器用さが求められる仕事等は，機械が苦手なため最後までヒトに残されると主張している[151]。また，国立情報学研究所の新井（2010）によると，たとえば，郵便番号の手書き数字の読み取りでは，機械を使うと約9割は認識できるものの，機械がどうしても認識できない郵便物については，賃金の安い非正規社員が読み取り作業をしているという。これらの指摘からも明らかなのは，コンピュータの精度は着実に向上してきているものの，未だ完璧ではない。このため，機械やコンピュータでは処理しきれない仕事や技能等について，ヒトが介在する余地が残されているのである。

このように労働（仕事）タイプ別に見たテクノロジー失業を考えると，徐々に機械へ置き換えられる可能性の高い仕事は，低次でも高次でもないいわゆるほどほどの仕事（たとえば，ルーチンワークに従事する事務作業者など）がターゲットになりやすい。そして，これからもヒトに残される仕事の性質とは，ヒトが持っている能力でしかできない仕事であり，具体的には「きわめて高度な知的労働」か，それとも「身体性を伴う肉体労働」そして「機械の下請けとしての低賃金労働」であると結論づけられるだろう。

---

150 Bernstein（1996）によると，人間の身体能力には，「力強さ」，「スピード」，「持久力」，「巧みさ」という4つの概念があり，なかでも，制御の機能である巧みさ（Dexterity）を発達させたことが人間の重要な特徴であると分析している。

151 但し，機械の下請け労働も安全ではなくなってきている。たとえば，一部のスーパーやアパレルの店舗では，買い物籠を置くだけで一括精算可能な省力機械が導入され始めており，今後とも，ヒトが担う単純作業の自動化は普及する可能性が高いと思われる。

10-3-4　テクノロジー失業の未来

　最後に，テクノロジーによる雇用崩壊について総括してみよう。まず，テクノロジー失業とは，ある期間における単発な課題ではなく，産業革命以降，それぞれの時代の英知を結集し，生み出した技術革新が起こるたびに，繰り返し持ち上がった懸案事項であり，こうした現象は，未来においても基本的には変わらない。つまり，人間が生み出す技術革新やグローバリゼーションとは，いわば，ヒトの仕事を機械に置き換え，自分から他人へ仕事を移すことに他ならず，人間自身が自らの雇用を破壊している行為であると言い換えられるものである。過去から現在そして未来に至るまで，我々は，自分たちの手で自分たちの仕事を奪い取り，失業問題を自作してきたのである。

　しかしながら，テクノロジーの進歩は，即失業につながるというものではない。仕事の難易度から低い順に「低次な作業（肉体労働）」，「中次な作業（事務作業）」，「高次な作業（意思決定作業）」という3タイプに分けた場合，中次な作業ほど機械化を余儀なくされる可能性が高い一方で，「低次な作業」や「高次な作業」については，逆に，人間化が強まる余地も残されている。なぜなら，中次な作業（事務作業）の多くは，機械が得意とする計算や暗記そしてパターン認識など多くの点で符合するため，機械へ代替がしやすいからである。一方，低次な作業（肉体労働）とは，瞬発力のような身体能力や高い運動能力が求められ，機械がもっとも不得意な分野であると共に，高次な作業（意思決定作業）は，経営や事業等における重要な意思決定を行わなければならず，こうした人間関係や状況判断を伴うような仕事は，機械がもっとも嫌う弱点であり，今のところ，ヒトの能力には及ばないからである。但し，意思決定作業を意味する高次な作業についても，将来的に機械へ代替される可能性は少なくない。というのも，すでに一部の先端企業では，経営判断用AIの開発に取り組んでおり，もしこの技術が完成すれば，どうしても先入観や思い込みが避けられない経営者に取って替わり，コンピュータが私情や思惑を排除して

もっとも合理的な意思決定を下すことも不可能ではない[152]。

10-4　テクノロジーによる雇用創造

10-4-1　雇用創造のしくみ

　これまでテクノロジーの進歩がヒトの雇用を奪い取る強力なトリガーであるとの見解を述べてきた。しかし，テクノロジーの進歩は，ヒトの雇用を奪い取るマイナス要因だけではない。逆に，新しい労働需要を生み出しヒトの雇用を増やすエンジンでもあるというプラスの側面を見逃してはならない。たとえば，FA最大手のファナックの創業者である稲葉（1982）は，次のように書いている。「これまでモータ工場では，50台のロボットと80名の作業員が働いていたが，新モータ工場では，101台のロボットを導入するため，作業員は30名に激減する。それでは，50名の作業員はどうなったのか。実は，設計やファクトリー・エンジニア，セールス・エンジニアなど，より質の高い仕事に転換しており，これは労働組合も了解しているなど，労使の利益は完全に一致している（本文から一部抜粋）」。そこで，本節では，テクノロジー雇用について議論してみたい。

　最初に，テクノロジー雇用創造のしくみから触れてみよう。図表10-7は，テクノロジーの進歩からヒトの仕事がどう変質し，そのなかで労働移動がどう展開されるのかを示した図である。

　それによると，テクノロジーの進歩を通じて，これまでヒトが担ってきたある仕事が機械に置き換わる（①）。すると，ヒトの仕事が機械へ代替され，失業が発生する（②）。ところが，仕事が機械化されることで，保守やメンテナンスなどを含む新たにヒトが担うべき仕事が創造される（③）。そして，新たに創造された仕事の担い手として，一旦は機械に代替されたものの，当該業務

152　また，米国のNPO調査研究機関であるIFTF（Institute For The Fu-ture）では，ハイレベル・マネジメントの仕事を自動化するソフトウエアの開発を意味する「iCEO」に取り組んでいる。詳しくは，Fidler（2015）を参照のこと。

図表10-7　テクノロジーの進化と雇用創造のしくみ

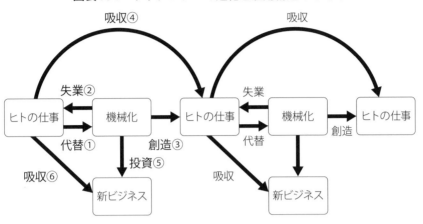

に習熟した作業者らが再任・吸収される（④）。また，機械化することで生産性が高まると，そこで得られたキャッシュでもって，新たなビジネスのための投資が期待される（⑤）一方，そのような新ビジネスが，すでに機械に取って代わられてしまったヒトを吸収する母体として働く（⑥）。このように①〜⑥が次々に連動すれば，テクノロジーの進歩が雇用を生み出し続けるそのエンジンになり得るのは，確実である。

　それでは，次に，テクノロジー雇用の簡単な事例を紹介しよう。たとえば，交通機関を例に取り上げると，江戸時代は飛脚と呼ばれる人力であった。しかし，その後，飛脚の仕事は役馬に代替を余儀なくされた。馬の方がパワーの点でヒトより優れているし，費用の面でも負担が少なかったからである。そのため，飛脚というヒトの仕事は急速に減少し，失業者が増えた。ところが，役馬はまさに馬力の点でヒトを圧倒したものの，目的地までの近道や回り道の探索など，主体的に考え行動することはできない。そこで，これらの経験や知識を有する飛脚らが今度は，役馬や馬車をガイドしたり，その運行をサポートする仕事に採用されたのである。一方，飛脚の仕事が役馬等に代替されると，これまで手紙や書類など軽量な物の配送に制限されてきたものが，今度は，かなり

の重い荷役を運搬できたり，あるいは，人間まで運べるようになるなど，これが新たなビジネスを生み出す原動力として作用したのである。

このようにテクノロジー雇用を巡る議論は，あまりにも技術革新の進歩がヒトの仕事を奪う刺激的な面ばかりに注目が集まり，その副次的効果として新たな雇用創造が起こるメカニズム等については，十分な議論がなされてこなかった。しかし，最近になって，その論調は，大きく変わりつつあるのが現状のようだ。たとえば，先述のブリニョルフソンとマカフィーは，2011年にヒトが機械と競争を繰り広げる様を主張し，2015年に行われたインタビューの中で，ヒトと機械が一緒になって競争する（Racing With Machines）意義について触れている。また，バブソン大学のトーマス・ダベンポート（Thomas Davenport）とハーバード・ビジネス・レビューのエディターのジュリア・カービー（Julia Kirby）は，2015年，自動化とは，ヒトの仕事を減らし機械に置き換える脅威としてではなく，機械がヒトを支援し，仕事の機会を広げるとして捉えるべきであり，自動化が雇用の可能性を増やす発想のことを拡張（Augmentation）と命名している。そして，拡張時代において，ヒトには5つの働き方の選択肢があると説明している。1つは，経営者や事業責任者など大局的かつ高度な判定が必要な「ステップ・アップ（自動システムの上を行く仕事）」である。2つ目は，教育者やクリエイターなど高度な対人能力やセンスが求められる「ステップ・アサイド（機械にできない仕事）」である。3つ目は，機械やコンピュータを理解し，監視や調整を担う「ステップ・イン（ビジネスと技術をつなぐ仕事）」である。4つ目は，自動化は可能だが，経済的には効果がないようなニッチ領域を指す「ステップ・ナロウリー（自動化されない仕事）」である。5つ目は，次世代の新システムやテクノロジーを開発する「ステップ・フォワード（新システムを生み出す仕事）」である。

10-4-2　テクノロジー雇用のための条件

テクノロジー失業に関する研究に比べ，テクノロジー雇用に関する研究は，これまで十分になされてこなかった。技術革新は，いわば，ヒトの仕事を容易

にし，あるいは代替する技術の進歩であり，ヒトの仕事を増やすことを本意としてこなかったからである。しかしながら，技術革新の結果，ヒトの雇用が機械に奪われる反面，間接的に何かしらの新たな雇用が生み出されることは，歴史を振り返ってもすでに明らかである。簡単な例をあげると，手書きの数字の認識という単純な仕事は，人間がやるより機械で行う方が確かに効果的である。ところが，手書きの多くは，書き手の癖や誤字・脱字が含まれるため，そうした時，機械で読み取ることができず，人間が介在してこれを判読するしか方法はない。

　このように技術革新とは，ヒトの雇用を奪う側面がある一方で，ヒトの雇用を新たに生み出す可能性という両面を併せ持つ。つまり，ロボットやAIそしてコンピュータ等の先端技術は，仕事の破壊者（Job Destroyer）であると同時に，仕事の創造者（Job Creator）でもある。よって，これからは，テクノロジー雇用に必要な条件を明らかにすることが大切であり，なかでも「教育」，とりわけ「STEM」と呼ばれる能力を向上させる取り組みが重要だと考えられる。

　「STEM」とは，科学（Science），技術（Technology），工学（Engineering），数学（Mathematics）の頭文字を合成したものであり，近年，理系離れや数学離れが目立ち始めた我が国においては，頭の痛い課題のひとつである。この点について，たとえば，数学者でありコンピュータにも詳しい国立情報学研究所の新井（2010）は，次のように述べている。

　「単に流暢な英会話ができたとしても，国際社会を生き抜けるわけではありません。実は，それで語られているのは，数学をベースにした科学技術言語なのです。そのことを日本人はもっと自覚すべきでしょう（p.60から抜粋）」。また，「学校数学を勉強する必要はありません。とりあえず，数学の筋が分かればよいのです。言葉としての数学はどう成り立っているか。変化をとらえるために関数をどのように使えばよいか。不確実性を表現するため，確率や統計をどのように使えばよいか。言葉としての数学が話せる能力を獲得することが大切なのです（p.193から抜粋）」

このように，ヒトの仕事が機械に置き換えられる前後または置き換えられた段階で浮き彫りとなる仕事，たとえば，機械技術の設計や開発，機械操作やサービス・メンテナンス等のような仕事は，まさしくヒトが担うべきである。そして，これらの業務を担うためには，教育によって創造性やハイ・スキルな仕事にも従事できるような能力を身に着けること，具体的には，STEM教育の充実と普及が最優先課題なのである。

　それでは，どのようにSTEM人材を養成する教育をするべきだろうか。ただでさえ，抽象的な数式や法則を理解するのは，子供から大人まで苦手であり，これが理系離れに拍車をかける原因だと言われているが，それでは，どうすればよいのだろうか。ひとつの解決策として，いつか必要になるだろう知識の学習（Just in Case）は，知識獲得の定着率が悪いため避けるべきであるのに対し，今，まさに必要だから学習する（On Demand）は，自ずと勉強意欲が高まり，知識の定着率も良くなるため，望ましいことである。つまり，前者は，盲目的に計算や暗記などの学習に努めるやり方なため，集中力が切れやすく，途中で諦めてしまう傾向が強いのに比べ，後者は，自分で考え出したアイデアや作りたい物をまずハッキリさせ，それを実現するにはSTEMを学習しなければならないというアプローチであり，こうしたやり方に転換できれば，子供から大人まで苦手意識が薄れ，学習意欲の向上も期待できるかもしれない。

　このようにSTEM能力の獲得には，単純かつ無目的に計算や暗記に取り組むのではなく，まず，ゴールを明確にしてから，それを現実化するために必要な数式や法則の理解に努める方がより効果的であることを十分に認識する必要がある。たとえば，現在，世界中で過熱するコンピュータのプログラミング教育を取り上げると，転職や仕事そして起業を目的にプログラミング教育を学ぶならよいが，小学生の段階から必修科目として義務づけることは，まさに知識の学習そのものであり，行き過ぎたプログラミング教育は改善すべきかもしれない。

10-5　テクノロジーによる失業と雇用のバランス

　ここで，これまでの議論を整理してみよう。最初に，テクノロジーが失業問題を引き起こす原動力となるからと言ってその進歩を止めるべきではない。なぜなら，テクノロジーとは，新たな雇用を生み出す源泉でもあるからである。そこで，テクノロジー失業と雇用のバランスという問題が浮上する。つまり，テクノロジーの進化によって，失業者が雇用者を著しく上回るような場合，「少しの勝者（雇用される人間）と無数の敗者（雇用されない人間）がいる」事態となり[153]，その結果，深刻な格差や貧困の問題が発生する悪いパターンに陥ってしまう。反対に，テクノロジーの進化を通じて生み出されるだろう雇用者が失業者の数を上回るような場合（換言すると，テクノロジーが進歩するスピードに比べ，人間が得意とする能力の向上スピードがそれを上回るような場合），雇用は安定して経済成長も実現される理想的なパターンを産み出すことができる。

　それでは，テクノロジー失業に対し，テクノロジー雇用が常にそれを上回る状況を作り出すためには，どんな課題があげられるだろうか。1つは，テクノロジー失業のゆくえを正しく見極めることである。たとえば，現在，ロボットやオートメーションの進化は，これまでヒトが担ってきた低次な単純作業に取って代わり，ディープ・ラーニングや人工知能の発達は，高次な知的作業に従事してきたナレッジ・ワーカーの仕事を奪い取るといわれるが，こうした技術革新の将来性を正しく把握しながら，人間の仕事とは何かを注意深く見極める必要がある。加えて，ロボティクスや人工知能を専門とする理系の科学者と雇用や労働経済を専門とする文系の学者らのモノの見方や考え方の違いについても，十分配慮する必要がある。

　2つ目は，テクノロジー雇用創出のメカニズムを明らかにすることが大切である。テクノロジー失業に関する研究の蓄積に比べ，テクノロジー雇用の研究

153　Rotman（2013）。

は，これまで漠然と論じられてきただけで雇用創造のしくみの解明等に関する知見や考察は，決して十分であると言えない。技術革新がヒトの雇用にどうプラスの効果を与えるのか，その具体的な雇用創造のしくみとは何か，そして，技術革新に伴う雇用創出を持続的に展開するための秘訣とは何かなど，当該分野を巡る検証課題は山積している。

3つ目は，どんなにテクノロジーが進歩しても，人間の方が優れている技能またはスキルを常に向上させる取り組みが極めて重要である。テクノロジーの進歩が人間に与える恐怖とは，技術革新がヒトの仕事を奪うことではなく，ヒトが機械に置き換えられるリスクがあることを無視して，これまで通り，人間が仕事の担い手であると思い込み，思考が停止することである。テクノロジーの進歩は，我々の生活の質を高める貢献者である一方で，人間の仕事を奪い取る強力なライバルともなり得る。よって，我々は，常に人間が有する能力を磨きあげ，決して機械に置き換えられない努力を怠ってはならない。つまり，機械との競争において我々は，人間が有する希少な能力とは何か，そして，人間固有の優れたスキルの開発に持続的に努めることが大切なのである。

最後に，機械に雇用が奪われない視点も大切だが，それよりもヒトと機械の協調システムをどう構築すべきか考えることの方がより重要である。たとえば，最先端の生産現場では，ヒトと機械が仕事の取り合いを繰り広げているよりも，作業者と機械が互いに協調したモノづくりが実現され，生産性の向上に大きく貢献している。このような成功事例からも，ヒトと機械が対立する考え方からは，マイナス・シナジー（負の相乗効果）しか生み出されず，適切ではない。むしろ，ヒトと機械が相互に優れた力を発揮し，これを連結させ，プラスの相乗効果を生起するやり方を研究する方が明らかに価値があると言えるのである。

コラム
生成AIの普及と失業，就活，学び直し

ここでは，最近の生成AIの普及に着目しながら，失業問題と就活行動へ

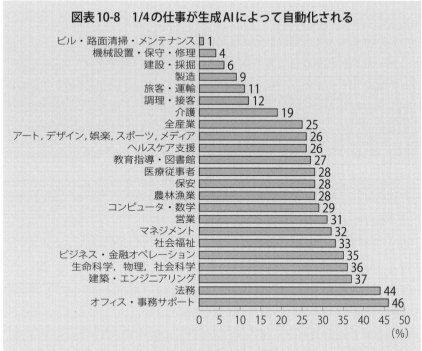

図表10-8　1/4の仕事が生成AIによって自動化される

出所) Goldman Sachs（2023）

　の応用そしてリスキリングと呼ばれる学び直しについて触れてみよう。生成
AIを導入すると，どんな仕事が代替の危機を迎えるのだろうか。ゴールド
マン・サックスによるエコノミック・リサーチ（2023）によると，米国で
は，現在の4分の1の仕事が生成AIによって自動化される可能性があると
推定している（図表10-8）。とりわけ，その割合が高いのは，オフィス・事
務サポート（46％），法務（44％），建築・エンジニアリング（37％），生命
科学・物理・社会科学（36％），ビジネス・金融オペレーション（35％）が
あげられる一方で，その割合が低いのは，旅客・運輸（11％），製造（9％），
建設・採掘（6％），機械設備・保守・修理（4％），ビル・路面掃除・メン
テナンス（1％）など，特に肉体労働の多い身体集約的な職業をあげている。
また，同資料によると，生成AIは，10年間で世界のGDPを7％引き上げる

可能性が見積もられている一方で，自動化のため3万人ものフルタイムの仕事が生成AIによって影響を受けると予想している。

　生成AIは，学生や社会人の仕事探しにも積極的に活用されている。スカウト型就活サイトを運営するベネッセi-キャリアによると，就活にChatGPTを利用した経験があると回答した大学3・4年生は26.5%，4人に1人にも達した。また，就活で具体的な活用場面の第1位は，「企業の志望動機の作成（63.6%）」であり，その活用理由の第1位は，「企業分析やエントリーシート（ES）作成など作業時間の短縮（60%）」「今後のキャリアや自己分析などの思考整理の時間短縮（45.8%）」があげられた[154]。これに対し，社会人の転職活動についても，生成AIは有効活用されている。マイナビによると，転職活動で生成AIを活用したことがある人は，全体の32.6%であり，特に，「自己PRの作成（33.4%）」「自分に合う仕事のマッチング（28.4%）」「志望動機の作成（28.2%）」に活用されていることが分かった。また，転職活動に生成AIを活用した人は，4.6件と活用していない人（1.8件）に比べ，内定獲得数が2.5倍以上も高かった。また，生成AIを活用した人の内定獲得率は27.1%であったのに対し，活用しなかった人は12.0%と2倍以上も低かった[155]。

　このように生成AIの登場が社会人に求められる仕事，働き方，キャリア形成さらに転職活動にも大きな影響を与える時代となった。このため，これからの社会人には，数ある必要な知識・ノウハウのなかで，とりわけ生成AIに関する学び直し（Reskilling）が求められる。併せて，大学生の就活におけるAI活用からもわかるとおり，生成AIに関する学習は，将来を担う学生にとっても必要不可欠だと言えそうだ[156]。

154　ベネッセi-キャリア「4人に1人の大学3，4年生が，就活において「ChatGPT（生成AIサービス）」を利用」。
155　マイナビ「転職活動，「生成系AI」の活用有無で内定獲得率に違いあり!?」。
156　一般社団法人生成AI活用普及協会は「生成AIパスポート試験」を主催している。これは，AIに関する基礎知識，生成AIの簡易的な活用スキルの可視化をするための資格制度である。

コラム

AI人材のタイプ

　AIを活用したDX支援を提供するスカイディスク（Skydisc）は，AIの技術力と企画力を軸に，AI人材を3タイプに分け，それぞれの役割について説明している（図表10-9）。

　「AIを進歩させる人材」に該当するのは，「AI研究者」である。AI研究者の役割は，AI技術に関する最先端の研究を行うことである。

　次に，「AIを具現化する人材」には，「データ・サイエンティスト」と「AIエンジニア」が該当する。また，これらの役割の違いとして，データ・サイエンティストは，数理学と統計学をもとにAIモデルを開発することである。これに対し，AIエンジニアは，データ・サイエンティストが開発したAIモデルを現場環境に合わせて実装することである。

　そして，「AIを活用する人材」には，「AIコンサルタント」と「AIプランナー」がそれぞれ該当する。AIコンサルタントは，AIに関する知識や情報

図表10-9　AI人材のタイプ

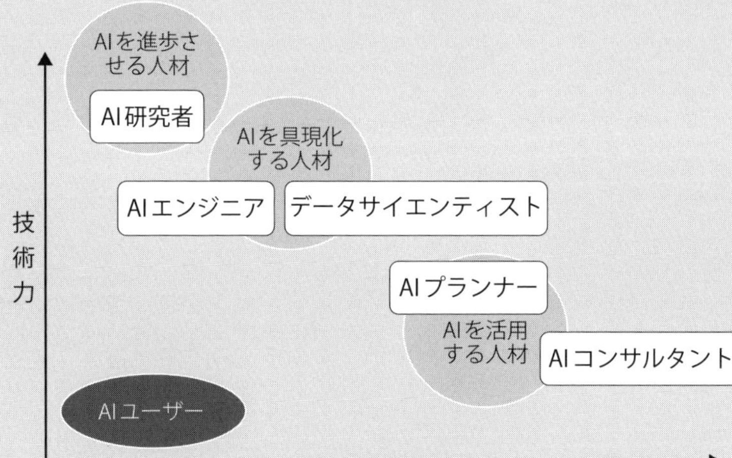

出所）株式会社スカイディスク

をベースに現場における課題の整理や顧客と企業を連結する役割を担っている。AIプランナーは，AIエンジニアらとコミュニケーションを取りながら，現実の課題についてAIによる解決を図る役割を持つ。

　最後に，図表10-9から読み取れるのは，AIに関わる仕事が必ずしも理系人材だけではないことだ。確かにAI研究者，AIエンジニアそしてデータ・サイエンティストという仕事は，理数系を得意とする人材の方が向いているかもしれない。しかし，AIプランナーやAIコンサルタントというAIを活用した仕組みを作る人材については，ビジネスに関する広い視野を持ち，コミュニケーションを得意とする文系人材の方が向いている仕事だとも言える。

【参考文献】

〈外国語文献〉

Abegglen, J.C. and G. Stalk Jr. (1985), "*Kaisha: The Japanese Corporation*," Basic Books.（植山周一郎訳『カイシャ』講談社，1990年）

Anderson, C. (2012), "*MAKERS: The New Industrial Revolution*," Crown Business.（関美和訳『MAKERS―21世紀の産業革命が始まる』NHK出版，2012年）

Armstrong, B. and J. Shah (2023), "A Smart Strategy for Using Robots," *Harvard Business Review*. https://hbr.org/2023/03/a-smarter-strategy-for-using-robots（友納仁子訳「製造現場は人とロボットの協働で進化する」『Diamond ハーバード・ビジネス・レビュー』July，pp.20-29，2023年）

Asimov, I. (1999), "*I, Robot*," Spectra.（小尾芙佐訳『われはロボット（ハヤカワ文庫）』早川書房，1983年）

Atkinson, R.D. (2013), "Stop Saying Robots Are Destroying Jobs-They Aren't," *MIT Technology Review*, Sep, 3. http://www.technologyreview.com/view/519016/stop-saying-robots-are-destroying-jobs-they-arent/

Bahcall, S. (2019), "*Loonshots: How to Nurture the Crazy Ideas That Win Wars, Cure Diseases, and Transform Industries*," St Martin's Press.（三木俊哉訳『LOON-SHOTS：クレイジーを最高のイノベーションにする』日経BP社，2020年）

Bahga, A. and V. Madisetti (2014), "*Internet of Things: A Hands-On Approach*," Vijay Madisetti.

Baker, S. (2011), "*Final Jeopardy: Man vs. Machine and the Quest to Know Everything*," Houghton Mifflin Harcourt.（土屋政雄訳『IBM奇跡のワトソンプロジェクト：人工知能はクイズ王の夢を見る』早川書房，2011年）

Barnatt, C. (2013), "*3D Printing: The Next Industrial Revolution*," Explainingthefuture. com.（小林啓倫訳『3Dプリンターが創る未来』日経BP社，2013年）

Barrat, J. (2013), "*Our Final Invention: Artificial Intelligence and the End of the Human Era*," Thomas Dunne Books.（水谷淳訳『人工知能：人類最悪にして最後の発明』ダイヤモンド社，2015年）

Bernstein, N.A. (1996), "*Dexterity and Its Development*," Psychology Press.（工藤和俊・佐々木正人訳『デクステリティ 巧みさとその発達』金子書房，2003年）

Birkinshaw, J. (2016), "Beyond Big Data," *London Business School Review*, Issue1, pp.8-11.

Blitzstein, J. (2016), *What is it like to design a data science class?* https://www.quora. com/What-is-it-like-to-design-a-data-science-class-In-particular-what-was-it-like-to-design-Harvards-new-data-science-class-taught-by-professors-Joe-Blitzs-tein-and-Hanspeter-Pfister/answer/Joe-Blitzstein.

Botsman, R. and R. Rogers (2010), *"What's Mine is Yours: The Rise of Collaborative Consumption,"* HarperBusiness.（関美和訳『シェア：＜共有＞からビジネスを生みだす新戦略』NHK 出版, 2010 年）

Bryniolfsson, E. and A. McAfee (2011), *"Race Against The Machine: How the Digital Revolution Is Accelerating Innovation, Driving Productivity, and Irreversibly Trans-forming Employment and the Economy,"* Digital Frontier Press.（村井章子訳『機械との競争』日経 BP 社, 2013 年）

Bryniolfsson, E. and A. McAfee (2014), *"The Second Machine Age: Work, Progress, and Prosperity in a Time of Brilliant Technologies,"* W W Norton.

Bryniolfsson, E. and A. McAfee (2015), "The Great Decoupling," *Harvard Business Review*, Jun, pp.66-74. https://hbr.org/2015/06/the-great-decoupling?cm_sp=Article-_-Links-_-Text% 20Size（編集部訳「機械は我々を幸福にするのか」『Diamond ハーバード・ビジネス・レビュー』Nov, pp.30-41, 2015 年）

Capek, K. (1920), *"R.U.R."*（千野栄一訳『ロボット』岩波書店, 2003 年）

Carr, N. (2014), *"The Glass Cage: Where Automation Is Taking Us,"* Bodley Head.（篠儀直子訳『オートメーション・バカ：先端技術がわたしたちにしていること』青土社, 2014 年）

Clark, G. (2007), *"A Farewell to Alms: A Brief Economic History of the World,"* Prince-ton University Press.（久保恵美子訳『10 万年の世界経済史 下巻』日経 BP 社, 2009 年）

Cowen, T. (2013), *"Average is Over: Powering America Beyond the Age of the Great Stagnation,"* Dutton.（池村千秋訳『大格差：機械の知能は仕事と所得をどう変えるか』NTT 出版, 2014 年）

Davidow, W.H. and M.S. Malone (2014), *"What Happens to Society When Robots Re-place Workers?,"* Economics & Society. https://hbr.org/2014/12/what-happens-to-society-when-robots-replace-workers.

D'Aveni, R. (2015), "The 3-D Printing Revolution," *Harvard Business Review*, May, pp.40-48. https://hbr.org/2015/05/the-3-d-printing-revolution.

Davenport, T.H. and J.G. Harris (2007), *"Competing on Analytics: The New Science of*

Winning," Harvard Business School Press.（村井章子訳『分析力を武器とする企業：強さを支える新しい戦略の科学』日経BP社，2008年）

Davenport, T.H., J.G. Harris and R. Morrison (2010), "*Analytics at Work: Smarter Decisions, Better Results,*" Harvard Business School Press.（村井章子訳『分析力を駆使する企業：発展の五段階』日経BP社，2011年）

Davenport, T.H. and D.J. Patil (2012), "Data Scientist: The Sexiest Job of the 21st Century," *Harvard Business Review*, 90, No.10, October, pp.70-76.

Davenport, T.H. (2013), "Analytics 3.0," *Harvard Business Review*, Dec, pp.65-72.（飯野由美子訳「アナリティクス3.0」『Diamond ハーバード・ビジネス・レビュー』May，pp.30-842，2014年）

Davenport, T.H. (2014), "*Big Data at Work: Dispelling the Myths, Uncovering the Opportunities,*" Harvard Business School Press.（小林啓倫訳『データ・アナリティクス3.0：ビッグデータ超先進企業の挑戦』日経BP社，2014年）

Davenport, T.H. and J. Kirby (2015), "Beyond Automation," *Harvard Business Review*, Jun, pp.58-65. https://hbr.org/2015/06/beyond-automation（辻仁子訳「オーグメンテーション：人工知能と共存する方法」『Diamondハーバード・ビジネス・レビュー』Nov，pp.70-81，2015年）

Davenport, T.H. and J. Kirby (2016), "*Only Humans Need Apply: Winners & Losers in the Age of Smart Machines,*" Harper Collins.

Dertouzos, M.L., R.M. Solow and R.K. Lester (1989), "*Made in America: Regaining the Productive Edge,*" The MIT Press.（依田直也訳『Made in America：アメリカ再生のための米日欧産業比較』草思社，1990年）

Diamandis, P.H. and S. Kotler (2020), "*The Future Is Faster Than You Think: How Converging Technologies Are Transforming Business, Industries, and Our Lives,*" Simon & Schuster.（土方奈美訳『2030年：すべてが「加速」する世界に備えよ』NewsPicksパブリッシングニュース，2020年）

Dubois, L.H. (2003), "DARPA's Approach to Innovation and Its Reflection in Industry," in National Research Council, *Reducing the Time from Basic Research to Innovation in the Chemical Sciences*, National Academies Press. http://www.ncbi.nlm.nih.gov/books/NBK36339/

Dugan, R.E. and K.J. Gabriel (2013), "Special Forces Innovation: How DARPA Attacks Problems," *Harvard Business Review*, Oct, pp.74-84.（編集部訳「DARPAの全貌：世界的技術はいかに生まれたか」『Diamondハーバード・ビジネス・レ

ビュー』July, pp.88-101, 2014年)

Economist (2012), "*The Economist: Megachange: The World in 2050*," Economist Books. (東江一紀訳『2050年の世界：英エコノミスト誌は予測する』文藝春秋, 2012年)

Evans, P.C. and M. Annunziata (2012), "*Industrial Internet: Pushing the Boundaries of Minds and Machines.*" http://www.ge.com/jp/sites/www.ge.com.jp/files/Industrial_ Internet_Japan_White Paper_0517_2s.pdf

Fidler, D. (2015), "Here's How Managers Can Be Replaced by Software," *Harvard Business Review*, Apr, 21. https://hbr.org/2015/04/heres-how-managers-can-be-re-placed-by-software.

Ford, M. (2009), "*The Lights in the Tunnel: Automation*," Accelerating Technology and the Economy of the Future, Acculant Publishing. (秋山勝訳『テクノロジーが雇用の75％を奪う』朝日新聞出版, 2015年)

Ford, M. (2015), "*Rise of the Robots: Technology and the Threat of a Jobless Future*," Basic Books.

Frey, C.B. and M.A. Osborne (2013), "*The Future of Employment: How Susceptible are Jobs to Computerisation?.*" http://www.oxfordmartin.ox.ac.uk/downloads/academ-ic/The_Future_of_Employment.pdf/

Frey, T. (2013), "*Two Billion Jobs to Disappear by 2030.*" http://www.wfs.org/ futurist/2013-issues-futurist/september-october-2013-vol-47-no-5/top-10-disap-pearing-futures/disap-2

Fuchs, E.R.H. (2010), "Rethinking the Role of the State in Technology Development: DARPA and the Case for Embedded Network Governance," *Research Policy*, Vol.39, pp.1133-1147.

Gershenfeld, N. (2005), "*FAB: The Coming Revolution on Your Desktop: from Personal Computers to Personal Fabrication*," Basic Books. (糸川洋訳『ものづくり革命：パーソナル・ファブリケーションの夜明け』ソフトバンククリエイティブ, 2006年)

Gershenfeld, N. (2012), "How to Make Almost Anything: The Digital Fabrication Revolution," *Foreign Affairs*, Nov-Dec, pp.43-57.

Gratton, R. (2011), "*The Shift: The Future of Work is Already Here*," Harpercollins. (池村千秋訳『ワーク・シフト—孤独と貧困から自由になる働き方の未来図』プレジデント社, 2012年)

Greengard, S. (2015), *"The Internet of Things,"* The MIT Press.

Harvard Business Review (2015), "Smarter, Smaller, Safer Robots," *Harvard Business Review*, Nov, pp.28-30. https://hbr.org/2015/11/smarter-smaller-safer-robots（ハーバード・ビジネス・レビュー編集部訳「より賢く，より小さく，より安全なロボットが製造現場を変える」『Diamondハーバード・ビジネス・レビュー』Jau, pp.5-9, 2016年）

Iansiti, M. and K.R. Lakhani (2014), "Digital Ubiquity: How Connections, Sensors, and Data are Revolutionizing Business," *Harvard Business Review*, Nov, pp.91-99. https://hbr.org/2014/11/digital-ubiquity-how-connections-sensors-and-data-are-revolutionizing-business（辻仁子訳「GEが目指すインダストリアル・インターネット」『Diamond・ハーバードビジネス・レビュー』April, pp.72-88, 2015年）

Iansiti, M. and K.R. Lakhani (2020), "Competing in the Age of AI：Strategy and Leadership When Algorithms and Networks Run the World," *Harvard Business School Press*.（渡部典子訳『AIファースト・カンパニー—アルゴリズムとネットワークが経済を支配する新時代の経営戦略』英治出版，2023年）

Jacobsen, A. (2015), *"The Pentagon's Brain: An Uncensored History of DARPA, America's Top-Secret Military Research Agency,"* Little, Brown and Company.（加藤万里子訳『ペンタゴンの頭脳 世界を動かす軍事科学機関DARPA』太田出版，2017年）

Jeroen P.J., De Jong and E.D. Bruijn (2013), "Innovation Lessons From 3-D Printing," *Sloan Management Review*, Winter, Vol.54, No.2. sloanreview.mit.edu/files/2012/12/819a3bcb5e.pdf

Kaku, M. (2011), *"Physics of The Future: How Science will Shape Human Destiny and Our Daily Lives by The Year 2100,"* Doubleday.（斉藤隆央訳『2100年の科学ライフ』NHK出版，2012年）

Kaplan, F. (2005), *"Les Machines apprivoisees: Comprendre les robots de loisir,"* Vuibert.（西兼志訳『ロボットは友だちになれるか：日本人と機械の不思議な関係』NTT出版，2011年）

Keisner, C.A., J. Raffo and S. W-Vincent (2015), "Breakthrough Technologies: Robotics, Innovation and Intellectual Property," *Economic Research Working Paper*, No.30, pp.1-39.

Keynes, J.M. (1930), *"Economic possibilities for our grandchildren."* http://www.econ.

yale.edu/smith/econ116a/keynes1.pdf

Kodama, H. (1981), "Automatic method for fabricating a three dimensional plastic model with photo-hardening polymer," *Review of Scientific Instruments*, Vol.52, No.11, pp.1770-1773.

Kotler, P. (2015), "*Confronting Capitalism: Real Solutions for a Troubled Economic System,*" Amacom Books.

Kurzweil, R. (2005), "*The Singularity Is Near: When Humans Transcend Biology,*" Viking Adult.（井上健監訳『ポスト・ヒューマン誕生：コンピュータが人類の知性を超えるとき』NHK出版，2007年）

Laseter, T. and J.H. Krupat (2013), "A Skeptic's Guide to 3D Printing, *Strategy+ Business,*" Issue.73, Winter. http://www.strategy-business.com/article/00219?gko =c82ad

Leontief, W. (1983), "National perspective: The definition of problem and opportunity," in: National Academies, *The Long-term Impact of Technology on Employment and Unemployment*: A National Academy of Engineering Symposium, June 30, pp.3-7.

Levy, F. and R.J. Murnane (2004), "*The New Division of Labor: How Computers Are Creating the Next Job Market,*" Princeton University Press.

Lewis, M. (2003), "*Moneyball: The Art of Winning an Unfair Game,*" W.W.Norton & Company.（中山宥訳『マネーボール：奇跡のチームをつくった男』ランダムハウス講談社，2004年）

Lipson, H. and M. Kurman (2013), "*Fabricated: The New World of 3D Printing,*" Wiley.（斉藤隆央訳『2040年の新世界：3Dプリンタの衝撃』東洋経済新報社，2014年）

Mazzucato, M. (2013), "*The Entrepreneurial State: Debunking Public vs. Private Myths in Risk and Innovation,*" Anthem Press.（大村昭人訳『企業家としての国家：イノベーション力で官は民に劣るという神話』薬事日報社，2015年）

Miller, C. (2022), "*Chip War: The Fight for the World's Most Critical Technology,*" Scribner.（千葉敏生訳『半導体戦争：世界最重要テクノロジーをめぐる国家間の攻防』ダイヤモンド社，2023年）

Mintzberg, H. (1987), "Crafting Strategy," *Harvard Business Review*, Jul-Aug, pp.66-75.（「戦略クラフティング」『Diamondハーバード・ビジネス・レビュー』Jan, pp.78-92，2007年）

Mintzberg, H. (2005), *"Developing Managers Not MBA's,"* Financial Times Prentice Hall.（池村千秋訳『MBAが会社を滅ぼす：マネジャーの正しい育て方』日経BP社，2006年）

Neeley, T and P. Leonardi (2022), *Developing a Digital Mindset: How to lead your organization into the age of data, algorithms, and AI.* https://hbr.org/2022/05/developing-a-digital-mindset（東方雅美訳「デジタル・マインドセットが組織変革を実現する」『Diamondハーバードビジネス・レビュー』Oct, pp.40-49，2022年）

Porter, M.E. and J.E. Heppelmann (2014), "How Smart, Connected Products Are Transforming Competition," *Harvard Business Review*, Nov, 92, No.11, pp.64-88.（有賀裕子訳「接続機能を持つスマート製品が変えるIoT時代の競争戦略」『Diamondハーバード・ビジネス・レビュー』April, pp.38-69，2015年）

Porter, M.E and J.E. Heppelmann (2015), "How Smart, Connected Products Are Transforming Companies," *Harvard Business Review*, Oct, 93, No.10, pp.97-114.（有賀裕子訳「IoT時代の製造業」『Diamondハーバードビジネス・レビュー』Jan, pp.84-109，2015年）

Prahalad, C.K. and V. Ramaswamy (2004), *"The Future of Competition: Co-Creating Unique Value With Customers,"* Harvard Business School Press.（有賀裕子訳『価値共創の時代』ランダムハウス講談社，2004年）

Rayport, J.F. and B.J. Jaworski (2005), *"Best Face Forward: Why Companies must Improve their Service Interfaces with Customers,"* Harvard Business School Press.（中瀬英樹訳『インターフェイス革命』ランダムハウス講談社，2006年）

Redman, T.C. (2008), *"Data Driven: Profiting from Your Most Important Business Asset,"* Harvard Business School Press.（栗原潔訳『戦略的データマネジメント』翔泳社，2010年）

Reich, R. (2010), *"Aftershock: The Next Economy and America's Future,"* Knopf.（雨宮寛・今井章子訳『余震（アフターショック）そして中間層がいなくなる』東洋経済新報社，2011年）

Ricardo, D. (1821), *"On the Principles of Political Economy, and Taxation, third edition,"* John Murray.（羽鳥卓也・吉澤芳樹訳『経済学および課税の原理 下巻』岩波文庫，1987年）

Rifkin, J. (1994), *"The End of Work: The Decline of Global Labor Force and the Drawn of the Post-Market Era,"* Tarcher.（松浦雅之訳『大失業時代』阪急コミュニケーションズ，1996年）

Rifkin, J. (2014), "*The Zero Marginal Cost Society: The Internet of Things and The Rise of The Sharing Economy*," Palgrave Macmillan.（柴田裕之訳『限界費用ゼロ社会：モノのインターネットと共有型経済の台頭』NHK出版，2015年）

Roos, D., J.P. Womack and D. Jones (1990), "*The Machine that Changed the World*," Macmillan.（沢田博訳『リーン生産方式が世界の自動車産業をこう変える』経済界，1990年）

Rotman, D. (2013), "How Technology is Destroying Jobs," *MIT Technology Review*, June, 12. http://www.technologyreview.com/featuredstory/515926/how-technology-is-destroying-jobs/

Ruane, J., A. McAfee and W.D. Oliver (2022), "Quantum Computing for Business Leaders," *Harvard Business Review*, Jan-Feb. https://hbr.org/2022/01/quantum-computing-for-business-leaders.（山口桐子訳「量子コンピューティングの現在と未来」『Diamondハーバード・ビジネス・レビュー』May, pp.8-19, 2022年）

Shanahan, M. (2015), "*The Technological Singularity*," The MIT Press.（ドミニク・チェン監訳『シンギュラリティ：人工知能から超知能へ』NTT出版，2016年）

Stokes, D.E. (1997), "*Pasteur's Quadrant: Basic Science and Technological Innovation*," Brookings Institution Press.

Toffler, A. (1980), "*The Third Wave*," William Morrow.（徳山二郎監訳『第三の波』日本放送出版協会，1980年）

Thompson, F.M.L. (1976), "Nineteenth Century Horse Sense," *Economic History Review*, 29, pp.60-81.

Vogel, E. (1979), "*Japan as Number One: Lessons for America*," Harvard University Press.（広中和歌子・木本彰子訳『ジャパンアズナンバーワン―アメリカへの教訓』ティビーエス・ブリタニカ，1979年）

Von Hippel, E. (1988), "*The Sources of Innovation*," Oxford University Press.（榊原清則訳『イノベーションの源泉：真のイノベーターはだれか』ダイヤモンド社，1991年）

Von Hippel, E. (2005), "*Democratizing Innovation*," The MIT Press.（サイコム・インターナショナル訳『民主化するイノベーションの時代：メーカー主導からの脱皮』ファーストプレス社，2005年）

Weinberger, S. (2017), "*The Imagineers of War: The Untold Story of DARPA, the Pentagon Agency That Changed the World*," Knopf.（千葉敏生訳『DARPA秘史 世界を変えた「戦争の発明家たち」の光と闇』光文社，2018年）

Williams, S. (2002), "*Arguing A.I.: The Battle for Twenty-First-Century Science,*" At-Random.（本田成親訳『人工知能のパラドックス』工学図書，2004年）

Wilson, J. and P.R. Daugherty (2018), "Collaborative Intelligence: Humans and AI Are Joining Forces." *Harvard Business Review.* https://hbr.org/2018/07/collaborative-intelligence-humans-and-ai-are-joining-forces（編集部訳「コラボレーティブ・インテリジェンス：人間とAIの理想的な関係」『Diamondハーバード・ビジネス・レビュー』Februrary，pp.98-109，2019年）

〈邦語文献〉

安宅和人（2015）「人工知能はビジネスをどう変えるか」『Diamondハーバード・ビジネス・レビュー』Nov，pp.42-58

新井紀子（2010）『コンピュータが仕事を奪う』日本経済新聞出版社

新井紀子（2014）『ロボットは東大に入れるか』イースト・プレス

米国国家情報会議（2013）『2030年 世界はこう変わる：アメリカ情報機関が分析した17年後の未来』講談社

独立行政法人科学技術振興機構研究開発戦略センター（2014）「米国DARPA（国防高等研究計画局）の概要（ver.2）」Sep. http://www.jst.go.jp/crds/pdf/2014/FU/US20140901.pdf

本田幸夫（2014）『ロボット革命：なぜグーグルとアマゾンが投資するのか』祥伝社新書

藤田元信（2017）『技術は戦略をくつがえす』クロスメディア・パブリッシング

稲葉清右衛門（1982）『ロボット時代を拓く：黄色い城からの挑戦』PHP研究所

石田　勉・芳川裕基・渡部　勇・大島竜一・土屋　哲（2023）「データ利活用によるものづくりDXの実現」『電子情報通信学会通信ソサイエティマガジン』No.65，pp.42-51

鎌田　慧（1983）『ロボット絶望工場』徳間書店

亀井聡彦・鈴木雄大・赤澤直樹（2022）『Web3とDAO』かんき出版

川口盛之助（2007）『オタクで女の子な国のモノづくり』講談社

川口大司（2021）「ノーベル経済学賞に米3氏「自然実験」で因果関係推定」『独立行政法人経済産業研究所コラム』https://www.rieti.go.jp/jp/papers/contribution/kawaguchi/11.html

岸　宣仁（2011）『ロボットが日本を救う』文春新書

楠田喜宏（2004）「産業用ロボット技術的発展の系譜的調査」『技術系統化調査報告

第4集』国立科学博物館。sts.kahaku.go.jp/diversity/document/system/pdf/012. pdf

河本　薫（2013）『会社を変える分析の力』講談社現代新書

北場　林（2014）「米国DARPA（国防高等研究計画局）の概要（ver.2）」JST/CRDS 海外動向ユニット，Sep. http://www.jst.go.jp/crds/pdf/2014/FU/US20140901.pdf

菊池正典（2023）『半導体産業のすべて：世界の先端企業から日本メーカーの展望まで』ダイヤモンド社

小林雅一（2013）『クラウドからAIへ：アップル，グーグル，フェイスブックの次なる主戦場』朝日新書

小林雅一（2015）『AIの衝撃　人工知能は人類の敵か』講談社現代新書

小林雅一（2022）『ゼロからわかる量子コンピュータ』講談社現代新書

小玉秀男（1981）「3次元情報の表示法としての立体形状自動作成法」『電子通信学会論文誌』Vol.64，No.4，pp.237-241

国領二郎（2013）『ソーシャルな資本主義：つながりの経営戦略』日本経済新聞出版社

國光宏尚（2022）『メタバースとWeb3』MDNコーポレーション

国友隆一（2013）『セブン－イレブンのおにぎりは，なぜ，1日400万個売れるのか』三笠書房

桑津浩太郎（2015）『2030年のIoT』東洋経済新報社

松尾　豊（2015a）『人工知能は人間を超えるか：ディープ・ラーニングの先にあるもの』角川EPUB選書

松尾　豊（2015b）「ディープ・ラーニングで日本のモノづくりは復権する」『Diamondハーバード・ビジネス・レビュー』Nov，pp.60-68

松崎和久（2014）『サービス製造業の時代』税務経理協会

松田卓也（2012）『2045年問題　コンピュータが人類を超える日』廣済堂新書

松本博文（2014）『ルポ　電王戦―人間vs.コンピュータの真実』NHK出版新書

真壁　肇・小島政和・牧野都治・森村英典（1980）「オペレーションズ・リサーチ」日本規格協会

眞鍋政義（2011）『精密力：日本再生のヒント』主婦の友新書

三菱総合研究所編（2014）「第3の産業革命：メイカームーブメントが資本主義を変えるものづくりを変える。あなたの働き方を変える。」『PHRONESIS』ダイヤモンド社

三品和広・センサー研究会（2016）『モノ造りでもインターネットでも勝てない日本

が，再び世界を驚かせる方法—センサーネット構想』東洋経済新報社

みずほ情報総研・みずほ銀行（2015）「IoT（Internet of Things）の現状と展望：IoT
　と人工知能に関する調査を踏まえて」『みずほ産業調査』Vol.51，No.3

みずほ銀行・産業調査部（2014）「米国のイノベーション創出力」『みずほ産業調査』
　45，No.2，pp.134-143

水野　操（2012）『3Dプリンター革命』ジャムハウス

宮崎康二（2015）『シェアリング・エコノミー：Uber，Airbnbが変えた世界』日本
　経済新聞出版社

桃田健史（2014）『アップル，グーグルが自動車産業を乗っとる日』洋泉社

村井　純（2015）「IoTという新たな産業革命」『Diamondハーバード・ビジネス・
　レビュー』April，pp.28-37

中山　治（2000）『無節操な日本人』ちくま新書

中沢孝夫・藤本隆宏・新宅純二郎（2016）『ものづくりの反撃』ちくま新書

日経ビジネス・日経クロステック・日経クロストレンド編（2023）『ChatGPTエフェ
　クト：破壊と創造のすべて』日経BP社

NHK取材班（2013）『メイド・イン・ジャパン逆襲のシナリオ：日の丸家電「失敗
　の本質」と復活への新機軸』宝島社

NHKスペシャル取材班（2020）『やばいデジタル："現実"が飲み込まれる日』講談
　社現代新書

西岡　杏（2022）「キーエンス解剖 - 最強企業のメカニズム」日経BP社

野口悠紀雄（2022）『どうすれば日本人の賃金は上がるのか』日経BP社・日本経済
　新聞出版

野村克也（2008）『野村の眼：弱者の戦い』KKベストセラーズ

小川和也（2014）『デジタルは人間を奪うのか』講談社現代新書

岡嶋裕史（2022）『メタバースとは何か』光文社新書

小野義之（2020）「ビジネスの成果を生みだすデータ・サイエンス」株式会社NTT
　数理システム。https://www.msi.co.jp/event/conference/uc2020/lp/pdf/
　msi2020_2-6.pdf

太田泰彦（2021）『2030 半導体の地政学：戦略物資を支配するのは誰か』日本経済
　新聞出版

笹原和俊（2023）『ディープフェイクの衝撃：AI技術がもたらす破壊と創造』PHP
　新書

齋藤政彦・小澤誠一・羽森茂之・南千恵子編（2021）「データ・サイエンス基礎」培

風館（初版第2刷）

桜井博志（2014）『逆境経営』ダイヤモンド社

櫻井孝昌（2010）『ガラパゴス化のススメ』講談社

佐藤忠彦（2022）「経営学のためのデータ・サイエンスの周辺：計量経営学のすすめ」『組織科学』Vol.55，No.3，pp.4-20

柴谷　晋（2015）『エディ・ジョーンズの言葉：世界で勝つための思想と戦略』ベースボール・マガジン社

シスコシステムズ合同会社IoTインキュベーションラボ（2013）『Internet of Everythingの衝撃』インプレスR&DシーメンスPLMソフトウェア「Camstarを買収し，「ものづくりのデジタル化」におけるリーダーシップを強化」。https://www.plm.automation.siemens.com/

鈴木良介（2012）『ビッグデータ・ビジネス』日本経済新聞出版社

鈴木敏文（2014）「データは構想に従う」『Diamondハーバードビジネス・レビュー』May，pp.58-65

會田剛史（2019）「「予想よりも早かった」ノーベル経済学賞」『アジア経済研究所IDEスクエア』pp.1-6

高橋信一（2013）「DARPAと米国の情報技術戦略：両用技術概念に焦点を当てて」『立命館経営学』52，pp.135-160

武田俊太郎（2020）『量子コンピュータが本当にわかる』技術評論社

田中浩也（2014）『SFを実現する：3Dプリンタの想像力』講談社現代新書

鳥海不二夫・山本龍彦（2022）『デジタル空間とどう向き合うか：情報的健康の実現をめざして』日経BP社・日本経済新聞出版

土屋哲雄（2020）『ワークマン式「しない経営」』ダイヤモンド社

土屋哲雄（2022）「ワークマンは店舗とファンの力で唯一無二のブランドを目指す」『Diamondハーバードビジネス・レビュー』Dec，pp.58-67

塚本邦尊・山田典一・大澤文孝（2021）「東京大学のデータ・サイエンティスト育成講座-Pythonで手を動かして学ぶデータ分析」『マイナビ出版（第14刷）』pp.259-260

鵜飼直哉（2010）「日本のコンピュータ史概論（1980年から2000年まで）」情報処理学会歴史特別委員会（編）『日本のコンピュータ史』オーム社，pp.53-57

浦本直彦（2019）「デジタル・トランスフォーメーションに潜むチャンスとリスク」『情報処理学会論文誌』Vol.60，No.9，pp.1427-1432

渡部正之（2022）『ロボット薬局：テクノロジー×薬剤師による薬局業界の生き残り

戦略』幻冬舎

渡辺啓太（2013）『データを武器にする：勝つための統計学』ダイヤモンド社

山野井順一（2021）「経営学研究における定量的研究の潮流」『組織科学』Vol.54, No.4, pp.4-18

安田洋祐（2017）「5つの「なぜ？」でわかるノーベル経済学賞」『一橋ビジネス・レビュー』夏号, pp.86-99

山辺知毅・北川泰平・田中和佳（2015）「IoTを活用した端末・サービス基盤と業際ビジネス実現に向けた取り組み」『NEC技報』Vol.68, No.1, pp.68-73

山田眞次郎（2003）『インクス流！：驚異のプロセス・テクノロジーのすべて』ダイヤモンド社

読売新聞取材班（2021）『中国「見えない侵略」を可視化する』新潮新書

〈調査レポート等〉

Boston Consulting Group「自動運転車市場の将来予測」2015年4月
　　www.bcg.co.jp/documents/file197533.pdf

防衛省『防衛白書』令和5年版
　　https://www.mod.go.jp/j/press/wp/

Business Intelligence「THE INTERNET OF EVERYTHING: 2015」
　　http://www.soumu.go.jp/johotsusintokei/whitepaper/ja/h27/html/nc254110.html

CB Insights Data「The Google Acquisition Tracker」
　　https://www.cbinsights.com/research-google-acquisitions

Deloitte (2014), "Agiletown: the relentless march of technology and London's response," Nov.　http://www2.deloitte.com/content/dam/Deloitte/uk/Documents/uk-futures/london-futures-agiletown.pdf

独立行政法人新エネルギー・産業技術総合開発機構（NEDO）「NEDOロボット白書2014」　http://www.nedo.go.jp/content/100563895.pdf

独立行政法人情報処理推進機構（IPA）「情報セキュリティ10大脅威2023」
　　https://www.ipa.go.jp/security/10threats/ps6vr70000009r2f-att/kaisetsu_2023.pdf

独立行政法人情報処理推進機構（IPA）「DX白書2023」
　　https://www.ipa.go.jp/publish/wp-dx/gmcbt8000000botk-att/000108044.pdf

EY総合研究所「人工知能が経営にもたらす創造と破壊」
　　http://eyi.eyjapan.jp/knowledge/future-society-and-industry/pdf/2015-09-15.pdf

EY総合研究所（2015）「人工知能が経営にもたらす「創造」と「破壊」〜市場規模

は2030年に86兆9,600憶円に拡大〜」

http://eyi.eyjapan.jp/knowledge/future-society-and-industry/pdf/2015-09-15.pdf

フィッシング対策協議会「フィッシング報告状況」月次報告書

https://www.antiphishing.jp/report/monthly/

Gartner（2014）「日本におけるテクノロジーのハイプ・サイクル：2014年」

http://www.gartner.co.jp/press/html/pr20141029-01.html

Gartner「ハイプ・サイクル」

https://www.gartner.co.jp/research/methodologies/research_hype.php

Gartner (2014) Gartner Says 4.9 Billion Connected "Things" Will Be in Use in 2015.

http://www.gartner.com/newsroom/id/2905717

Gartner（2015）「日本におけるモノのインターネット（IoT）に関する調査」

https://www.gartner.co.jp/press/html/pr20150511-01.html

Gartner「ビッグ・データに関する調査」

https://www.gartner.co.jp/ja/topics/data-and-analytics

GEグローバル・イノベーション・バロメーター「2013年世界の経営層の意識調査」

http://www.ge.com/jp/docs/1362445692607_InnovationBarometer_20130305.
pdf

GE Global Innovation Barometer, 2016

http://www.gereports.com/innovation-barometer/

Goldman Sachs「Generative AI could raise global GDP by 7%」

https://www.goldmansachs.com/intelligence/artificial-intelligence/

Goldman Sachs「The Potentially Large Effects of Artificial Intelligence on Economic
Growth」26, March, 2023

https://www.key4biz.it/wp-content/uploads/2023/03/Global-Economics-
Analyst_-The-Potentially-Large-Effects-of-Artificial-Intelligence-on-Economic-
Growth-Briggs_Kodnani.pdf

IFR (2023) World Robotics Report

https://ifr.org/ifr-press-releases/news/world-robotics-2023-report-asia-ahead-of-
europe-and-the-americas

IMD (2023) IMD World Digital Competitiveness Ranking

https://www.imd.org/centers/wcc/world-competitiveness-center/rankings/world-
digital-competitiveness-ranking/

Innovate UK (2014)「High-value manufacturing strategy 2012 to 2015」Policy paper.

https://www.gov.uk/government/uploads/system/uploads/attachment_data/
file/362294/High_Value_Manufacturing_Strategy_2012-15.pdf

インプレス総合研究所「ドローンビジネス調査報告書2023」
https://research.impress.co.jp/report/list/drone/501642

International Federation of Robotics (2013)「Positive Impact of Industrial Robots on
Employment」 http://www.bara.org.uk/pdf/2013/IFR_Update_Study_Robot_
creates_Jobs_2013.pdf

一般社団法人電子情報技術産業協会（JEITA）令和5年3月「スマートホームIoTデー
タプライバシーガイドライン」
https://home.jeita.or.jp/smarthome/pdf/smarthome-IoTdata-privacyguideline.pdf

一般社団法人日本建設業連合会「再生と進化に向けて」
www.nikkenren.com/sougou/vision2015/pdf/vision2015.pdf

一般社団法人日本機械工業連合会「平成25年度 ロボット産業・技術の振興に関する
調査研究報告書」平成26年3月

一般社団法人日本ロボット工業会「平成12年度 21世紀におけるロボット社会創造
のための技術戦略調査報告書」平成13年5月

一般社団法人日本ロボット工業会「平成22年ロボット産業将来市場調査」
https://www.soumu.go.jp/johotsusintokei/whitepaper/ja/h27/html/nc241330.html

一般社団法人日本ロボット工業会「世界の産業用ロボット稼働台数」
https://www.jara.jp/data/dl/Operational_stock_2022.pdf

一般社団法人コンピュータソフトウェア協会「コンピュータソフトウェア協会，デー
タサイエンティストの定義を公表」
www.csaj.jp/release/14/140512_csajrelease.pdf

一般財団法人山口経済研究所「旭酒造株式会社」『やまぐち経済月報』2009年8月，
pp.15-20

一般社団法人日本スポーツ・アナリスト協会「第5回スポーツアナリスト種目間勉強
会レポート」
http://jsaa.org/jsaa-blog-20141128/

一般社団法人日本機械工業連合会「平成26年度世界の製造業のパラダイムシフトへ
の対応調査研究」ものづくりパラダイムシフト対応調査専門部会報告書，平成
27年3月

一般社団法人組込みシステム技術協会「第1回 IOT技術研究会」
www.jasa.or.jp/TOP/download/technical/IoTM2M-2_PTC.pdf

情報処理学会「コンピュータ将棋プロジェクトの終了宣言」
　　http://www.ipsj.or.jp/50anv/shogi/20151011.html
JTB 総合研究所「年別訪日外国人数の推移」
　　http://www.tourism.jp/tourism-database/statistics/inbound/
警察庁「令和 4 年におけるサイバー空間をめぐる脅威の情勢等について」令和 5 年 3
　　月 16 日　https://www.npa.go.jp/publications/statistics/cybersecurity/data/R04_
　　cyber_jousei.pdf
経済産業省「海外事業活動基本調査」
　　https://www.meti.go.jp/statistics/tyo/kaigaizi/index.html
経済産業省・厚生労働省・文部科学省『ものづくり白書』2014 年版
経済産業省・厚生労働省・文部科学省『ものづくり白書』2015 年版
経済産業省・厚生労働省・文部科学省『ものづくり白書』2023 年版
経済産業省「3D プリンタが生み出す付加価値と 2 つのものづくり：「データ統合力」
　　と「ものづくりネットワーク」ものづくり研究会報告書，平成 26 年
　　www.meti.go.jp/press/2013/02/.../20140221001-3.pdf
経済産業省「デジタル・トランスフォーメーションの加速に向けた研究会」中間とり
　　まとめ 2020 年 12 月 28 日　https://www.meti.go.jp/shingikai/mono_info_service/
　　digital_transformation_kasoku/pdf/20201228_4.pdf
経済産業省「半導体戦略」（概略）2021 年 6 月
　　https://www.meti.go.jp/press/2021/06/20210604008/20210603008-4.pdf
経済産業省「経済秩序の激動期における経済産業政策の方向性」令和 4 年 5 月 19 日
　　https://www.meti.go.jp/press/2022/07/20220715003/20220715003-a.pdf
国立研究開発法人情報通信研究機構（2023）「NICTER 観測レポート 2022」
　　https://www.nict.go.jp/press/2023/02/14-1.html
国立情報学研究所（2015）「ロボットは東大に入れるか：Todai Robot Project」
　　http://21robot.org/
国立社会保障・人口問題研究所「日本の将来推計人口　令和 5 年推計」
　　https://www.ipss.go.jp/pp-zenkoku/j/zenkoku2023/pp_zenkoku2023.asp
国立研究開発法人科学技術振興機構・研究開発戦略センター（2015）「中国製造 2025
　　の公布に関する国務院の通知全訳」　http://www.jst.go.jp/crds/pdf/2015/FU/
　　CN20150725.pdf#search='made+in+china+2025'
高度情報通信ネットワーク社会推進戦略本部（IT 総合戦略本部）（2019）「オープン
　　データ基本指針」　https://cio.go.jp/node/2357

高度情報通信ネットワーク社会推進戦略本部（2021）「官民ITS構想・ロードマップ 2021：これまでの取組と今後のITS構想の基本的考え方」 https://cio.go.jp/sites/default/files/uploads/documents/its_roadmap_20210615.pdf

McKinsey Global Institute「Big data: The next frontier for innovation, competition, and productivity」 http://www.mckinsey.com/business-functions/business-technology/our-insights/big-data-the-next-frontier-for-innovation

McKinsey and Company「Disruptive technologies: Advances that will transform life, business, and the global economy」McKinsey Global Institute, May, 2013

文部科学省（2019）「高等学校情報科「情報I」教員研修用教材（本編）」 https://www.mext.go.jp/a_menu/shotou/zyouhou/detail/1416756.html

文部科学省（2020）「高等学校情報科「情報II」教員研修用教材（本編）」 https://www.mext.go.jp/a_menu/shotou/zyouhou/detail/mext_00742.html

文部科学省（2023a）「AI戦略2019と数理・データ・サイエンス（DS）・AI教育プログラムの推進・普及」公益社団法人 私立大学情報教育協会第13回産学連携人材ニーズ交流会資料.

文部科学省（2023b）「数理・データ・サイエンス・AI教育プログラム認定制度の概要/申請に当たってのポイント」 https://www.mext.go.jp/content/20230920-mxt_senmon01-000012801_1.pdf

内閣府（2019）「AI戦略2019」 https://www8.cao.go.jp/cstp/ai/aistratagy2019.pdf.

内閣府（2021）「AI戦略2021」 https://www8.cao.go.jp/cstp/ai/aistrategy2021_honbun.pdf.

内閣府（2022）「AI戦略2022」 https://www8.cao.go.jp/cstp/ai/aistrategy2022_honbun.pdf.

NHK「スパコンで1万年かかる計算を3分20秒で？ 量子コンピューター」2019年10月24日 https://www3.nhk.or.jp/news/special/sci_cul/2019/10/news/news_191024-2/

日本学術会議経営委員会（2015）「経営学分野における研究業績の評価方法を検討する分科会設置提案書」 https://www.scj.go.jp/ja/member/iinkai/bunya/keiei/pdf23/hyouka-setti.pdf.

日本経済再生本部「ロボット新戦略Japan's Robot Strategy：ビジョン・戦略・アクションプラン」2015年2月10日

日本経済新聞「分かる 教えたくなる量子コンピューター」2021年7月5日

https://vdata.nikkei.com/newsgraphics/quantum-computer-basic/

ニールセン「シェアリング・エコノミーの期待」2014年5月

　http://www.nielsen.com/content/dam/nielsenglobal/jp/docs/report/2014/JP

日経BP社「自動運転社会という未来：運転支援か，自律走行か自動運転で目指す二

　つの姿」　https://project.nikkeibp.co.jp/mirakoto/atcl/buzzword/h_vol9/

野村総合研究所（2015）「日本の労働人口の49％が人工知能やロボット等で代替可能

　に：601種の職業ごとに，コンピューター技術による代替確率を試算」

　https://www.nri.com/jp/news/2015/151202_1.aspx

Tortoise「The Global AI Index」

　https://www.tortoisemedia.com/intelligence/global-ai/

NTT技術ジャーナル「世界中が熱い！半導体政策・動向を紐解く＜後編＞」2023年8

　月　https://journal.ntt.co.jp/wp-content/uploads/2023/07/nttjnl2001_20230801.

　pdf

Pew Research Center (2014)「AI, Robotics, and the Future of Jobs」

　http://www.pewinternet.org/files/2014/08/Future-of-AI-Robotics-and-Jobs.pdf

PwC「The sharing economy-sizing the revenue opportunity」

　http://www.pwc.co.uk/issues/megatrends/collisions/sharingeconomy/the-sharing-

　economy-sizing-the-revenue-opportunity.html

佐藤一郎「IoT時代のパーソナルデータの保護と利活用」

　https://www.ipa.go.jp/files/000046424.pdf

Sensity「How to Detect a Deepfake Online: Image Forensics and Analysis of Deep-

　fake Videos」2021年2月8日　https://sensity.ai/blog/deepfake-detection/how-to-

　detect-a-deepfake/

スカイディスク「AI人材を育成するには〜不足するAI人材をどう育成するか〜」

　https://skydisc.jp/information/2541/

総務省統計局「労働力調査特別調査」

　http://www.stat.go.jp/data/roudou/sokuhou/nen/dt/

総務省「ICT先端技術に関する調査研究報告書」平成26年

　www.soumu.go.jp/johotsusintokei/.../h26_09_houkoku.pdf

総務省『情報通信白書』平成27年版

　https://www.soumu.go.jp/johotsusintokei/whitepaper/h27.html

総務省『情報通信白書』令和2年度

　https://www.soumu.go.jp/johotsusintokei/whitepaper/r02.html

総務省『情報通信白書』令和3年版
　https://www.soumu.go.jp/johotsusintokei/whitepaper/r03.html
総務省『情報通信白書』令和4年版
　https://www.soumu.go.jp/johotsusintokei/whitepaper/r04.html
総務省『情報通信白書』令和5年版
　https://www.soumu.go.jp/johotsusintokei/whitepaper/r05.html
総務省「「ファブ社会」の展望に関する検討会」報告書，平成26年
　http://www.soumu.go.jp/main_content/000299339.pdf
総務省「Web3時代に向けたメタバース等の利活用に関する研究会」中間とりまとめ
　https://www.soumu.go.jp/main_content/000860618.pdf
数理・データ・サイエンス教育強化拠点コンソーシアム（2020）「数理・データ・サ
　イエンス・AI（リテラシーレベル）モデルカリキュラム～データ思考の涵養～」
　http://www.mi.u-tokyo.ac.jp/consortium/pdf/model_literacy.pdf.
数理・データ・サイエンス教育強化拠点コンソーシアム（2021）「数理・データ・サ
　イエンス・AI（応用基礎レベル）モデルカリキュラム～AI×データ活用の実践
　～」http://www.mi.u-tokyo.ac.jp/consortium/pdf/model_ouyoukiso.pdf.
Symantec（2015）「2015年インターネットセキュリティ脅威レポート第20号」
　http://internet.watch.impress.co.jp/docs/news/20150414_697767.html
トレンドマイクロ株式会社「IoT時代のセキュリティ，プライバシーに関する意識調
　査」http://www.trendmicro.co.jp/jp/about-us/press-releases/articles/201504
　23011206.html
The Industrie 4.0 Working Group (2014) Securing the future of German manufactur-
　ing industry Recommendations for implementing the strategic initiative INDUS-
　TRIE 4.0, Final report of the Industrie 4.0 Working Group, April 2014.
　www.platform-i40.de/sites/default/files/Report_Industrie% 204.0_engl_1.pdf
VSN「IoT（Internet of Things）に関する意識調査」
　http://www.vsn.co.jp/news/20151001.html
Wohlers Report (2013)
　wohlersassociates.com/2013report.htm
Wohlers Report (2014)
　wohlersassociates.com/2014report.htm
World Intellectual Property Organization (2015), "World Intellectual Property Report:
　Breakthrough Innovation and Economic Growth."

http://www.wipo.int/edocs/pubdocs/en/wipo_pub_944_2015.pdf

World Intellectual Property Organization (WIPO)「World Intellectual Property Report 2015」 http://www.wipo.int/econ_stat/en/economics/wipr/#full_report

〈新聞記事〉

北海道新聞「＜半導体新時代イチから！解説＞①半導体って何？「産業のコメ」膨らむ市場」2023年6月26日

日経MJ「AI vs. 店員どっちが上手い」2023年6月5日

日本経済新聞「3Dプリンター造形速度10倍，次世代機開発，産官学でIHI・産総研など5年で」2013年5月29日

日経産業新聞「スマートファクトリー（1）匠の技術，3Dと融合」2013年8月23日

日経産業新聞「研究所の研究：フラウンホーファー研究所」2015年1月6日

日経産業新聞「家造る3Dプリンター」2016年3月25日

日本経済新聞「コンピュータが仕事を奪う（上）人材教育の高度化カギに」2013年5月1日

日本経済新聞「コンピュータが仕事を奪う（下）代替不能な能力こそ重要」2013年5月2日

日本経済新聞「サーベイロボット」2015年2月8日

日本経済新聞「AI・ロボで生産性向上，GDP600兆円へ成長戦略素案，外国人受け入れ拡大」2016年5月20日

日本経済新聞「データ分析-分野超え成果を社会に」2017年10月18日

日本経済新聞「分かる 教えたくなる量子コンピューター」2021年7月5日

日本経済新聞「機微技術」2021年11月1日

日本経済新聞「コマツ，主力中型建機も電動化脱炭素にらみ欧州投入」2022年10月23日

日本経済新聞「IoT400億台：不測の事態備え」2022年12月3日

日本経済新聞「3Dプリンター，体を再生京大，傷ついた指の神経治療気道・心臓の一部も視野」2023年6月23日

日本経済新聞「海底ケーブル データ送信網，地球30周分」2023年6月24日

日本経済新聞「セブン，日販初の70万円超え コンビニ3社3〜8月最高益」2023年10月23日

読売新聞「医薬品 深い海外依存」2022年2月9日

読売新聞「軍民技術消える境界」2023年1月3日

読売新聞「中国のリアル技術目当て　外資優遇」2023年7月8日
読売新聞「露兵器から日米欧部品」2023年8月6日

〈雑誌等〉
AERA「AI（人工知能）に奪われる仕事」2015年6月15日
エコノミスト「人工知能自動運転」2015年10月6日
Forbes「3D Printing Stock Bubble? $10.8 Billion By 2021」Dec, 30, 2013. Gigazine.
　　http://gigazine.net/news/20141216-skype-realtime-translator/
情報処理「人類とICTの未来：シンギュラリティまでの30年？」Vol.56, No.1, 通
　　巻598号
Newsweek「ロボット革命が切り開く人類の無限の未来」2014年4月29日＆5月6日
日経アーキテクチャ「建設3Dプリンターは普及する？」1-12, 2023年, pp.28-29
日経エレクトロニクス「無人防衛：無人機，AI，人工衛星をフル活用」2023年7月
　　号
日経MJ「AI vs.店員どっちが上手い」2023年6月5日
日経コンピュータ「画像の内容を解読する人工知能を実現，米大手ベンダーや有力大
　　学が火花」　http://itpro.nikkeibp.co.jp/atcl/column/14/346926/120100119/
日経コンピュータ「IoTに関心を示す経営者の真意：10年遅れの生産の見える化」
　　2015年12月10日
日経クロステック「米国の半導体戦略に取り込まれる日本，中国の反撃に注視」
　　https://xtech.nikkei.com/atcl/nxt/column/18/02311/013000005/
日経クロステック「ラピダスが目指す2nm世代のGAAって何？，半導体微細化10の
　　疑問」　https://xtech.nikkei.com/atcl/nxt/column/18/02258/020900011/?n_cid=
　　nbpds_reco
日経クロストレンド（2019）「イノベーション300」『Nikkei X Trend』2019年7月
　　号, pp.14-23
日経パソコン「テレビ電話が通訳にスカイプがリアルタイム翻訳機能」
　　http://www.nikkei.com/article/DGXMZO82389920W5A120C1000000/
日経BPムック「データ・サイエンティスト最前線」2015年5月27日
日経BPムック「人工知能ビジネス」2015年10月12日
日経ビッグデータ「アナリティクス3.0」2014年5月
日経ビジネス「技術は常に雇用を破壊する」2013年4月15日
日経ビジネス「ビッグデータ：本当の破壊力」2013年9月30日

日経ビジネス「30年後も食える仕事」2013年12月19日

日経ビジネス「号砲！3D生産競争」2014年9月1日

日経ビジネス「GEの破壊力」2014年12月22日

日経ビジネス「日本を脅かす第4次産業革命」2015年1月5日

日経ビジネス「トヨタが下請けになる日」2015年1月5日

日経ビジネス「戦慄の人工知能：AIが企業を動かす日」2015年3月30日

日経ビジネス「自動運転の覇者コンチネンタル」2015年10月26日

日経ビジネス「身近にあった！インダストリー4.0」2015年11月16日

日経ビジネス「シェアリング・エコノミー」2015年12月21日

日経ビジネス「日本の向上を襲う新型サイバー攻撃」2016年1月16日

日経ビジネス「脱現金の道，協働ロボで探る」2022年2月28日

日経ビジネス「ChatGPTが既成事実化するウソ」2023年10月30日

日経プラスワン「コンピュータが雇用奪う？」2014年3月15日

日経情報ストラテジー「1000人受講，大阪ガス「ビッグデータ研修」を追体験」
　　2014年8月

日経情報ストラテジー「ロボットが現場を変革：製造ビッグデータの最前線に迫る」
　　2015年6月

日経情報ストラテジー「大阪ガス：ビジネスアナリシスセンターの躍進」2015年10
　　月

日経ものづくり「製造装置3Dプリンターの実力」2014年6月

日経ものづくり「米GE飛行機の運航の効率化まで指南」2014年12月

日経ものづくり「10年後の製造業」2015年2月

日経ものづくり「世界のスゴい工場」2015年3月

日経ものづくり「ものづくりドイツの底力製造立国，復活の条件」2015年3月

日経ものづくり「競争力強化に必須　日本に3Dプリンターを」March，2023年，
　　pp.5-8

日経ものづくり「ほぼ3Dプリンター製ロケット　米宇宙ベンチャーが打ち上げ」
　　June，2023年，pp.22-23

日経ものづくり「革新の波生成AIと製造業」2023年8月号

日経NETWORK「一夜にして世界が変わった　生成AI巡る技術競争が勃発－動向」
　　2023年7月

日経ロボティクス「ロボット導入の裏で工事のやり直しも変なホテルがはまった落と
　　し穴」2015年10月号

日経ロボティクス「Boston Dynamicsは何がすごいのか知られざるソフト面の真価」2021年1月号

日経ロボティクス「Hyundai同士でロボット開発競争へ重工業グループと自動車グループが火花」2023年12月号

日経ソフトウエア「デジファブの世界へようこそ」2015年1月

Responce「ボッシュのスマート工場，少量多品種生産の効率化と共に狙うは「人材強化」
　http://response.jp/article/2015/10/20/262401.html

週刊ダイヤモンド「ロボット・AI革命：待ち受けるのは競争か共生か」2014年6月14日

週刊ダイヤモンド「IoTの全貌」2015年10月3日

週刊東洋経済「メイカーズ革命」2013年1月12日

週刊東洋経済「インダストリー4.0 グレートゲームが始まる」2015年9月19日

The Economist「A third industrial revolution Special report: Manufacturing and innovation」Apr, 21, 2012.

The Economist「Immigrants from the Future」March, 29, 2014, pp.3-16

〈ホームページ〉

Adidas
　http://www.adidas-group.com/en/magazine/stories/specialty/lose-control-gain-love-adidas-speedfactory/

AGC「ビッグデータ時代のビジネス課題設定に向けた独自手法「因果連鎖分析」を確立」　https://www.agc.com/news/detail/1200060_2148.html.

ベネッセi-キャリア「4人に1人の大学3，4年生が，就活において「ChatGPT（生成AIサービス）」を利用」　https://www.benesse-i-career.co.jp/news/20230720release.pdf

CISCO Systems
　www.cisco.com/c/ja_jp/index.html

DARPA
　https://www.darpa.mil/about-us/budget-and-finance

デンソー「IoTへの取り組み」
　https://www.denso-wave.com/ja/technology/vol4.html

Fraunhofer-Gesellschaft

http://www.fraunhofer.de/en.html

GE

www.genewsroom.com/

GE Japan

http://www.ge.com/jp/

Goldman Sachs「Generative AI could raise global GDP by 7%」

https://www.goldmansachs.com/intelligence/artificial-intelligence/

日立製作所

http://www.hitachi.co.jp/New/cnews/month/2015/09/0904.html

日立ハイテク

https://www.hitachi-hightech.com/jp/ja/knowledge/semiconductor/room/about/properties.html

一般社団法人データ・サイエンティスト協会

www.datascientist.or.jp/

ITS Japan

www.its-jp.org/

インダストリアル・バリューチェーン・イニシアチブ

http://www.iv-i.org/

コイワイ

https://www.tc-koiwai.co.jp/

コマツ「Smart Construction」

http://smartconstruction.komatsu/index.html

コマツ「Komatsu Report 2022」

https://www.komatsu.jp/ja/ir/library/annual

マイナビ「転職活動,「生成系AI」の活用有無で内定獲得率に違いあり!?」

https://news.mynavi.jp/article/20230930-2781694/

メディカルユアーズ

Medicalyours.com

NHK「スパコンで1万年かかる計算を3分20秒で? 量子コンピューター」2019年10月24日　https://www3.nhk.or.jp/news/special/sci_cul/2019/10/news/news_191024-2/

日本バイナリー

http://www.nihonbinary.co.jp/Products/Robot/baxter_factory.html

Nobel Prize Organization (2023) Press release, 9 October 2023
　　https://www.nobelprize.org/prizes/economic-sciences/2023/press-release/.

notteco
　　http://notteco.jp/

PTC Japan
　　www.ja.ptc.com/

Qubena
　　https://www.makuake.com/project/qubena/

クニエ「メタバースビジネス調査レポート」
　　https://www.qunie.com/pdf/service/QUNIE_NewBiz_report_summary_20230523.pdf

ロボット革命イニシアチブ協議会
　　https://www.jmfrri.gr.jp/

ソフトバンクグループ
　　http://www.softbank.jp/corp/news/webcast/?wcid=r384o558

特定非営利活動法人 ITS Japan
　　www.its-jp.org/

ワークマン
　　https://www.workman.co.jp/workman-plus

ワークマン「2023年3月期 決算短信」
　　https://www.workman.co.jp/ir_info/pdf/2023/42ki_houkokusho.pdf

索　引

【編著者略歴】

松崎 和久（まつざき かずひさ）

1963年　神奈川県生まれ

最終学歴　　明治大学大学院経営学研究科修士課程修了

主な職歴　　住友建機株式会社，財団法人機械振興協会経済研究所，高千穂商科大学
　　　　　　商学部助教授を経て，現在，高千穂大学経営学部教授

主な専攻　　経営戦略，デジタル・イノベーション

主な著作　　『テクノロジー経営入門』単著　同友館　2016年
　　　　　　『会社学の基礎知識』単著　税務経理協会　2019年
　　　　　　『デジタル時代のエコシステム経営』単著　同文舘出版　2022年
　　　　　　『経営戦略の方程式（改訂版）』単著　税務経理協会　2024年

【著者略歴】

降簱 徹馬（ふるはた てつま）

1966年　長野県生まれ

最終学歴　　東京理科大学大学院工学研究科経営工学専攻修士課程修了，博士（工学）
　　　　　　（東京工業大学）

主な職歴　　東京理科大学経営学部助手などを経て，現在，高千穂大学経営学部教授

主な専攻　　経営工学，経営情報システム（データドリブン経営，CSVなどの価値
　　　　　　評価，サプライ・チェーン・マネジメント，立地分析，意思決定支援シ
　　　　　　ステムの実践，時空間変動解析など）

主な著作　　『OR用語事典』共著　日科技連　2000年
　　　　　　『入門 会社学のススメ』共著　税務経理協会　2015年
　　　　　　など

2024年3月30日　第1刷発行

デジタル・テクノロジー経営入門
　—デジタル技術とIoTの進化が
　　企業経営に与える影響とは何か—

Ⓒ編著者　松　崎　和　久

発行者　脇　坂　康　弘

発行所　株式会社 同友館

〒113-0033 東京都文京区本郷2-29-1
TEL.03(3813)3966
FAX.03(3818)2774
https://www.doyukan.co.jp/

落丁・乱丁本はお取り替えいたします。
ISBN 978-4-496-05705-2

三美印刷／松村製本所
Printed in Japan